清水江研究丛书 （第一辑） 张应强 / 主编

移民、市场与社会

清代以来小江地域文化的演变

朱晴晴 / 著

社会科学文献出版社
SOCIAL SCIENCES ACADEMIC PRESS (CHINA)

本书的研究和出版承蒙

教育部人文社科重点研究基地重大项目"山地、流域与族群社会：西南民族地区的生态、文化多样性与社会变迁研究"（17JJD850004）

国家社会科学基金项目"湘黔桂民族地区乡村福利实践与社会管理创新研究"（17CMZ031）

湖南省教育厅优秀青年项目"城镇化视野下的武陵山区传统商贸市场研究"（17B218）

资助

总　序

以一条江来命名一套研究丛书，确实需要做些说明。

贵州东南部的清水江，是洞庭湖水系沅水上游支流之一，亦名清江。清雍正年间设置的"新疆六厅"，其中就有因江而名的清江厅。历史上因江清而名的江河或相应治所不在少数，至今湖北西部仍有清江；民国初年改清江厅置县，也因与江西清江县重名而改名剑河县。清水江之名则渐至固定，用以指称这条源出贵州中部苗岭山脉、迤逦东流贯穿黔东南苗族侗族自治州多个市县的河流。

清水江是明清时期被称为"黔省下游"广阔地域里的一条重要河流，汇集区域内众多河流，构成了从贵州高原向湘西丘陵逐渐过渡的一个独特地理单位。特别是在清水江中下游地区，气候温暖、雨量充沛且雨热同期的自然条件，非常适于杉、松、楠、樟等木植的生长。是以随着明代以来特别是清雍正年间开辟"新疆"之后的大规模区域经济开发，清水江流域尤其是中下游地区，经历了以木材种植和采运贸易为核心的经济发展与社会历史过程。以杉树为主的各种林木的种植与采伐，成为清水江两岸村落社会最为重要的生计活动，随之而来的山场田土买卖、租佃所产生的复杂土地权属关系，杉木种植采运的收益分成以及特殊历史时期发生于地方社会的重大事件等，留下了大量契约文书及其他种类繁多、内容庞杂的民间文献。基于对清水江流域整体性及内在逻辑联系考虑，我们把这些珍贵的主要散存于清水江中下游地区的汉文民间历史文献统称为"清水江文书"，这一命名得到了学界的普遍认可和采用。不过需要进一步说明的是，与其说这种整体性及内在逻辑联系是一个客观事实或既有认识，毋宁说是一种理论预设，正需要通过精细个案研究去加以探索与论证。这可以说是组织这套丛书的一个最单纯直接的因由，也是本研究丛书出版希望可以达致的一个目标。

具有现代学术意义的对于清水江流域的深度关注和系统研究，吴泽霖先生或为开先河者，1950 年代完成调查并成书的《贵州省清水江流域部份地区苗族的婚姻》是重要代表作。而后1960 年代由民族学者和民族事务工作者所进行的少数民族社会历史调查，也直接在清水江下游的苗侗村寨收集整理了一定数量的民间文书，并于 1988 年整理编辑出版了《侗族社会历史调查》。正是在这些已有的学术探索和积累的基础之上，笔者开始关注这个区域的材料和问题，并在 2000 年真正进入清水江流域开展调查研究工作。如果说两三年成稿、后经修订出版的《木材之流动：清代清水江下游地区的市场、权力与社会》，是对区域社会文化发展历史进程的综观式考察，那么其后继续推进的相关学术工作，包括清水江文书的收集、整理与研究，以及指导研究生在清水江两岸及更大地域范围的苗乡侗寨开展人类学田野调查等，则可视为既带有某种共同关怀，又因田野点不同或研究意趣迥异而进行的学术尝试。

或许，"清水江研究"可视为一个学术概念，一种其来有自的学术理念传承发展的研究实践，是围绕共同主题而研究取向路径各异的系列工作成果，也是在特定地域范围内密集布点开展深入田野调查，同时充分兼顾历史文献收集解读的研究范式探索。事实上，要想对这些论题多样、风格各异的研究进行总括性的介绍与评述，不仅徒劳而且多余，其间确有误解误读乃至抹杀不同研究独到见解及学术贡献的可能风险。因此，围绕以"清水江研究"名之的这套丛书，余下的就是这个研究群体在实践、交流、互动过程中遵循的原则或认可的价值，以及一些不同研究渐至形成的共识，可在此言说一二。

当我们把"清水江研究"看作一个整体，自然首先是清水江流域可视为一个整体。流域绝非一个纯粹的自然地理概念，流域的历史亦非单纯的自然史，而是与人类的活动交织和纠缠在一起。是以当我们在清水江流域不同地点开展田野工作，这些工作本身即包含了某种内在的共同性。这是显而易见的，构成了我们以为必然存在的整体性的最基础部分。这是流域内干支流水道网络形成的自然条件影响（支持或约束）人们实践活动的基本方面。其次，从政治、经济、社会、文化等层面，我们也不难看到，特定地域在其历史发展进程中形成了或者说呈现出某些共同的特性。如果说"新疆六厅"的设置，标志着地域社会进入王朝国家的政治体系，那么以杉木贸易为核心的区域经济社会生活，更是充分地表现出一种共同性和一致性。当原有的社会组织、社会制度在共同面对王朝国家的制度性介入，以及经济生活中出现一些适应市场机制的制度规范的时候，我们也看到了社会文化层面的某些同步改变与整合。这是一幅生动而丰富的历史画卷，如果说国家治理和市场经济共同构成了画卷材料的经纬或质地，那么杉木的种植与采运则是清水江故事的基本底色。

这样的一种整体性也具体体现在每个基于精细田野调查与深度文献解读的个案研究中。诚然，每项具体研究都自成一体，都有其自身的整体性，且这种整体性是由各自的问题意识以及相关材料的收集和运用所决定的。无论是聚焦山居村寨与人群以杉木种植为核心的经济社会生活，还是着重考察临江村落木材采运贸易的制度运转或人群竞争；也无论是对一个特定苗寨侗村日常生活深入细致的观察与剖析，还是多个相邻相关村寨复杂人群构成及相互关系的历时性比较；亦无论是从婚姻缔结及婚俗改革等传统主题入手探讨社会文化变迁，还是洞悉传统社会组织延续与转型对当下社会生活的意义赋予等，都无不明显呈现出各自的整体性。实际上，这也都是由整个流域整个区域的某种内在整体性所决定的。特别是当我们把"清水江研究"这样一个概念，扩展到超越了清水江流域，而包括了相邻的都柳江流域、舞阳河流域乃至下游的沅水干流等其他一些相关地区的时候，背后所考虑的其实也正是由清水江研究所引出的一些基本问题及某些内在的关联性或者说一致性。

编入"清水江研究丛书"、主要基于不同乡村聚落长期深入的田野调查的这些研究，在某种程度上可视为中国传统人类学关于乡村社区研究的一种延续。这一传统可以追溯到被誉为社会人类学中国时代的 20 世纪三四十年代。吴文藻先生曾强调，社区研究应结合空间的内外关系和历史的前后相续。正如有学者在回顾和反思后来的一些研究时所指出的，在实际的研究过程中往往存在不无偏颇的情况，即将中国乡村社区看成是不太受外界影响的一个整体，以致缺乏对乡村社会的历史性以及内外关系体系等的整合性考虑。在这个意义上，"清水江研究丛书"所涉及的不同村寨，虽说它们都是清水江流域整体的某些局部，但这样的一些局部，又是镶嵌在整个区域社会乃至中国社会文明的一个更大的系统之中的。故此，这些研究实践所带出的关于清水江流域的总体认识，同时提供了看待整个清水江流域如何进入中华文明系统的独特视角。这绝非简单的局部与整体关系、局部如何说明和构成整体、整体又如何在局部里面得以体现的问题，实际上涉及我们所践行的历史人类学研究如何兼顾内外关系和过去现在的方法论视角。

田野工作的重要性已无须再予强调，富有挑战性的是不同的田野点都或多或少地保留了清代以来的各类民间文献。当结合这些文献资料和田野调查以了解某一历史过程中的具体事件及特定人物时，不仅作为史料的各种文献的建构过程值得进行深入的发覆，而且作为历史主体的人的活动，以及历史事件在他们身上留下的痕迹等，都成为田野调查时需要高度的敏感性才能有所觉察和了解的。也因此之故，将过去与现在联结起来的历史民族志就成为"清水江研究"的基础性工作。它不仅是书写村落社会历史甚或"创造"其历史的独特方法，而且是探索和丰富历史人类学取向的有学术积累意义的研究实践。相信这些立足于精细个案及丰富材料，又富含区域和全局关怀的非常有层次感的民族志，都从不同的侧面充分展现了人、社会、自然关系的复杂性与多样性。

"清水江研究丛书"作为一个研究团队在中国历史人类学研究十分难得的试验场的系列工作成果，不能不说也得益于非常系统而完整的清水江文书的遗存。这一由民间收藏、归户性高、内在脉络清晰的民间文书，显然不只具有新史料带出新问题这种陈旧观念所能涵纳的一般意义，其更重要的价值在于提供了完整看待一个地方社会发展历程的全新眼光和别样视野，带给研究者一个回到历史现场的难得机会，帮助我们把探索的触角延伸到非常生动具体的过去，回到文书所关涉的那样一些特定历史时刻的社会生活之中。尤其是在清水江文书呈现出来的文字世界里，既可看到地方人群对主流文化的认同，也可见到在与文化他者的复杂关系中对自身主体性的确立。因此之故，结合深入细致的历史田野工作，我们可以真切感受到清水江文书中包含的极具地方性的思想意识和历史观念，同时也获得了探索特定地域社会动态发展极富价值的历史感和文化体验。

不难发现，在不同专题研究的民族志材料中，均以具体而鲜活的人的历史实践活动为中心，并且饱含研究者真实而丰富的同情之理解。我们的研究都建基于一个个既有共性又个性鲜明的村寨的田野工作，尤其是其中具体的人的实践活动，是探寻国家制度影响、了解不同人群互动交融、理解社会文化历史建构的根本着手点。在某种意义上来说，田野工作的深度不仅关乎对作为一个整体的区域社会的了解认识，更直接影响到立足历史文化过程生动细致描述的历史民族志的独特价值和魅力展现。可喜的是，在"清水江研究丛书"中，在研究者为我们呈现的栩栩如生、极富画面感的历史情境的描述中，不仅可以见到研究者与对象社会人群真情实感的互动与共鸣，还饱含了研究者对对象社会人群思想观念和表述习惯的充分尊敬和理解。或许，正是这样细致有力量感的民族志决定了这些研究的基本学术价值。至于是否在此基础上建立和发展起有关西南地区甚或中国社会历史文化的新视角和新范畴，以及在这样带有方向性的学术努力中贡献几何，则作者自知，方家另鉴。

张应强

2018 年初秋于广州康乐园马丁堂

目 录

CONTENTS

绪　论 / 001

第一章　区域开发与小江侗族社会

　　第一节　明清区域开发与军屯和卫所的设置 / 044

　　第二节　小江与九寨侗族款组织 / 053

　　第三节　物产的流动与复合林业社会的形成 / 079

第二章　人口与传说

　　——清代小江村落的渐次形成及村落关系演变 / 093

　　第一节　小江的坐家：瓮寨与坪地并存 / 093

　　第二节　分寨之举：新寨和甘寨的形成 / 107

　　第三节　"打老庚"：皇封的进入 / 110

　　第四节　"来人"：小江移民与江西街村落的形成 / 114

第三章　商贸与市场

　　——小江移民与多元化集市及信贷体系 / 132

　　第一节　商贩移民与乡村集市的草创 / 133

　　第二节　集市的搬迁与江西街的形成 / 138

第三节 专业化村落的形成与区域市场 / 149

第四节 小江地区的信贷文化与信仰市场 / 157

第四章 会馆与"会"

——移民组织的建立与小江社会结构的整合 / 165

第一节 移民与移民会馆 / 166

第二节 小江坐家与龙氏祠堂 / 181

第三节 民间"会"的存在及其对社会结构的影响 / 184

第四节 会馆与"会"：区域社会中的移民与坐家 / 195

第五章 水资源与移民

——移民村落的搬迁与移民身份的转化 / 203

第一节 水之利：不同人群及村落间的合作与冲突 / 204

第二节 水之争与江上之规 / 215

第三节 由汉变侗：小江移民身份的转化 / 232

结　语 / 236

附　录 / 242

参考文献 / 253

后　记 / 271

绪　论

一　研究缘起与问题意识

明清时期西南地区成为移民大规模进入的重要区域，"江西填湖广""湖广填四川"以及大量自发性移民的出现，都给族群和文化构成非常复杂的西南地区带来了深刻的影响。移民就某种程度而言，已经成为当时社会的常态。大批移民在明清时期进入西南地区的事实，是同明清王朝对西南地区的开发和经营相联系的。

移民迁徙流动的发生不仅与移民政策、户籍赋役、土地、信仰等制度层面有关，其流动的过程也体现了地方社会文化、经济生活以及人群关系等方面的交融与冲突。对于国家的实边政策和生态环境变化等因素所引发的移民与流散的个体性移民应当区别对待，不论是在迁徙和定居的过程方面，还是在群体之间的关系以及对迁入地社会的影响方面，二者都有显著差别。相对而言，自发的个体性移民更为灵活，对社会的影响也更为微妙。流散的个体性移民渐成规模后，他们在迁入地的定居情形、以怎样的身份采取怎样的策略、对当地社会结构等方面的影响等问题便悄然浮现。

明初对西南地区进行屯田和设置卫所等举措，促使汉人迁徙到府州县等地，对当地社会的习俗、教育、信仰等方面都产生了深远影响。清代以来，随着清王朝进行的区域开发，大量的汉人和"客民"又开始走上迁徙之路，他们进入更为广阔的腹地。伴随着移民而出现的，是移民社会组织问题。纵览对于"湖广填四川"等方面的研究成果可以发现，江西祖籍的移民自成一派：他们在迁入地建立起属于移民的会馆组织，而且经营种类颇多。尤其有意思的是"江西街"地名的出现。为何会在迁入地制造出如此突出的"江西会馆"与"江西街"，这些移民群体在迁入地的生活状态是怎样的，与当地其他人群的关系如何，这些移民进入山区的民族地区后会呈现怎样的情形？此类问题越来越多，笔者对移民的好奇之心越来越重。

因此，笔者选择黔东南侗族聚居区的移民作为考察对象。幸运的是，在侗族聚居区里有一个"江西街"村落，位于小江地区，小江即清水江重要支流之一。

"小江"这一名称的存在本身即体现了当地社会结构的变化。小江包含六个村落，除了江西街之外，还有五个村落，分别是瓮寨、新寨、甘寨、坪地四个以"龙"为主体姓氏的村落，以及王姓占多数的皇封村。瓮寨过在小江地区开村较早，其身份可谓龙姓"坐家"。"坐家"是当地的民间概念，是相对移民而言的，指最先在此居住的人群。田野调查中，笔者曾先后在几个寨子居住。对其深入了解之后，难免有所疑问：江西街是如何形成的，瓮寨在小江村落格局中是处于中心、边缘抑或其他，江西街与瓮寨等坐家居住的村落关系是怎样的？带着这些问题，依托在瓮寨得到的地方性知识，笔者对江西街村落的认识深入了一层。反观江西街这一移民村落，二者之间的差别全然涌上。在收割稻谷的季节，老人们讲起以前的换工、帮工，佐以笔者对几个村落的家户访谈及观察所得，对移民与坐家包括社会经济生活等内容的认识又深入了一层。作为移民村落的江西街虽然早在清初已经进入小江地区，而且参与了小江社会的运作，但在文化与心态层面，它与瓮寨这样的坐家寨子还是有很大的不同。2009 年 10 月笔者搬到甘寨居住的时候，走在用青石板筑起的一级级台阶上，看着遗留的窨子屋砖墙，上面还留有毛泽东语录，再转身面对着小江河水，人、建筑、小江河、山与水，这些开始在脑海中浮现出朦胧的联系。当了解这些窨子屋的由来，了解那些竖立在石阶边的残碑后，甘寨在清末作为产靛地这样一种专业化的村落形象逐渐呈现。

对村民记忆中的生计模式愈加深入地询问，愈会发现整个清水江流域的区域开发尤其是木材贸易的兴盛对其支流小江的影响是多么深入而广泛。在这样的大的区域背景下，小江人充分开展了各种各样的商贸活动，建立了区域性集市，并最终积淀成现在笔者所看到的小江社会。这一历史过程是复杂的，却激起了笔者去深入挖掘的极大兴趣。清初移民的进入以及移民村落的建立、专业化的商业村落在清末的出现、木材贸易与市场活动双重影响下的小江区域社会的运行，甚至是与高坡九寨和木头城王寨存在的千丝万缕的联系，诸种因素造就了现在我们所看到的小江社会和小江文化。田野调查中笔者感受到，小江看似自成一体，但内部各有特点，而且并非隔绝于外界更广阔的社会体系。由此，挖掘、阐述小江自清代以来的社会型构过程便摆在眼前，成为问题所在。归纳而言，小江区域社会在王朝对黔省地区开发之前，作为一个地域社会共同体参与九寨的款组织。自清代开辟"新疆"之后，在享受江河之利的同时，小江也与九寨其他寨子一起分担了王寨的夫役，而小江独特的地理位置，使之相对于九寨其他小寨而言，与王寨的关系更为密切。

概括而言，围绕小江地区的研究或许需要注意以下几点。第一，就地域空间而言，小江地区包含"江西街"的移民村落和龙姓坐家村落。笔者在指出江西街村落与其他村寨相比具有的特殊之处的同时，亦去发掘小江六个村落的共同之处，特性与共性并存，而非一味地强调特殊性，由此论述小江作为一个区域社会的演变过程。此外，在资料的基础上充分展示了小江周边的锦屏王寨与天柱汉寨对小江的极大影响。基于此，本书的研究在空间和地域上都得到了很大拓展，探讨小江作为一个地域社会共同体渐次演变的过程，以及在其中由移民与坐家共同创造出来的地域文化。最重要的是，极力去关注小江上下游村落之间的联系。第二，小江社会区域经济开发的背景使其至少自清代木材贸易后便显得极具"开放性"，封闭并不适于小江，来自江南甚至是日本的"花帮"使得小江地区的经济贸易带有世界市场的色彩，清末对油桐的种植是基于更大市场的需求，竟带有些许"全球化"色彩。通过对经济作物与专业村落等主题的描述，本书试图揭示另一种意义上的全球化语境下"现代性"与"地方性"之关系。第三，本书以展示江西街特殊性为主题，既突出江西街移民村落的特殊性，又将小江社会作为一个整体进行考察，进而揭示其地域文化自清朝以降的演变，并结合现状，指出了小江社会地域文化的演变过程。因此，本书是在对市场贸易的叙述中阐释区域社会的文化演变过程，移民的身份在这一过程中也有所变化。

小江的移民有着怎样的迁徙过程和特点？小江内部这六个村落是如何形成现在所见到的格局，江西街村落是如何在小江建立起来的？小江同周边的王寨和高坡九寨在历史中有着怎样的合作，这种地理格局对小江区域社会的运行产生了怎样的影响？开辟"新疆"带来的木材采运对整个小江地区的村落关系和社会结构又有着怎样的影响？这些来到小江河边并成功定居下来的移民与到山上挖山种杉并建寨而居的移民有何不同，他们是如何入住于小江社会的？移民在小江的入住过程中，与坐家产生了怎样的互动？曾经作为"客家"的移民与坐家群体在小江社会中呈现了怎样的关系格局？这些问题的提出，为进一步的研究指明了方向。

二　研究回顾

通过研究历史上的人口移动来理解和解释中国的社会、历史与文化，是一个重要且受到关注的研究路径。对明清时期移民的研究及以其为基础的人口史研究，近年受到关注并取得许多重要成果。概而言之，既有量化的衡量也有制度层面的剖析；既有对移民社会宏观发展脉络的梳理，也有对具体移民社会历史过程的观察和分析；既有对具体的由平原到山区、由内地到边疆或者迁往海外的移民史之叙述，也有对区域社会经济开发与移民和人口增长的探讨。

对移民的研究，尤其是明清时期的移民，必须综合考虑户籍、赋役、地方行政等制度以及生态、环境等地理因素。本书试图将移民与人口置于特定区域的社会文化和历史脉络中加以考察，既要从整体上思考移民与迁入地的关系，又不能忽略作为个体的移民的行为和活动。与此同时，对移民的身份和移民组织也要细致考察。

葛剑雄、吴松弟和曹树基等人从整体上对中国的移民进行了区域划分，对中国的移民史做了概括，从总体上叙述了人口迁移的概况及其对中国文化的影响。他们对历史上的移民类型进行了划分，并结合人口与户籍、国家制度与重大事件、生态与环境等历史背景展开。[①] 这一移民研究是从宏观视角展开的，其优势是能够从全局把握，而相对而言也容易缺乏对具体过程的描述。

刘翠溶提供了另一种研究路径，即从微观和细节入手，利用家谱资料，运用统计方法研究历史上的人口变化与移民问题。[②] 这一研究也不是毫无缺陷的，如果采用的家族谱系中所记载的人口数量

---

① 葛剑雄将移民性质分为生存型和发展型，并归纳了五种移民类型和特点：自北而南的生存型移民，行政或军事手段的强制移民，从平原到山区、从内地到边疆的开发性移民，北方牧业民族或非华夏族的内迁或西迁，东南沿海地区对海外的移民。参见葛剑雄主编《中国移民史》，福建人民出版社，1997。
② 刘翠溶：《明清时期家族人口与社会经济变迁》，台北，中研院经济研究所，1992。

有偏差，而在使用中又将其当作实际的人口数，那么其结论很难令人信服。

利用族谱研究移民与人口这一方法也得到其他学者的重视，拓宽了移民研究的资料来源。如《明清人口婚姻家族史论：陈捷先教授、冯尔康教授古稀纪念论文集》一书中的《从档案资料看十八世纪中国人口的迁移流动》一文利用档案资料研究某一特定时间段内的人口流动。作者采用乾隆四十六年至五十六年（1781—1791）档案，对迁移流动行为进行了分类：一是土著但出外谋生者，主要指个人迁移行为；二是迁移，指携带全家出外谋生，且在迁入地有相对固定的住址；三是流动，指没有固定职业、居址的流动者，比如乞丐。① 对迁移的已有分类因其标准不同而内容不同，但也许宗旨是相同的，即为了更好地认识迁移者的内部构成，更加深入细致地展开研究。

关于如何利用地方志中的家谱资料，何炳棣提醒研究者要注意不被这些据说拥有确切资料的家谱所愚弄。首先，一个移民家族要在新地方发展起来，通常需要相当长的时间，而且要考量是否已经变得显要到载入方志的程度。其次，地方志中所载的移民大族只是占了移民群体中的极少部分，这些数据比例并不能很好地反映人口的迁入和迁出。② 总之，我们要充分运用地方志资料及田野中所见到的家谱资料，但在解读时一定要有怀疑的精神。族谱的记载并非历史事实的真实反映，而只能称为历史记忆和记录。

谈及族谱等资料问题，傅衣凌先生的贡献极为突出。他大量使用当时学界不很重视的族谱、碑刻、契约文书等民间文献资料，对史学界较少关注的佃农经济、租佃斗争、乡族组织等问题进行了论

---

① 本书编写组编《明清人口婚姻家族史论：陈捷先教授、冯尔康教授古稀纪念论文集》，天津古籍出版社，2008。
② 何炳棣：《明初以降人口及其相关问题：1368—1953》，葛剑雄译，三联书店，2000。

述，考察所谓的"福建农村的经济社区"，为后来的研究开辟了新的路径。傅衣凌先生提出的"乡族理论"在很长时间内成为福建乃至华南农村社会研究的指导思想。梁方仲先生同样重视土地契约等资料，他通过对与历代户口、田地、田赋有关的实物票据文书的考释，为后人指出一条从官方数据出发，逐步深入揭示社会经济事实的路径。陈春声、刘志伟等人秉承傅衣凌和梁方仲先生开创的学术传统，在研究方法上强调人类学与历史学相结合，重视王朝典章制度与基层社会的互动，关注国家话语在地方社会的表述和实践。其学术旨趣或许可以借用下述表达："在具体的研究中，既要把个案的、区域的研究置于对整体历史的关怀之中，努力注意从中国历史的实际和中国人的意识出发理解传统中国社会历史现象，从不同地区移民、拓殖、身份与族群关系等方面重新审视传统中国社会的国家认同，又从无时不在、无处不在的国家制度和国家观念出发理解具体地域中'地方性知识'与'区域文化'被创造与传播的机制。"①

利用族谱和档案等资料研究移民是可行的，但也会受到资料多少和覆盖时间等方面的限制。如果既能够利用将要研究的社会中的族谱和档案等资料，又通过具体而细致的田野调查收集丰富的访谈资料，那么对移民及其所在社会的认识会深入很多。笔者正是在进行了长时间的田野调查后，再佐以民间文献和档案等资料，将二者结合起来开展研究。笔者在对区域社会中的移民进行研究时，要从宏观方面考量制度背景——这是前提，但更重要的是从微观方面展开细致的描述，侧重于对特定区域内移民群体的社会生活和文化等方面的描述和解释。

对移民个体，不仅要关注"人"，还要关注"移"。《人口迁移》一书强调了迁移的差别性，"差别迁移系指具有不同之社会、

---

① 　陈春声：《走向历史现场》，《读书》2006 年第 9 期。

经济、人口等特征的个人或团体在迁移行为或迁移率之不同。研究差别迁移相当于研究迁移的选择性，而迁移的选择性指具有某种特征的人或在某种住处环境的人会比一般的人更容易迁移"。① 但在具体论述中，该书作者并没有得出统一的结论，仍然流于笼统、表面的论述。关于迁移影响的视角是从人与地两方面展开的。一方面是对人的影响，指的是对迁移者本人的影响；另一方面是对地方的影响，包括原居住地和目的地。对迁移者的影响是组成、传播、人口及行为反应、社会组织的影响——无根性；对原居住地和目的地的影响包括人口、经济、政府和社会文化的影响，以及对区位分布的影响。

就小江地区的移民情况来看，清代早期迁徙来的第一批移民与清末民国时期迁来的移民的确存在差别迁移。第一批更多的是自发主动迁徙而来。清朝雍乾时期清水江流域得到了开发，木材贸易和其他商贸活动都在此契机下得到了蓬勃发展，由此吸引了江西、湖南、安徽等地的商人溯江而上。小江的"江西帮"主要是在这种情形下迁徙的。"湖南帮"迁入的时间总体上要晚于"江西帮"。小江地区的移民在迁入后，就组织了移民组织——江西会馆与湖南会馆，积极去改变所谓的无根性，并对小江社会已有的社会环境产生了深刻的影响。

即使是关于个体的移民，其迁徙行为是否就如口袋里的一个个马铃薯似的独立，移民是否建立社会组织来改变他们被认为的无根性？对移民社会组织的探讨甚为重要，透过移民的组织，我们可以更好地看到移民社会的演变过程。这一研究视角将移民的个体性和社会性有效结合起来。

何炳棣指出，明代政府的强制移民（包括军事垦屯）直到明末都存在，自发移民虽似有规模，但相比于清代和近代的省际移民

---

① 廖正宏：《人口迁移》，台北，三民书局，1985，第4—7页。

则相形见绌了。换言之，清代自发移民相较于明代，其人口数量和规模都要显著许多。虽然明代官方史书未提及人民自动的移民，而且自发的移民绝大多数是零星的、未见记载的，但这种移民形式"却可能比官方主持的移民对农业开发区的扩展，作了更大的贡献"。本书即立足于村落视野，通过田野调查的方法深入民间、深入地方社会，探讨自发移民在迁入地建立的社会组织。

移民迁入后，影响了已有社会的结构和运行。研究移民，应当考察他们的社会组织，以及对社会具体层面的影响。在中国，"社会"最初的含义为以祭祀土地神为中心的地区性团体。① 陈宝良认为，会与社起源虽有不同，意义实可归趋于一。"会"有聚合、汇合之意，人聚集之地即可称会。赵世瑜亦对社有一概括：所谓社，就是中国古代的一种基层聚落，也是上古以来的聚落或土地之神，以后又延伸发展成为乡村的基层社区组织，同时，又演化成为按职业、爱好、年龄、阶层、性别以及特殊目的等结成的群体。② 陈宝良亦从社会史角度为会社研究提供了三个维度，分别为传统观念中的"社会"与社会学中的"社会"，传统会社与社会分层，社团与社区。研究会社，脱离不了其所在的区域社会环境，亦不能将参与成员排除出去。本书在田野调查的基础上采用了会社研究的另一角度，即会社与当地多元的社会结构和社会生活。

会社是中国传统社会重要而普遍的一环。旗田巍于 20 世纪

---

① 追溯社的源流，陈宝良认为社的含义大致有五种：（1）社是土地之神；（2）社是古代乡村基层行政地理单位；（3）社是指民间在社日举行的各种迎神赛会；（4）社是指信仰相同、志趣相投者结合的团体；（5）社又可指行业性团体。在陈看来，社与会相比其含义较为广泛，但在某种意义上，社与会可并称。陈将会社分为政治型、经济型、军事型、文化生活型等。参见陈宝良《中国的社与会》，浙江人民出版社，1996，第 1～6、21 页。

② 赵世瑜：《明清华北的社与社火——关于地缘组织、仪式表演以及二者的关系》，《中国史研究》1999 年第 3 期。

30—40 年代所调查的河北沙井村，其村工会组织的成员主要为会首，会首的选出又与家族系谱和拥有的土地数紧密相关。费孝通先生对云南称为"赕"这一类似于钱会的信用互助组织调查时发现，其组成以朋友及乡党为最多，姻亲次之，宗亲则很少。① 此外，亦有不少关于会社研究的文章。② 不难看出，作为一种村落层面的社会组织，从"会"的组合到会首的形成及其发挥作用的机制，会社在不同的自然与社会环境下呈现了复杂的地方性特色。

想象的共同体强调主观的心理认同。民族被想象为一个共同体，因为尽管在每个民族内部都可能存在普遍的不平等与剥削，民族却总是被设想为一种深刻的、平等的同志爱。③ 何炳棣认为会馆加强小群观念，削弱大群意识。他强调会馆是地缘组织，与同一地方的其他地缘、业缘组织接触，发生关系，谋求共存共荣，但这一接触的结果，未尝不有助于窄狭畛域观念的融消和大群意识的产生。④ 全汉升研究中国行会制度时发现某些行会统治市场。⑤ 就小

---

① 麻国庆：《"会"与中国传统村落社会》，《民俗研究》1998 年第 2 期。

② 郭莹：《"帮会文化"略论》，《湖北大学学报》（哲学社会科学版）2000 年第 1 期；赵世瑜：《明清时期华北庙会研究》，《历史研究》1992 年第 5 期；邵鸿：《明清江西农村社区中的会——以乐安县流坑村为例》，《中国社会经济史研究》1997 年第 1 期；王日根：《明清徽州会社经济举隅》，《中国经济史研究》1995 年第 2 期；宋德剑：《试论客家民间社会保障：以众会为例》，《西南民族大学学报》（人文社会科学版）2004 年第 3 期；马新：《论两汉乡村社会中的里社》，《文史哲》1998 年第 5 期；彭德玉：《"社"之浅探》，《福建教育学院学报》2002 年第 4 期；史江：《宋代传统宗教会社综述》，《宗教学研究》2003 年第 1 期；于云瀚：《古代城市中民间社、会的基本特征》，《人文杂志》2001 年第 1 期；周扬波：《宋代科举会社》，《云南社会科学》2005 年第 5 期；张波：《山东秘密会社初探（1912—1945）》，《山东大学学报》（哲学社会科学版）1992 年第 3 期；许国：《宋代秘密社会初探》，《湖南师范大学社会科学学报》1991 年第 4 期；郭英德：《明代文人结社说略》，《北京师范大学学报》（社会科学版）1992 年第 4 期；等等。

③ 〔美〕本尼迪克特·安德森：《想象的共同体：民族主义的起源与散布》，上海人民出版社，2005，第 6—7 页。

④ 何炳棣：《中国会馆史论》，台北，台湾学生书局，1966，第 1—10 页。

⑤ 全汉升：《中国行会制度史》，百花文艺出版社，2007。

江而言，其移民建立了市场，移民所建立的会馆既加强了内部的小群意识，也促进了小群与大群的接触与联系，并进一步促进小群融入大群之中。这些不同时期的移民之到来，借助万寿宫这一共同体，进入了区域社会生活中，并对社会结构和社会运行产生了微妙的影响。

"会"体现了人以群分的意识。不同形式的"会"往往因其功能的不同而凝聚不同范围的人群。"会"在乡村社会中涵盖的范围究竟有多广，是否以村落为基本单元？在西方民族学发展史上，曾有过德奥"文化圈"与美国"文化区"等理论与方法，这些是学者建构的一种分析框架，与祭祀圈和信仰圈有很大区别，后者是实际存在于台湾汉人社会的组织。

清水江沿岸多元的"会"作为具体的社会组织，是否同祭祀圈、信仰圈与市场圈等概念有可比性，它们之间又是不是存在差异之处？祭祀圈概念最先由日本学者冈田谦使用，指共同奉祀一个主神的民众所住之地域。施振民和许嘉明推动了台湾汉人祭祀圈的长期研究，后来加盟的林美容则对祭祀圈与信仰圈做了区分。林美容通过对草屯镇汉人信仰的考察提出，每一层次的祭祀圈反映一个地域性的共同团体，此一团体以村庄为基础，其范围或在聚落内（同姓聚居），或在村落内，或数个村庄联合，甚至大可及乡镇范围。超镇域的大型神明会地域组织或许可以用信仰圈来表示，祭祀圈则体现了传统汉人社会以聚落为最小运作单位之融合与互动过程。[①] 施坚雅则以四川平原为基础，建构了乡村社会生活以市场为主轴的假设，而且将市场分为初级市场和中间市场。[②]

相比于祭祀圈、信仰圈与市场圈，清水江下游地区的"会"

---

① 林美容：《由祭祀圈来看草屯镇的地方组织》，台北，《中央研究院民族学研究所集刊》第62期，1987年，第62页。
② 〔美〕施坚雅：《中国农村的市场和社会结构》，史建云等译，中国社会科学出版社，1998。

承担起了区域社会生活的纽带功能，为乡民提供了活动空间，虽然没有受到村落范围的局限，但也并非任意涵盖无限广阔的地域空间。

通过研究移民的社会组织，我们对移民这一群体的把握无疑会深入很多；对移民具体行为和活动的描述，也有着非常重要的意义。移民的活动尤其是商业性活动，例如清代江西籍商人在贵州由木材贸易而展开的诸多活动对当地有不可忽视的影响。

就小江而言，移民曾经很重要的身份是商人。李德甫提到，明代商人最初是随"开中法"①的实行出现的山陕盐商。"商人输粮于边地入仓，得一定盐引，以引领取食盐，在制定区域内返销获利。但一些制度阻碍了商人的经营和发展。返销于各地之间为行商，坐贾居于城镇中为'市籍'。外地人户要在城镇中居住、经商，须到官府登记并得到许可，这叫'占市籍'。无市籍，不许开店营业，且遭逮捕治罪。这一点也许影响到了移民从事商业活动的选择。此外，明代商税制度、商役制度增加了经商成本和风险。"②

商人群体及其组织是把握市镇结构的重要方面。陈忠平研究了明清时期徽商、闽粤商人在江南市镇的活动，还对山陕商人、洞庭商人在江南市镇中的布号和布庄进行了专题研究。③ 桑兵将商民罢市与清末城镇的社会结构的变化相联系。④ 樊树志认为，在市镇经济结构的运行中，客商、牙行与脚夫是不可或缺的三大要素。⑤ 唐力行则考察了近代商人群体的形成、地域分布、经营活动和社会生活等方面，讨论了都市社会经济的变迁及近代商人自身的变迁，并

---

① "有明盐法，莫善于开中。……招商输粮而与之盐，谓之开中。"
② 李德甫：《明代人口与经济发展》，中国社会科学出版社，2008，第95—96页。
③ 陈忠平：《明清徽商在江南市镇的活动》，《江淮论坛》1985年第5期；陈忠平：《明清时期江南市镇的布号和布庄》，《江淮论坛》1986年第5期。
④ 桑兵：《论清末城镇社会结构的变化与商民罢市》，《近代史研究》1990年第5期。
⑤ 樊树志：《明清江南市镇的实态分析——以苏州府嘉定县为中心》，《学术研究》1998年第1期。

指出权力结构对商人的双重影响。① 黄启臣主编的"中国地域商人
丛书"对各个地域的商人展开了研究。② 傅安辉则就清水江流域的
木商文化论述其现代价值。③

小江和清水江在清代迎来了来自江西、湖南等地的商人。这些
商人的到来对区域社会的运行、商贸活动的开展、地方社会结构的
调整都产生了深刻影响。"三帮五勷"是清水江流域的主要木商,
对明清时期整个清水江干支流的木材采运影响巨大。木商的身份在
清水江流域的地方性经验中是可以变动的,他们带动了小百货商的
兴起,其辐射范围广大。清水江流域的木商建立了社会组织,影响
了区域社会结构。小江地方社会中的江西帮与万寿宫即是突出个
案。愈加独特的是,小江社会的商人与移民身份是结合在一起的,
而且在区域社会中建立了村落和市场。

市场的建立和成形是江西籍移民和湖南籍移民在小江地区的重
要之举。小江地区的这些移民同时也是商人和小商贩。

人类学家对市场尤其是经济活动十分关注,其研究视角因地域
和人群的不同而多元化。有学者对交换双方的互惠行为,甚至建构
互惠网络的行为加以强调。但如果忽视具体的社会场景,一味强调
互惠,很容易忽略掉其中存在的权力与市场主体的利益争夺,容易
使基层社会实际存在的丰富多彩的交易活动简单化。

施坚雅以四川平原为基础,分析乡村社会的集市,并推论中国
农民社会生活的基本单位不是村落而是集镇社区。市场不再仅仅是
纯粹经济学意义上的买卖货物的场所,也成为乡村社会中"小传

① 唐力行:《商人与中国近世社会》,商务印书馆,2006。
② 包括黄国信、黄启臣《货殖华洋的粤商》,石峻《江通天下的晋商》,顾红亮、徐恬《双峰并峙的浙商》,王世华《富甲一方的徽商》,石峻、金国正《纵横宇内的苏商》,浙江人民出版社,1997。
③ 傅安辉:《论清水江木商文化遗产的现代价值》,《原生态民族文化学刊》2009年第1期。

统"的基本载体，成为乡村社会活动的基层空间。施坚雅由此建立了市场体系理论，他根据地貌以及市场阶序，将中国传统的经济地理划分为九个宏观区域。每个区域都有明显的边界，而且由都市核心与边缘腹地建构出功能上的整合体系。① 市场体系理论或许存在诸多缺陷，与山区集市的状况有所冲突，并且无法解释市场的起源，却开创了一种透过市场来研究区域社会的思路，而集镇社区的研究对社区研究无疑是一种推进。

萧凤霞基于对小榄菊花会的研究，指出施坚雅忽略了市场是在一个社会分化、获得权力的机会不均等以及充满文化歧视的社会脉络里运作的。② 傅衣凌对传统中国墟市与社会结构的关系研究与萧凤霞有异曲同工之妙。他指出乡族势力对于集市交易起到了严格的控制作用。③ 陈庆德提出，"市场"一词在两个话语层面上有着不同的表达：在日常语言的层面，"市场"意味着商品交换的时空场所；在理论分析的层面，"市场"则是一种创造交换环境的制度复合体，是对特定经济运行形式的表达。④

本书在描述和解释市场时综合上述思路。小江的区域性集市联结了天柱县的汉寨场与锦屏县的王寨场，这三者之间是否存在明显的阶序区分，核心与边缘如何体现，对于小江社会结构的影响如何？此外，小江这一区域性集市的建立与移民的进入以及区域经济的开发有莫大关系。在集市建立与发展的过程中，权力是如何分配的，集市权力与

① 〔美〕施坚雅：《中华帝国晚期的城市》，叶光庭等译，中华书局，2000。
② 萧凤霞、刘志伟：《文化活动与区域社会经济史的发展——关于中山小榄菊花会的考察》，《中国社会经济史研究》1990年第4期。
③ 傅衣凌认为，墟市中的一切活动，像度量衡制、商品种类、贸易习惯以及运输权等，差不多都受到乡族势力的严格控制，而不得独立、自由的发展。参见傅衣凌《论乡族势力对于中国封建经济的干涉》，《厦门大学学报》（哲学社会科学版）1961年第3期。
④ 陈庆德：《市场体系的生存基础与文化产品的市场进入》，《西南民族大学学报》（人文社会科学版）2007年第5期。

社会运作的格局是否一致，这些都是本书试图回答的问题。

　　笔者认同施坚雅对市场与乡村生活在某种程度上相重合的观点，但与他以及研究江南地区、提出市场等级论的学者相比，笔者更关注的是市场的贸易活动对区域社会的型构以及对地域文化演变的影响。通过对小江集市的研究，笔者发现，小江地区的集市虽然建立在村落中，却是先有集市才有村落，而且该集市并不适宜于简单的初级市场或中级市场的划分，它将村落与集市联系起来，在区域社会发挥着枢纽的作用。或许可以如此表述：小江集市作为商品买卖场所固然重要，但它更是移民群体的活动空间，也是区域社会商贸活动的空间。

　　关于乡村经济活动与集市的研究，其成果颇为丰富。首先，研究的地域范围囊括了长江流域和珠三角流域、华北地区和江南地区，涉及甘宁青、河南、山东、山陕等省份。其次，研究视角非常多样化，主要侧重于集市类型与集期、发展与变迁，不同时期与不同地域的墟市，集市与集市圈和乡绅豪民等。[①]

　　全汉升于1934年发表的《中国庙市之史的考察》可谓首开先河，他将庙市作为定期市之一种。同年日本学者加藤繁发表《清代村镇的定期市》，分析了定期市的日期、与附近村落的关系、牙行与课税等问题。此外，山根幸夫、刘石吉等都曾发表有关中国集市的研究，[②] 刘石吉的《明清时代江南市镇研究》更是成为明清市镇经济学者的案头必备参考书。不同学者关于市镇的研究侧重点有

---

① 这方面的文章很多，如王庆成《晚清华北的集市和集市圈》，《近代史研究》2004年第4期；任放《二十世纪明清市镇经济研究》，《历史研究》2001年第5期；单强《近代江南乡镇市场研究》，《近代史研究》1998年第6期；黄正林《近代甘宁青农村市场研究》，《近代史研究》2004年第4期；龚关《近代华北集市的发展》，《近代史研究》2001年第1期；陈丽娟、王光成《明清时期山东农村集市中的牙行》，《安徽史学》2002年第4期；田广增《河南省农村集市等级体系》，《殷都学刊》1998年第6期等，成果颇丰，不一一举例。
② 山根幸夫『明清華北定期市の研究』汲古書院、1995。刘石吉：《明清时代江南地区的专业市镇》，载刘石吉《明清时代江南市镇研究》，中国社会科学出版社，1987。

所区别。邓亦兵对市镇的概念进行了精细的辨析；① 樊树志尤为关注市镇网络以及市镇在中国城市化进程中的角色；② 单强则将近代江南市场体系从层次机构上分为农村集市、乡镇集市和城市市场三种，并选取了庙会与茶馆交易、市场经纪人等独特的研究视角。③市镇成为他们研究的单元，制度层面的内容有明显涉猎，这些为笔者的集市研究提供了借鉴。20 世纪 80 年代，日本研治明清史学者森正夫等人率先提出"地域社会论"，他们考察了作为商业流通结合点的市镇之兴起、市镇与水利交通、江南以市镇为核心的生活圈，以及相应的祭祀等问题，并指出明清时期江南市镇的隆盛，构成了特殊的地域社会。这一论断深刻点明了集市在地域社会建构中的重要作用。

笔者在小江地区的田野调查中也明显感受到，小江区域性集市的建立，对这一地域社会的建构以及地域文化的演变产生了极大的影响。在地域文化的演变过程中看待集市活动，有着很强的解释力。陈春声和刘志伟则提出清代经济运作的两个特点是：农户经济活动的非市场导向和整体市场活动的非经济导向。④

市场的多样化、婚姻市场、信贷体系，影响了群体关系与地方文化，例如施坚雅的市场体系，杜赞奇的文化权力网络，台湾学者的祭祀圈与信仰圈、婚姻市场理论以及区域性文化变异等。婚姻市场理论和区域性文化变异范式目前仍是对台湾汉人社会研究得出的地方性经验。庄英章和武雅士曾就台湾汉人婚姻形态的分布情形提出婚姻市场的假设。台湾北部地区自 1860 年以后经济作物兴起，吸引单身男性移民的迁徙，造成性别比的差异，收养童养媳的现象越来越普遍，童养媳婚现象凸显。这是一种婚姻形态与区域经济发

① 邓亦兵：《清代前明的市镇》，《中国社会经济史研究》1997 年第 3 期。
② 樊树志：《江南市镇：传说与变革》，复旦大学出版社，2005。
③ 单强：《江南区域市场研究》，人民出版社，1999。
④ 陈春声、刘志伟：《清代经济运作的两个特点：有关市场机制的论纲》，《中国经济史研究》1990 年第 3 期。

展关系的假设。区域性文化变异的存在基于三种假设：一是历史文化的假设与解释，二是环境适应的假设与解释，三是族群互动与文化接触的假设与解释。① 这是一种对区域社会研究的理论提升，至于其是否能应用到其他地方，则有待检验。

通过组建社会组织、参与商贸活动，移民对迁入地区的社会文化生活产生极大影响。移民对社会的影响程度怎样来把握？是对原先社会的整合还是对社会结构有所改变，抑或加入了新的文化因子？陈其南的研究显示，移民导致台湾社会发生质的变化。他指出，台湾移民社会向定居社会转型所发生的变化，一是居民由以移民为主转变为以移民的后裔为主，二是社会结构由以不同祖籍的地缘关系为主的组合转变为以宗族关系为主的组合。在此基础上进而强调："土著化"或"内地化"的模式都不够确切。清代台湾社会发展模式是双向型的，而不是单向型的，即一方面日益接近大陆社会，另一方面日益扎根于台湾当地，由此把移民社会转型后的台湾社会称为"定居社会"而非"土著社会"或"文治社会"。②

关于移民对迁入地社会的影响，陈孔立关于台湾移民的研究提供了一个个案。他指出，台湾移民社会的特点是："一是在人口结构上，除了少数先住民以外，多数居民是从大陆闽粤两省陆续迁移过来的移民，人口移入增长较快，男子多于女子，后期有所缓解；二是在社会结构上，按照不同祖籍组合，形成各自的社会群体，社会的上层多是豪强，其他居民多是佃户、工匠，阶级结构和职业结构都较简单，游民在社会上占有相当大比重；三是在经济结构上，没有形成自给自足的自然经济，商品经济则较发达，农业产品的商品率较高，城镇商业和海上贸易相当发达；四是在政权结构上，官府

---

① 庄英章：《历史人类学与华南区域研究——若干理论范式的建构与思考》，《历史人类学学刊》2005 年第 4 期。
② 陈其南：《家族与社会：台湾与中国社会研究的基础理念》，台北，联经出版事业公司，1990，第 58 页。

的力量比较单薄，无力进行有效的统治，广大农村主要依靠地方豪强进行管理；五是在社会矛盾方面，官民矛盾和不同祖籍移民之间的矛盾比较突出，一定程度上掩盖阶级矛盾；六是在与母体社会的关系上，在感情和传统上较密切，但在社会关系、社会制度和文化教育方面和母体社会还有一定的距离。"① 由此提出一个关于清代台湾社会发展模式的"初步设想：是双向型的，而不是单向型的，即一方面日益接近大陆社会，一方面日益扎根于台湾当地"，② 即他所称的"定居社会"。总之，他将台湾社会作为一个整体展开论述。

陈孔立对台湾社会移民现象的论述，侧重于结构分析，不论是人口、社会还是经济，都上升到了结构层面。至于中国社会尤其是南方社会明清时期的移民，在区域间有共性也有特殊之处。以贵州地区的情形简单举例，清水江流域的移民社会内部是丰富多彩的，因地理区位的不同而呈现不同的移民特征，而且商业和农业色彩在不同地理区位的分布不同。在中国南方社会，简单地以结构来总结，有可能抹杀了地方社会的特殊之处。

牛建强的《明代人口流动与社会变迁》一书，即研究移民导致的社会变迁。该书在两个方面可供参考，一是有关明代前期"流民"的身份及原因探析，二是对明代中后期工商业人口流动的论述。牛建强考证明代最早的群体流民问题出现于永乐、宣德年间以苏州府、松江府为中心的江南地区，流民出现的原因则主要是赋税及税外附加的重荷还有基层社会的动荡，而且苏杭地区的重赋和基层社会的矛盾较其他地区表现得更为突出，所以较早产生流民。分析这一时期流民的成分，有民户、军户、匠户及灶户，"社会受压阶层均含括其中"，占主体的则是民户和军户。③ 关于人口流动

---

① 陈孔立：《清代台湾移民社会研究》，九州出版社，2003，第52—53页。

② 陈孔立：《清代台湾移民社会研究》，第58页。

③ 牛建强：《明代人口流动与社会变迁》，河南大学出版社，1997，第110、123、129页。

的条件，牛建强从政权层面、政策层面、经济层面等进行了分析。具体包括：明代前期封建基层政治体系的松懈，明代中期后市镇集墟体系的复兴，明代中期后南北农村经济普遍介入市场网络。作者所提及的工商业人口流动包含两个层面，一是工商业人口的地域性流动，二是深层意义上的职业转换，比如农业雇工的出现。此外，作者认为"商人大都滞留于流通领域，进行滚雪球式的扩大经营"。① 这些对笔者思考移民的生存颇有启发，有助于从户籍制度层面来考虑。

《从档案资料看十八世纪中国人口的迁移流动》一文运用了个案的方法，无疑是细致的，分析了迁移流动者的职业构成，即其身份职业既呈现多样性，也显示出较高的集中性。该研究侧重于经济因素，"十八世纪中后期人口迁移流动的主体是具有经济性质的，民众想借此获得新的耕作、务工、经商等机会"。② 之后，作者统计了各个职业的构成。佃工和佃农所占比例最大，还有少部分自耕农，这些农业领域的迁移流动者占 62.89%，是迁移者的主体。位于第二的是商贩和店主，占 18.67%，从事非农职业的还有工匠、脚夫、教读和兵丁等。流动人口中还有一个不能忽视的群体即乞丐，占 5.09%。作者得出的结论是：18 世纪中后期是中国人口迁移流动的活跃时期，而人口的迅速增长是这一行为活跃的主要动力。当然，土地在其中也扮演了不可或缺的角色。没有土地使人失去了固着于一村一地的束缚，流动意识较易产生。乡村社会中的经济与市场等有着特殊的角色，作者从总体的制度层面来论述，显得空泛，主要是缺乏鲜活的个案资料，而这些个案则可以通过我们的田野调查观察到。

作者利用的档案资料涉及 20 多个省份，南北皆有，但在进行统计时，作者只是将各个职业的总人数相加，而忽略了省份之间的

---

① 牛建强：《明代人口流动与社会变迁》，第 347 页。
② 本书编写组编《明清人口婚姻家族史论：陈捷先教授、冯尔康教授古稀纪念论文集》，第 350 页。

不同。很明显，在其关于"迁移流动者的身份职业"的表中，其他省份基本是雇工人数最多，而贵州是商贩人数最多，因此作者在谈论迁移者的职业时忽略了地区这一空间因素，没有看到不同地方社会之间的差异。该文认为，"根据个案资料，十八世纪中后期的中国人口迁移流动仍是传统色彩很浓厚的行为。表现有三，一是以农业活动为目标；二是单身迁移流动占有较高比重，表明心理上还有较强的'安土重迁'意识；三是工商性迁移流动以个体负贩和靠手艺为人做零工为主要形式，在迁移流动总体中所占比例不大"。①

笔者认为上述结论的性质以及得出这一结论的逻辑方式有待商榷。单就 18 世纪中后期黔东南地区的迁移而言，更多是以林农和林商为主，小商贩也居多；就个体迁移而言，尤其是省际的长距离的冒险，考虑到便利、住处等因素，个体比举家可能更容易。笔者在田野中就发现，很多移民都是个体先外出，待大致安定下来后将原居住地的家人接过来。至于以农业活动为目标和工商性流动所占比例不大这两点无疑是一个问题的两面。正如笔者前面所述，该文忽视了地区间的差异。就清水江流域而言，很多移民从事的是商业活动，甚至出现"三帮五勷"这些大商帮，这是很值得研究的现象。该文同样提供了思想的火花，其"流动人口的大量存在也说明十八世纪中后期的清代社会有较高的自由度"，② 移民与自由就这样恰到好处地结合起来，对明清社会的认识也有了新见。

移民在某种程度上伴随着区域的开发，移民的历史可谓区域开发的历史。人类学的村落研究，研究地域虽在村落，但胸怀中国，其视野是宏观的，所提出的问题都是区域性的。"要了解中国社会，而且不

---

① 本书编写组编《明清人口婚姻家族史论：陈捷先教授、冯尔康教授古稀纪念论文集》。
② 本书编写组编《明清人口婚姻家族史论：陈捷先教授、冯尔康教授古稀纪念论文集》。

只是这个小村所表现出来的中国社会的一部分，还要有志于了解更广阔更复杂的'中国社会'。"① 中层理论的提出，或许是在理论层面对这一学术旨趣的概括。由罗伯特·默顿在20世纪中期提出的这一理论，是在整体的社会理论体系和具体的实践研究之间建构一类与特定领域和实际问题相关的中观层次的概念体系，颇有区域研究的味道。

结合文化同地理环境，从村落扩展到区域，再从区域回到村落，应用这种村落研究的方法，是否能够认识整个中国社会？ E. 利奇在其1982年出版的《社会人类学》中就《江村经济》的这种研究方法提出两个问题，而费孝通先生于1990年"缺席的对话"给予的回应中提出了类型比较的方法，即可以用类型比较的方法通过一个一个社区的调查来逐步接近于认识社会的全貌。② 社区在某种意义上成为调查的单元。社区研究在吴文藻和费孝通诸位先生的倡导和实践下进入中国，进而用于深入了解乡土中国。林德夫妇的《中镇》被认为是社区研究的金字塔，这缘于其将文化人类学的理论与方法应用于现代城镇社区研究，开创了社区综合分析的先河。③

王建新总结了最具整体性指导意义的中国民族学·人类学的理论模式，共三类六种：以中国各地上古文明的形成、分布和相互关系为研究对象的文化区系类型和半月形文化传播带理论，以从古到今中国各民族文化的发展动态为研究对象的民族走廊和文化板块理论，以当今中国各民族文化的分布、特征及相互关系为研究对象的经济文化类型和中华民族多元一体格局理论，并提出了自己的宗教文化类型理论。④

---

① 费孝通：《社会调查自白》，知识出版社，1985，第29页。
② 费孝通：《缺席的对话——人的研究在中国——个人的经历》，《读书》1990年第10期。
③ 沈关宝：《中镇：社区研究的金字塔》，《社会》1996年第7期。
④ 王建新：《宗教文化类型——中国民族学·人类学理论新探》，《青海民族研究》2007年第4期。

  "民族走廊"这一概念，是对山区环境的精彩概括。民族走廊的提出，源于费孝通先生在 20 世纪 70 年代末 80 年代初的三次重要讲话，其主题是检讨过去民族调查及民族研究存在的缺乏整体观点和宏观眼光的缺陷，进而提出我们需要一个宏观的、全面的、整体的观念，需要从整体上把握民族之间的关系及各民族间的往来变动，主张按历史形成的民族地区来进行研究，并通过划分地理及民族板块的方式，进一步引申全国民族大格局的构想。[①] "走廊"的概念由此应运而生。民族走廊是在整体上提供的一种富于动态感和联系性的研究视角，对多民族聚居区内的历史文化有极大的解释力。目前学界关于民族走廊的研究也正在如火如荼地进行。多点民族志这一方法则是针对研究对象，选择不同的点进行比较研究。这些视角和方法的确立，对于我们在村落研究的基础上扩大视野、关注更广阔区域内的文化提供了借鉴。

  在笔者看来，既要坚持整体观，又要挖掘地方性特点。区域的存在至少有两种：一种是由空间分布差异而形成的地理区域；另一种是研究者选择的区域，主要基于文化方面的考量，如乡土文化区域，指存在于居民心目中的一种区域观念，该观念也为区域之外的人所承认。[②] 张应强点明："在区域垦殖开发这一历史过程中，人群作为历史的主体，其活动及互动关系是我们关注的焦点。……不仅应该充分认识人群的活动及其互动关系，而且把人群的身份差异放在一定历史时空条件下主观与客观、内在自我与外在认识相互作用的动态中来加以把握。"[③]

---

① 李星星：《论"民族走廊"及"二纵三横"的格局》，《中华文化论坛》2005年第 3 期。

② 张伟然：《区域研究的新走向笔谈》，http：//www.zisi.net/htm/ztzl/kjx/2005 - 06 - 13 - 29264.htm。

③ 张应强：《木材之流动——清代清水江下游地区的市场、权力与社会》，三联书店，2006，第 9 页。

鲁西奇在江汉平原的研究中，将水利区域分为四个层级，即以台、墩（即有人居住的堤段）为主体的"居住区域"，以"垸"为主体的"生产区域"，多个垸联合协作的"协作区域"，以及由干堤环绕的"生存区域"。① 美国历史地理学家克拉克认为研究应贯穿于整个时间序列的空间变化，他特别强调这种区域或空间变化的连续性。邓辉据此强调区域研究的空间与时间属性。② 蓝勇提出在区域历史研究中讲求尽全时空和人地互动。③

依笔者拙见，地理区域与研究者选择的区域实在不能简单地进行二元对立，地理区域是人们展开生活与生计活动的重要空间，是前提与基础。研究者即在此基础上，探讨所谓"感觉文化区"的建构过程，空间与时间则成为这一建构过程的重要经纬度。小江作为一个区域社会，有着内在的独特性。从微观意义而言，小江社会内部有江西街这一移民村落，有四个龙姓村落，还有一个王姓占多数的村落，中心与周边纵横交错；从宏观意义而言，区域性集市的建立，使小江与周边的九寨、王寨、天柱县等地紧密联系在一起，其地域范围涉及广泛。从民族互动与民族关系方面来看，小江区域社会更是富有特色。清代以来，以"客家"身份进入的商人群体在小江社会入住，至新中国成立后的民族识别中，他们成为侗族，对生存资源与利益的争夺使得这些身份区别愈发突出。不论是从时间与空间的角度，还是从地理与人文建构的角度，抑或是从民族互动的角度，小江都是一个值得深入研究的区域社会。

① 鲁西奇：《台、垸、大堤：江汉平原社会经济区域的形成、发展与组合》，http：//www.zisi.net/htm/ztzl/kjx/2005－06－13－29264.htm。
② 邓辉：《区域研究的新走向笔谈》，http：//www.zisi.net/htm/ztzl/kjx/2005－06－13－29263.htm。
③ 蓝勇：《区域历史研究应有新的理念和现实关怀——区域研究的新走向笔谈》，http：//www.zisi.net/htm/ztzl/kjx/2005－06－13－29264.htm。

由于对文字的重视以及其他诸多因素的考量，小江社会留下了数量可观的族谱与契约。如何应用这些民间文献，刘翠溶的研究的确提供了一个独特的思路。通过访谈，并辅以族谱、契约以及分关文书等资料，或许一方面可以研究小江社会一定时段内的人口流动与通婚范围，另一方面也可对小江社会的移民研究提炼出新的视角与方法。至于小江社会应当如何定性，是土著社会，还是文治社会，抑或是定居社会，这并不是笔者要探讨的问题，而社会内部居民的构成、社会结构的组合原则的变迁以及地域文化的演变则成为问题的重中之重。

上述关于区域垦殖与开发过程的研究，提醒笔者自觉关注小江社会的人口迁徙与变化、不同群体间的互动与联系。在小江区域社会中，客观存在的现实是移民与坐家并存。移民的人口迁徙与流动是如何逐步展开并完成的，作为移民的商人其身份有无随时间的流逝而变化？移民与坐家之间的身份差异与互动关系更是不可回避的问题。

入住权是移民在迁入地生存的一项重要权利，其获得的过程也是人群接触与互动的过程。科大卫针对弗里德曼的宗族模型，提出在宗族与地域社会中必须引入"入住权"的概念，农村就是有入住权的群体，村民就是有入住权的人。① 萧凤霞在研究水上人（疍民）的时候，已经意识到"水上"的概念其实是反映他们没有入住权。萧凤霞还以小榄菊花会为例，指出其在社会整合中的作用。② 刘志伟则指出珠江三角洲沙田的开发，牵涉到定居和户籍问题，并将人

---

① David Faure（科大卫），*The Structure of Chinese Rural Society：lineage and village in the Eastenn New Terriwnies*，*HongKong*（《中国乡村社会的结构：香港新界东部的宗族与乡村》），Hong Kong：Oxford University Press，1986。

② 萧凤霞、刘总伟：《宗族、市场、盗寇与疍民——明以后珠江三角洲的族群与社会》，《中国社会经济史研究》2004 年第 3 期；萧凤霞：《传统的循环再生——小榄菊花会的文化、历史与政治经济》，《历史人类学学刊》第 1 卷第 1 期。

群划分为"埋边人"与"开边人"两类。① 他的这一论述将地权、户籍与身份区分灵活地联系在一起，为笔者的研究提供了重要参考。

这一论断是否适用于小江区域社会，值得深入研究。至于如何深化区域研究，陈春声认为要有把握区域社会发展内在脉络的自觉的学术追求，提出要特别强调"地点感"和"时间序列"的重要性。② 区域研究脱离不了对区域文化的探讨。程美宝的《地域文化与国家认同：晚清以来"广东文化"观的形成》一书描述了"地域文化"的叙述框架在晚清到民国年间形成的历史过程，试图从历史叙述、种族血统、学术传承、方言写作、地方民俗等方面建立一种逻辑，证明"广东文化"的存在，③ 是对地方文化进行整体概括的一种尝试。

李安宅认为文化象征体系的接触，必须在历史的过程中去寻找；对某一具体区域而言，我们可以在历史的过程中发现该区域的"复异"文化之间先后的"地层"关系；这些文化间先后的关系之一，即形式和内容之间袭用或置换的关系。笔者把这种袭用或置换理解为一种结构意义上的关系。

萨林斯在《历史之岛》中提出，不仅要了解文化是如何安排事件的，也要了解在这些过程中文化又是如何被重组的，结构的再生产是如何变成它的转型的，将历史引入了结构中。④

从自在到自觉，这一过程同样也适用于区域社会内部不同群体的名称之形成。对名称的赋予和区分深刻反映了人们的分类意识，这种意识的宏观体现即对民族的划分，而其微观体现则是在日常社

① 刘志伟：《地域空间中的国家秩序——珠江三角洲"沙田－民田"格局的形成》，《清史研究》1999 年第 2 期。
② 陈春声：《历史的内在脉络与区域社会经济史研究》，《史学月刊》2004 年第 8 期。
③ 程美宝：《地域文化与国家认同：晚清以来"广东文化"观的形成》，三联书店，2006。
④ 〔美〕马歇尔·萨林斯：《历史之岛》，蓝达居等译，上海人民出版社，2003，第 240 页。

会生活领域中对一定区域内自身以及周围人群的划分。① 群体的分类意识广泛存在于世界上的人群之中，而且在一定条件下指代群体的等级与地位，暗含了不同的存在秩序或者是阶序。法国学者杜蒙的《阶序人》一书有关这方面的论述具有里程碑式的意义。

杜蒙对印度卡斯特②现象的分析围绕阶序展开，而非一般关注的各个卡斯特之间的互相隔离与互相孤立。这一独特的研究视角与其独到的方法论意识是分不开的。杜蒙的论述从研究方法和认识论方面启发读者更为仔细、审慎地理解田野点所发生的细小事件以及人们的分类意识，从而避免简单地将其划归到某一类型中。他的这一认识论体现在对卡斯特的定位上，他认为："如果我们像很多当代的社会学家那样，心满意足的借用我们自己社会的标签，把卡斯特制度看做只不过是'社会阶层'的一种极端型式的话，我们的确还是能够记录到不少有趣的观察和见闻，但是我们也就必然的排除了任何可以充实我们的基本概念之可能性。"而在研究方法上，杜蒙批判了走捷径的比较研究，即那种认为："只要采用像'社会阶层'这一类的概念，只要把存在于不同社会中的类似现象抽离出来，安放在同一标签底下，就算大功告成了。"③ 正是在这一意义上，笔者试图对田野中发现的当地人对"坐家"与"来人"不同人群的灵活、有流动范围的划分进行详细刻画，避免将其简单地

---

① 如广东地区的汉人与疍民，彝族内部的黑彝、白彝、阿呷和呷西四个等级群体，美国的白人和黑人，印度的卡斯特等。

② 杜蒙对卡斯特的定义是："卡斯特体系是把整个社会区分成很多世袭的群体，这些世袭群体之间以三项特征互相区分同时也互相关联：隔离、分工和阶序。"参见〔法〕杜蒙《阶序人——卡斯特体系及其衍生现象》，王志明译，台北，远流出版事业股份有限公司，第79页。隔离指的是在婚姻和接触上隔离；分工指每个群体在理论和传统上都有一种专业，其成员只在一定限度内能脱离该专业；阶序指的是把各个世袭群体按照彼此高低次序排列起来。从人群的特征来对不同人群进行区分，更好地阐明了不同人群之间的区别，这为笔者论述小江地区的人群分类提供了启发。

③ 〔法〕杜蒙：《阶序人——卡斯特体系及其衍生现象》，第56—64页。

定义或归类。虽然这可能使论述显得模糊，却很好地保留了其特殊性。杜蒙对卡斯特现象所进行的阶序视角的分析，提示笔者在研究区域社会内部不同群体的关系时，并不停留在关注两个对立人群的名字本身，纠缠于名字之定义层面，而是力争透过现象揭示名称所反映的社会阶序，分析区域社会内人们对秩序的理解，及其所折射的特殊的分类形式与分类心理。具体而言，笔者并没有停留在对小江社会"坐家"与"来人"的定义方面，而是深入探讨这种区分产生的原因以及对当地社会的影响，探讨这一定义背后所指代的分类心理甚至是当地社会的观念体系。

不同区域社会对于人群有不同的分类标准。E. 利奇通过对缅甸北部卡钦人的研究指出，卡钦人与掸族的分别，是因为卡钦人主观认为有此区别，而非他们与掸族间客观的种族或文化差异。[①] 利奇在此指出了一个关键的问题：社会人群的界定与分类，是应该根据外来观察者的客观角度，还是依据这些人的主观认同？

对于上述问题的不同解答便成为族群认同的不同理论，即客观特征论与主观认同论，而主观认同论又进一步细分为工具论与根基论。无论是客观论与主观论，还是根基论与工具论，都不是完全对立而无法兼容的，[②] 尤其是在解释移民现象时各有其便利之处。麻国庆也曾在讲课时提到：华人一方面是情感性的，另一方面是工具性的，在一个地方的生存适应力很强。情感性与工具性因素往往并存于人们的分类意识中，在运用时会因具体情况的不同而有所侧重。

无疑，分类现象普遍存在于人们的日常生活中。乡村社会中的人通过对不同群体的划分，建立了特定空间范围内的关系格局。"关系"与"类别"成为认识中国社会的两个重要概念。老一辈学

---

① Edmund Leach, *Political Systems of Hingland*, Norwich：Fletcher and Son Ltd., 1964，pp. 285 - 286.

② 王明珂：《华夏边缘——历史记忆与族群认同》，社会科学文献出版社，2006，第 20 页。

者对中国乡村社会中人群的关系有独到的研究。潘光旦先生认为，"伦"字表示的是条理和类别，是关系；人伦包括人的差别与人的关系。① 费孝通先生受"伦"的影响推己及人，发展出了解释中国乡土社会关系的差序格局。差序格局是中国乡土社会的基层结构，在这一格局中，"社会关系是逐渐从一个一个人推出去的，是私人联系的增加，社会范围是一根根私人联系所构成的网络。和别人所联系成的社会关系，不像团体中的分子一般，大家立在一个平面上的，而是像水的波纹一般，一圈圈推出去，愈推愈远，也愈推愈薄"。② 人们通过对各种群体进行关系远近与亲疏的划分，确立不同的联系网络，进而加以分别对待，这成为乡村社会人群的基本行为方式。对中国乡村社会人们内在的分类观念的把握，有助于我们更好地认识乡村社会中的各种关系，从而更深入地理解和解释村落的社会结构和运行方式。

上述有关群体的认同与分类，不同群体的社会关系及在社会中所处的位置等研究，为笔者全面、深入地理解和解释小江地区的移民与已有土著人群之间的关系，分析"坐家"与"来人"这两种对立的身份区分及其所指代的社会地位提供了参考，有助于笔者深入分析为获取入住权而发起的互动，以及在此过程中所产生的不同人群的划分与群体边界的形成。

但是，笔者的研究视角与其还是有很大的不同。本书选取区域社会中的移民、区域集市的建立、地方性知识在文化和心态层面的具体表现，及其对社会结构的影响，来阐述小江地域文化的演变。在叙述的过程中，将社会的传统与文化的传统有机融合在一起。

区域是人的区域，有人活动才有意义。小江作为一个区域，生活在其间的群体被赋予"侗族"身份。侗族按语言的分布划分为南侗

---

① 郑也夫：《评〈乡土中国〉与费孝通》，《中华读书报》2015 年 9 月 16 日，第 6 版。
② 费孝通：《乡土中国 生育制度》，北京大学出版社，1998，第 27—30 页。

和北侗，二者有着明显的区别。已有的研究显示，南侗的文化符号有萨岁信仰、鼓楼、风雨桥、如行云流水般音律的侗族大歌等，而北侗则有玩山、巫文化等。关于北侗的研究，社会组织及木材贸易等方面是重要内容。杨学军阐述了北侗文化的重要性与独特性。从横向看，北侗文化板块是楚汉文化和苗侗文化的交接地带、碰撞焦点，汇聚了历史上"五溪蛮"各民族的主要文化因子；从纵向看，北侗文化沿沅江而下和楚荆文化连成一个脉流，逆沅江入舞水、渠水、清水江、巫水，与苗侗文化形成一大板块。[①]

费孝通先生讲到山区的特点：中国的山区大多是少数民族聚居区，特别是西南山区。山区的特点就是交通不便，甚为封闭，使中原地区不同文明的各民族进入山区后得以在那里保留下来。费孝通还列举了蒙古族以及在"民族识别"过程中遇到的壮族的情况，说明一个民族集团内部各部分也并不是完全相同的。他强调，没有一个民族内部各部分是完全相同的，相互可以存在一个基本的认同，但这个认同的实质也很复杂，各个民族实际上都是一个复杂体，有待进一步研究。费孝通认为民族研究要深化，要更加深入地考察民族的分合变化，并从这个角度去看中华民族的形成历程，历史上中华民族是怎样从很多地方不同民族的集团慢慢结合起来，由许多小的民族逐步融合而成。"当然，有时候也会分，这个过程实际上就是分分合合的历史过程。可是怎么分，怎么合，我们还没有很好地研究，我把它叫做'分合机制'，即包括了'凝聚'与'分解'两类过程。"[②] 分分合合，小江的移民与坐家，他们之间的关系变化过程是复杂的。

关于清水江流域的少数民族调查，较早如老一辈人类学家吴泽

---

①　杨学军：《"北侗"文化研究之我见》，《黔东南民族师范高等专科学校学报》1995年第Z2期。
②　潘乃谷：《费先生讲"武陵行"的研究思路》，《北京大学学报》（哲学社会科学版）2008年第5期。

霖先生，在民国时期就深入这一地区开展田野调查，并发表了《炉山黑苗的生活》《贵州少数民族婚姻的概述》《贵州短裙黑苗的概况》等一批学术影响深远的调查报告和研究。[①] 新中国成立初期关于该地区少数民族的社会历史调查以及 1983 年的"六山六水"调查，也先后形成一批重要的报告，如《侗族社会历史调查》《锦屏魁胆侗村发展林业生产的基本经验》等。此外，近些年来，有关侗族的研究专著，如潘年英等人编著的《侗族文化研究》、傅安辉等人的《九寨民俗——一个侗族社区的文化变迁》，都对侗族的历史、文化进行了宏观的描述和研究。

笔者的研究对象同样是侗族聚居区，其中却有明显的主客之分，而且皆为"侗族"的背后，是共性与差异性并存。小江是北侗地区，笔者无意去总结北侗的特征，而是透过区域社会内部在经济活动、节日与信仰等方面，同样是共性与差异性并存这一特点，阐述小江社会的人群构成与地域社会演变。

经过上述学术梳理，本书试图兼顾江西街村落的特殊性与小江作为一个区域社会的现实存在，考察这一区域社会内的经济生活与市场贸易，进而探讨移民与坐家共同作用下地方文化的演变。对移民的研究，具体追溯了区域社会自发性移民在河边经商的特点——与上山成为佃户有所区别，试图有所创新。同时，对移民村落的考察，与区域开发背景和区域集市的建立相结合。小江区域集市的存在，是与已有的关于明清时期江南等地的集市研究完全不同的个案，即村落集市与区域集市双重身份的存在。正是在考察了移民的到来与入住、区域集市建立之前后的基础上，指出了小江社会多元一体的文化，并且论述了地域文化演变的过程，在其中暗含了小江人的生存行为选择等关怀。

本书在人类学脉络下展开对移民的研究，详细描述了移民作为

---

① 吴泽霖：《吴泽霖民族研究文集》，民族出版社，1991。

商人在区域社会中的商贸活动，包括集市的建立以及不同人群的社会组织、关系变化等。在上述角度之下，对包括移民在内的小江区域社会的研究，其意义与价值便得以凸显。第一，结合村落研究与区域研究，对江西街移民村落和瓮寨等坐家村落进行深入调查与了解，挖掘小江六村的村落关系与格局。与此同时，关注区域社会的运行，观照周边极有影响的九寨、王寨、天柱等地区，努力呈现小江区域社会型构的过程。第二，区域性集市的建立与发展对小江社会的型构产生巨大影响。在研究小江区域性集市时，既关注到其在区域社会中的阶序体系、与区域经济开发的关系，又关注到区域集市与社会结合的内在联结力量。重要的是，本书提供了一个移民如何在西南民族山区建立集市的鲜活案例，提供了乡村集市起源的个案。第三，对于移民的研究，入住权如何获得是切入点，其生存策略是内容，而在区域社会中如何与坐家"和而不同"则是最终关怀。移民的身份转化也值得一提。

三　走进田野：贵州小江

> 小江河水长又长，山多田少不收粮。子孙代代当柴汉，不到五月就挖芒。

> 小江是个好地方，又出木材又产粮。大小荒山像大海，穷乡变成米粮仓。

这两首歌谣明显形成了对照，却揭示了小江地区至少自清代以来的诸多关键性细节，也可看作两种社会的对比。卖柴是木材贸易兴起前小江地区的主要经济活动，挖芒笆也是很长一段时间内小江人贴补口粮的重要手段。丰富的木材，一度深深影响甚至在某种程度上改变了小江的面貌。

1. 地理与人口

小江位于锦屏县城西偏北，土地总面积为 28 平方公里，辖六大村落，1987 年小江至锦屏县城的公路修通。作为九寨①中的第二大寨子，小江同九寨一起自清雍正年间起向官府纳粮附籍，被编为黎平府东北路②，一直持续到民国时期。民国前期小江属三江九寨团防总局九寨团防分局管辖。自 1943 年开始属锦屏县三江镇管辖，被编为第十保和第十一保。1953 年始设小江乡，1992 年撤区并乡建镇后隶属锦屏县三江镇至今。

小江整个地势走向是：自东北九重坡山脉由北向南经三凉亭、二凉亭、大凉亭，逐渐下降至清水左岸（江西、坪地、龙塘、圭腮、城关），平秋山脉由高到低起伏分别降至清水江左岸（菜园、赤溪坪）和小江河右岸（龙啦、皇封、新寨、甘寨、瓮寨）。

小江地区虽在河边，但境内也有几座较高的山峰——也可以称为山坡，如九重坡与难王坡。九重坡在小江东北，距县城 5 公里许，与天柱县相接，海拔 892 米。山上有清咸丰年间黎平府为抵御天柱姜应芳起义军而设的战壕遗迹。难王坡在小江西北，海拔 625 米。

小江既是一条河流的名称，也是一个区域的统称。作为清水江下游的主要支流之一，小江又名邛水、八卦河、大步河，发源于贵州镇远县，流经三穗、剑河两县，然后由锦屏县西北部平秋镇入境，依次流过平秋、魁胆、小江，在王寨③汇入清水江。作为一个区域的统称，小江自上游开始依次包括瓮寨、江西街、坪地、新寨、甘寨和皇封六个村落。小江隶属于锦屏县三江镇，位于锦屏县城西偏北，其四至分别是：东接三江镇，南和西接九寨之一的魁胆，北接天柱县。

锦屏县以苗、侗和汉族为主，而小江则是侗族的聚居地，即

---

① 九寨是黎平府东北路一个较大的款组织。所谓款组织，是一种基于地缘关系、由村寨之间就共同的利益或事务盟誓合款而构成的民间基层社会的自治组织，按地域范围大小及统属层次，可分为小款、中款、大款和联合大款等。

② 东北路十四寨为：归弓寨、得脑寨、平敖寨、张化寨、王寨、茅坪寨、平秋寨、石引寨、高坝寨、皮所寨、鄙胆寨、黄闷寨、小江寨、苗白寨。

③ 王寨即现在锦屏县城所在地。清朝清水江木材采运中，王寨与茅坪、卦治三个寨子一起轮流值年当江，被称为"内三江"，王寨也因此被称为"木头城"。

俗称的北侗地区。侗语分为南北两个方言，"南北方言的划分正好以锦屏南部侗、苗、汉族杂居的地带作为方言的分界线"，[①] 由此分为南侗和北侗。北部侗族地区，主要指位于锦屏的九寨侗族。"九寨侗乡一条岭"，九寨是指锦屏西北部的彦洞、瑶伯、黄门、石引、高坝、皮所、平秋、魁胆、小江九个大的村寨及其诸多附属小寨（但有人也将今锦屏县城所在地王寨包括在内）。因其地形多为高山，海拔多在 600—800 米，当地民间习惯用"高坡"一词来代指九寨。历史上九寨是一个大的款组织，而其下每一个大的村寨及其附属小寨又形成一个小款。清代后期保甲团练在推行过程中，与当地的传统款组织有了一定的互动和整合，而在地方社会运行开来。数百年来，锦屏县内的行政区划已经变更多次，但九寨作为一个地域性概念至今为当地人认同。但小江，看似已不在其中了。

侗族，自称"更"或"腊更"，苗称"故"或"的故"，汉称"侗家"或"侗人"；文献书之为"伶""峒人""峒蛮""峒苗"，或泛称为"苗"；[②] 新中国成立后定称侗族。2000 年第五次全国人口普查数据显示，全国侗族总人口为 296 万人，是全国人口超过 200 万人的十几个少数民族之一；在贵州，侗族人口有 140 多万人，占全国侗族人口的 47.3%，而黔东南的侗族人口占全省侗族人口的 86.23%。

在锦屏县三江镇侗族聚居的村寨中，"小江六个村侗族比例最高，在 1958 年 9 月进行民族人口统计时，侗族为 100%；在 1982 年第三次人口普查时，在小江公社六个大队的总人口 2136 人，有苗族 11 人，汉族 5 人，多为外地嫁入的女性；1990 年 7 月 1 日第四次人口普查小江乡六个村总人口 2450 人，有汉族 9 人，苗族 8

①　冼光位：《侗族通览》，广西人民出版社，1995，第 223 页。

②　张民：《侗族史研究述评》，《贵州民族研究》1987 年第 3 期。

人，在几十年间侗族人口始终保持在 99% 以上，这在镇内是不多的。其他村寨侗族均在 90% 左右"。[①]

小江地区以龙为主要姓氏，瓮寨、坪地、新寨和甘寨，可以说是龙姓村落，而皇封虽以王姓为主，龙姓也占到 1/3 左右，江西街则被称为"杂姓村"。姓氏是我们深入理解小江社会的重要途径（见表 0-1）。

表 0-1　小江六村的姓氏分布

村落名称	大姓（主要姓氏）及户数	其他姓氏
江西街	无	张、江、曾、袁、吴、刘、龙、李、赵、杨
坪　地	龙	吴、唐、全、刘、姜
瓮　寨	龙	吴、刘、陆、欧、李、文、罗
新　寨	龙	张、陆、吴、刘
甘　寨	龙	王、吴、向、杨、蒋
皇　封	王	李、龙

资料来源：2009 年田野访谈所得。

2. 小江六村的社会经济生活

"八山一水一分田"这一特殊的自然环境，促使侗族人民在经营稻田农业的同时，也十分重视对山地资源的开发和利用。"早先他们主要是从事对原始森林的采伐以及对丘陵地带的经济林种植。随着汉族发达地区原木价格的上涨，以及侗族地区原始森林的资源的锐减，逐步孕育形成了特有的人工用材林业，从而使侗族形成了一个林粮间作的经济生活特征。"[②] 人工林业的基本经营特点是以开山植树、封闭监管、伐木集运来获取货币收入。侗族人工用材林业的形成，有赖于两大传统：一是对宜林地的家族公有制，二

---

① 数据来源于笔者田野调查期间阅读到的三江镇志初稿。
② 潘盛之：《论侗族传统文化与侗族人工林业的形成》，《贵州民族学院学报》（哲学社会科学版）2001 年第 1 期。

是跨家族、跨地域的盟约组织——"合款"。现在小江地区以外出务工作为主要收入来源，也有少许打工返家青年开始在小江地区开展养殖业，或者凭借在外学到的技术到锦屏县城涉足加工业（见表0-2）。

表0-2　小江六村土地利用

村寨	土地总面积（平方公里）	耕地（田）（公顷）	林地（公顷）	活立木蓄积（万立方米）	森林覆盖率（%）
江西街	2.98	6.0(4.8)	226.3	1.29	75.9
坪　地	5.02	6.7(6.1)	400.8	3.82	79.8
瓮　寨	3.83	20.0(17.7)	304.9	不详	79.6
新　寨	3.66	8.2(7.7)	286.6	2.35	78.3
甘　寨	5.899	13.0(11.6)	452.5	3.43	72.5
皇　封	不详	19.0(17.0)	445.5	4.38	76.8

资料来源：2010年新编三江镇志初稿。

瓮寨村位于三江镇西北部13公里处小江河畔右岸，依山面水，北与江西街、坪地两个村相望，东邻新寨村，西南与平秋镇魁胆、平翁两村相接，西抵天柱县石洞镇摆洞村。瓮寨原寨址在半山坡，侗名"懈×"，后下迁于一临河的山脑上，侗语称"寨×"。也因原先此地多竹，又名竹子坪，后名"瓮寨"。瓮寨下辖瓮寨、苗江坡、沙马三个自然寨，五个村民小组。吴姓最早在此开寨。各姓氏遵循同姓不通婚，但有陪娘亲、随娘亲的婚俗。村人早在清代时就注重人工栽杉，善于经营。村中有一批承接木排放运的人员，有资本的人家则直接购木材水运到下游洪江等地销售。2005年瓮寨村上游200米外，建有股份制民营电站1座，装机容量1890千瓦。

坪地村位于三江镇西北部，小江河左岸，距县城12.5公里。东与新寨村隔河相望，南同江西街紧邻连片，西与翁寨村苗江坡相接，北界天柱县地良村。坪地因住地平坝而得名。因居住地地势较低，紧邻小江河，民国后期曾先后遭受洪灾和火灾，损失惨重。此后，为避洪灾和火灾，部分农户分散到盘干、仁部等坡地建房居住，村寨由居住密集型改为分散型，形成了一个大集中小分散的村寨格局。1998年停止商品性木材采伐后，在管护好现有林木的基础上，近年来，村中竞相发展见效快的经济果木林，集中连片的金秋梨有0.5公顷，杨梅、板栗2.6公顷。

新寨村位于三江镇西北部的小江两岸，距县城12公里。东邻甘寨村，南界平秋镇平翁村，西接瓮寨村，北抵天柱县地良村，辖新寨、小寨、平爬三个自然寨，两个村民小组。新寨是清代中期由原住瓮寨的龙姓村民搬到此处形成的新寨子，故名。新寨村内生态环境保护较好，风景林木一片葱茏，有数百年的樟、枫、栗等古树20多株，高大参天，枝繁叶茂。过去民房集中拥挤，20世纪70年代以来先后发生两次重大火灾，损失惨重。为避免拥挤、防止寨火发生，现今农户多已疏散而居。2001年三江镇农技干部欧阳家洲在新寨河滩办养鸭场后，带动农户将养鸡发展成特色，家禽养殖发展较快。为解决交通难、过河难问题，1989年新寨村与皇封、翁寨等6个村用出售"三八"林场活立木款修筑了皇封村至江西坪地的通村公路，此后又出售集体林木集资10多万元修建了新寨通江西坪地跨江石拱桥。

江西街村位于三江镇西北约12.5公里，小江左岸。东与坪地村房舍相连，西南与翁寨村隔河相望，北靠苗江坡。兴修的皇封至天柱县石洞、摆洞、皎洞、勒洞的县际公路穿村而过（坪地至天柱县石洞等4洞）。江西街历史较早，明代时称三合，因多数村民祖先来自江西，其住地后来成为街市，故名江西街。江西街作为移民村落，在1950年前以商人和小手工业者为主，所拥有的土地和山林的面积都要小很多。

甘寨村位于三江镇西北部，距县城10公里。东接皇封村，南与平秋镇平翁村相接，西北邻新寨村，北与天柱县地良村交界。皇封至江西街的通村公路穿村而过。甘寨，侗语称"懈×"，意为所居之地如瓮形。20世纪60年代曾改为"湘坪",1982年复称甘寨。甘寨村辖甘寨、转水湾、平岩三个自然寨,四个村民小组。全村有龙、吴、向、杨、蒋、王六姓,其中甘寨有龙、王、吴、向四姓,转水湾住龙、王二姓,平岩住王、龙、蒋、杨四姓。

清代中后期,甘寨盛产蓝靛,村民多以蓝靛为主业,道光时有靛塘四十多口。九寨、天柱等北侗地区人多集中于此,买蓝靛用于侗布浆染。每年开春后,村人选择潮湿阴凉及土质肥厚的地段种植蓝靛(植物),八九月份收割浸泡,制成蓝靛。至今在宁朝溪还有多个泡制蓝靛的靛塘遗迹。除农业生产外,林业历来是主要的经济来源。村现有村办集体林场1个,面积80公顷;组办林场2个,面积5.3公顷;联户办林场1个,重点发展经济果木,栽板栗8公顷,现已挂果销售。

皇封村位于三江镇西北部,距县城7公里,小江河从村前流过,锦彦公路从寨右侧通过,由坡脚向坡腰弯拐上沿,皇封至坪地公路由寨中穿过其境。该村东邻龙啦村,南抵平秋镇高岑村,西与平翁相接,北连甘寨村。辖皇封、圭顺绿、圭布三个自然寨,六个村民小组。村民有王、李、龙三姓,王姓来自天柱县江头寨,李姓来自平略留纪村,龙姓来自天柱地坝邦寨。皇封之名,因江而得。清代前期小江名王封江,因寨子位于江边,故名王封,侗语称"王红",后演变为今名。该村历来农业和林业是主要收入来源,盛产水稻、黄豆、洋芋。林业经营较早,清代中期,村民即重视造林育林,承揽木材放运,做木材买卖。1951年,在三江镇注册登记的木业工商户中,皇封有两户,有专业排运工人6人。20世纪70年代皇封与翁寨、江西街、坪地、新寨、甘寨村在小江公社的组织下,在九重坡联办了"三八"林场,造杉333公顷。有村办林场两个,面积100公顷。境内2004—2005年建成鱼塘、晶鑫两座股份制水电站,总装机容量3100千瓦(见图0-1)。

图 0 - 1　小江内部空间位置示意

四　研究方法、思路与框架

传统的人类学研究方法，是通过参与观察，获得对所研究社区或村庄的详细资料，撰写一个全面完整的报告。人类学的研究并不仅仅是描述性的，而是努力去阐释研究对象的社会和文化生活，以及与之相关的思想，和它在整体社会中的位置。[①] 笔者在研究方法方面同样注重去解释而非单纯描述研究对象的社会活动及其观念体系，而且将所研究的村落同整个区域背景相结合，关注其在整体社会中的位置。从 2007 年暑假第一次到小江展开田野工作起，比较成规模的前后有四次，每次在村里住几个月。当然也借田野工作坊和其他一些机会到过南部侗族地区、高坡九寨，以及锦屏的苗族和汉族地区，在反复的比较中深化了认识，对小江地区的特点有了更加立体的感知。通过长期的访谈和不定时召开的座谈会，尤其是长时间的田野体验，不仅收集到大量的民间文献和访谈资料，而且对小江地区有了更深刻的认识。反复的长时段的田野为笔者带来了数不清的田野故事和亲身体验，虽然如此，仍总觉不够，尤其博士学

---

① 麻国庆：《家与中国社会结构》，文物出版社，1999，第 19 页。

位论文撰写完成后，每次去到田野往往只有几天时间，越来越有一种把握不住的感觉，曾经那份认为已经掌握并熟悉小江社会人们日常生活的方式，并能够深刻感知到他们的内心世界以及他们所关心的问题的自信越来越动摇。

具体来看，本书的研究方法基于以下几点。

第一，充分运用民间文献。

历史人类学的方法之一即对民间文献的重视。契约、碑刻和族谱等皆为重要文献。族谱作为民间文献的一种，其意义越来越为学者重视，研究视角也越来越多样化。简美玲利用贵州苗胞的家谱研究苗语的混声及界限。[①] 运用族谱研究移民也是可行的路径。族谱的意义，不仅是记忆的载体，而且是民俗生活的记载、社会生活的组织以及历史记忆的传承。笔者在田野中收集到小江六村20多部族谱、500多份契约以及6份明清时期的碑文。这些资料是笔者在田野中看到并拍摄下来的，反映了当地社会很多重要的历史事件，是不可多得的材料。对资料的分析主要采用定性方法，并且在分析资料的过程中力图揭示研究对象自身有意或无意遵循着的文化逻辑。

本书所依据的资料既包括观察和访谈所得到的口述史和笔记，也包括在田野中见到的民间文献，如契约、族谱、碑刻、分家文书、判决文书等。笔者收集了小江诸多人物的生活史与故事，作为重要的口述资料加以应用。而有关小江六村山林田土买卖的契约，江西街张、吴等姓氏的分家文书以及小江同天柱县的官司文书等也成为本书研究所依据的珍贵资料。

第二，将民间文献的阅读与田野调查的进行密切结合。

在田野中收集文献，同样在田野中阅读文献。首先，在具体的田野调查过程中，笔者通过参与观察与深度访谈，获得关于当地村落历史与人群活动的口述资料，对人们的生活方式和行为模式有了

① 参见简美玲《清水江边与小村寨的非常对话》，新竹，交通大学出版社，2009。

深刻的体会。其次，田野调查中探寻到的有关人们买卖山林田土的契约以及分家文书和家谱等历史文献资料，成为理解当地社会的重要线索与背景。在解读资料的调查过程中，笔者联系田野调查过程中获得的口述资料，结合小江具体的社会场景进行解释。同时，将田野点置于一定的历史发展过程和更广大的区域体系中，综合考虑纵向的历史和横向的区域对具体研究对象的影响。

研究思路是以时间作为主轴，同时也不忽视空间的因素，在此基础上首先对小江社会自清代陆续迁徙而来的移民进行过程的梳理，尽可能理清移民迁徙的原因和路线，同时也关注从小江迁出的人群，包括来了又走的移民。其次，即对移民活动的考察。将移民作为整体看他们与小江坐家的关系，探讨移民群体内部的关系分类，以及作为个体的移民所进行的具体活动。最后，在前述基础上深入考察移民在迁入地的社会组织，相应地考察小江坐家的社会组织，与之对比研究。移民与坐家在不同时间内的接触与互动过程同样很重要。这一过程导致了怎样的结果、小江地方的文化在长期的历史过程中是否有所变化等，这些问题也需要思考。

在对移民社会生活以及移民与坐家互动过程的梳理基础之上，本书试图展示清代以来小江区域社会在不同人群的互动中、在经历不同的时间和事件后，如何得以型构，并探讨地域文化在这一过程中是否受到影响，又有了哪些方面的演变。对过程的描述和阐释显得尤其重要和有意义。在研究阐释之时，时间的脉络贯穿始终，当然，这并非意味着在章节的安排上完全按时间顺序，而是在阐述问题时，时间感很重要，理清事件的顺序也很重要。同时，地点感也是重要坐标，对主题的阐述既考虑其时间顺序，也参考其地域空间。

综合考虑研究对象和主题，结合问题意识，研究的框架安排如下所述。首先是需要对区域背景有所交代。为什么小江地区的移民

从清代早期开始陆续迁徙而来？对这一问题的解答需要了解该区域
开发的历史，也很有必要去了解移民进入前该地区是一种怎样的状
态。因此，在结合问题意识回顾了有关移民和市场等方面的研究
后，第一章即努力展现小江所在的区域社会的"大历史"。小江不
仅是清水江的重要支流，而且是区域社会中的一个款组织，是一个
地域社会共同体。明清王朝对黔东南地区的开发、对清水江河道的
疏浚带来了木材采运，使得小江也享有了江河之利。与此同时，小
江作为九寨之一，以小款与合款的形式与王寨一起承担了夫役，参
与到区域社会的运行中。在这一段"大历史"中，小江地域社会
共同体已经存在，而且受区域开发背景的影响，参与到广泛的社会
体系中。

　　了解了"大历史"，即对区域开发及其所带来的商贸活动以
及移民进入前小江地区的社会结构有所认知后，随之而来的问题
是小江内部是怎样的一种状态，移民进入后对小江已有村落的影
响如何。第二章重点展现小江社会内部的村落关系，以及移民进
入后这一地域共同体的演变过程。小江社会的雏形即龙姓坐家的
出现，使母寨与子寨渐次成形；皇封及同属龙姓但颇为疏离的坪
地的进入；瓮寨在某种程度上可谓小江社会最大的坐家，甘寨和
新寨则是从瓮寨中分出来的；皇封村以王姓为主，通过与甘寨
"打老庚"而定居；坪地虽以龙姓为主，但与瓮寨并非同一公的
后裔，在小江社会处于边缘的地位，村落关系由此可见一斑。之
后移民的到来及移民村落的建立，更是深刻改变了小江区域社会
结构。移民获取入住权的过程亦充分体现了社会结构演变过程中
的权力分配。

　　考察了移民进入小江后所导致的小江内部包括村落关系在内的
社会结构的变化后，对移民本身的社会行为和个体活动进行研究显
得十分必要。第三章即讲述移民在小江建立集市、参与小江社会生
活，而且带动了专业化生产村落的出现。这一章的内容包括一个山

地市场的起源，其亦是小江社会很重要的特点，即以商人和手工业者身份出现的移民及乡村集市的建立。从三合场到江西街，河边场从田坝变为花街，这一过程展现了小江集市的渐趋成形，也体现了移民与坐家之间的互动。小江集市的开创与发展，与整个流域的木材采运关系密切，同时带有鲜明的区域性特点。这一区域性特点一方面体现在周边的高坡——九寨，以及与天柱县毗邻地区的民众都来赶小江场，另一方面则通过连接起汉寨场与王寨场得以显现。在集市与木材贸易的双重带动下，小江地区的专业化村落开始出现，而且社会内部出现了多样化的信贷方式及多元化的市场。

对移民的经济生活进行考察，移民群体的社会组织在这一过程中也得以凸显。第四章通过会馆与民间"会"的存在，深入探讨小江地域社会多元化与延续性的社会结构。会馆作为移民的社会组织，以地缘为纽带，将区域社会内部不同祖籍地的移民整合起来，并提供了祭祀与协调冲突的功能。清代普遍存在于清水江流域的"会"，其形式甚为多样，甚至突破了村落范围，鲜明体现了区域社会运行的特点。"会"与会馆充分联结了社会内部不同抑或交叉的人群，成为不可忽视的力量。

不论是移民村落的建立，还是市场的成形，又或是移民组织的建构，这些方面的内容都伴随着移民与坐家之间的不断接触，有合作也有冲突，是一个复杂的互动过程。资源成为移民与坐家关系的一个重要风向标。而"水"即围绕村寨流淌的小江河本身是重要的资源，它还带来了其他资源，比如鱼和电力。第五章以水资源为切入点，看区域社会内部的变化。随着木材贸易的开展，河道成为清代清水江干支流的重要资源。区域空间里的人们将河道划分成段，并以村落为单位对管辖区内的河道享有诸多权利。是否有资格管辖河道，本身即代表了区域社会运行中某些权力的归属。就小江流域而言，其上下游的河流分段问题，既是资源的争夺，也体现了不同的村落关系，更是区域社会内部的一种自我调控。因此，由河段的划分探讨区域社会的规范系统，不失为一种可行路径。

正是通过上述描述和解释，问题得到层层解决，小江社会的变化也逐渐呈现。

第一章　区域开发与小江侗族社会

　　小江社会的形塑与演变深深地烙上了区域社会的痕迹。明清王朝对西南地区的经略，成为小江社会运行的重要基础。它从来不是一片孤岛。九寨与小江的紧密相连，在承担夫役、共享经济生活方面作为一个共同体而存在。

第一节　明清区域开发与军屯和卫所的设置

　　贵州地处西南边陲，历代王朝统治的触角或长或短地延伸到黔东南地区。明永乐十一年（1413）二月，废思州、思南宣慰司，分置镇远府、黎平府和新化府等，隶属贵州布政司。宣德十年（1435）省新化府入黎平府。明初，朱元璋为了安置无地可耕的游民，采取"移民就宽乡"政策，在边疆大兴屯田，分军屯、民屯和商屯三种。军屯由卫所统领，凡有卫所之处皆有屯田，在边地则是"三分守城，七分屯种"；民屯由布政使带领，由府州管辖，或招徕流民，或实以罪犯，编入里甲，就地垦种；商屯则招募盐商于边地"开中"，借此招民屯种，用粮米交换盐引，凭借盐引得以购买盐转而出售。这三种屯田方式是明代贵州移民迁来的主要原因。明初建立卫所屯田制度，使得军屯人口大量增加。屯所之户，明初军籍十居其三，外来客民十居其七。①

　　明王朝通过设置卫所和府县，对黔东南地区加以经营，将黔东

---

① 　杜文铎等点校《黔南识略·黔南职方纪略》，贵州人民出版社，1992，第 322 页。

南地区纳入王朝的控制范围。自明宣德以后，由于黔东南周边地区的卫所制度屡遭破坏，军屯不断被商屯、民屯取而代之，大批汉族移民进入该地。明末清初，因兵燹人口逃散，少数民族分属各地土司，未入户籍，政府实际控制的人口不多。当时全省有大小土司百余处，土官欺压甚于流官，"一年四小派，三年一大派"，"土司一取子妇，则土民三载不敢婚"。除此之外，土司"世有其土"，不准汉人随便进入，致使"膏腴四百里无人敢垦"。①

清雍正年间，贵州巡抚张广泗等对土著苗夷盘踞的地区进行大规模的军事"征剿"，即所谓的开辟"新疆"。雍正四年（1726），云贵总督鄂尔泰奏请"改土归流"，旨在削弱土司，控制"苗疆"，在土司区实行"编户齐民，计亩生科"。"编户齐民，计亩生科"很重要，户籍同赋役相连，打破了前面所述的壁垒，汉人源源而入。之后，清廷镇压石柳邓起义和咸同起义等，没收"苗产"，在民族地区安屯设卫，招徕流民。汉人在这一阶段再次进入贵州。铜鼓卫、开泰卫等卫所与锦屏有着密切的联系。关于锦屏的建制沿革可简述为：在清代，黎平府治开泰县，领锦屏乡县丞；1913—1914年，复置锦屏县，由铜鼓迁治王寨。

锦屏明代为铜鼓卫，清代置锦屏县，因生产杉木而被誉为"杉木之乡"，王寨被誉为"木头城"。钟铁军用"州卫同城"即卫所与府、州、县治同治一城来概括明代贵州的城镇建制。举例来说，黎平府与五开卫同城。洪武十八年（1385）立五开卫，以镇抚苗夷，十九年始筑土城，永乐十一年（1413）建府治于城西，弘治八年（1495）迁入城内，在五开卫治之南。清水江下游的天柱守御千户所代表州卫同城的另一类型，洪武二十五年（1392）五月置，隶湖广都司，万历二十五年（1597）改为县，即先建卫所，后将卫所改建为州县。钟铁军看到了州卫同城的城镇建制对开发西南的意

①　史继忠：《贵州汉族移民考》，《贵州文史丛刊》1990年第1期。

义，提出了"以文辖武，以武卫文"，却忽略了卫学在这一过程中所发挥的作用。以清水江地区铜鼓卫学的设立为例。洪武三十年（1397），敕楚王统军平定苗乱，特设此卫，介于五开、靖州之间，以遏绝苗寇出入之路。四面皆山，其中有平畴数百顷，足供军士屯种。时卒伍知习弓马以挽强越骑为勇，朝廷虑其勇而无谋，乃敕建卫学。选军士志俊秀者充弟子员，设学官，通知文武之学者。乾隆三十年（1765）的《迁建锦邑学宫碑记》继续对这一卫学进行叙述："锦固古之铜鼓卫，隶于湖南掌印都司。明初设卫，建学校，育人材，已二百余年，而国朝因之。雍正五年，因苗变改归黔省，设锦屏县，属黎平府，疆域介于黔楚之交，人民参于汉苗之内。"卫学的设置，培育了军户的礼仪之心，加速了黔楚之交的汉苗向化之意，亦影响了当地的习俗。卫所和卫学也影响了清水江的移民人口。

明代清水江及周边流域设立府县和卫所，不仅是"改土归流"的政治举措，也在客观上使得屯卫军民和居住在此的苗侗同胞加快了亲密接触的步伐。这一进程或许缓慢，或许被动，但毕竟意义非凡，拥有不同生活习惯和信仰的人群的接触与交流，都在某种程度上发生了改变。

这一阶段汉人的迁入，为本书将要论述的清代直至民国时期移民的迁来奠定了基础，缓慢地影响了当地社会。汉人的进入，加速了贵州地区的开发，史继忠将明初迁来的汉人对贵州地区的影响进行了归纳，具体包括八个方面。第一，屯田带来先进的农业技术。第二，大批匠户入黔，矿业和小手工业随之兴起。第三，几条驿道通往省外，加快了贵州同外界的交流。第四，城镇随之兴起，大的屯堡亦形成集市，促进城乡交流。第五，儒学渐兴，各地纷纷建立社学书院等。笔者在田野中收集到有关小江的海螺庵书馆，石引寨的书馆、铜鼓卫学等方面的资料也可作为佐证。第六，佛教、道教随之兴盛，阴阳学和医学等相继传入，对贵州文化产生影响。这一点也很重要。现在小江地区在办丧礼时，都要办道场和法会，而且在登山前要吃斋一段时间。第七，民族成分在明代发生很大变化，尤其在卫所和府州县驻地，汉人占有相当比重。第八，在汉人的影响下，少数民族习俗有所改变。他们习汉礼，学语言，通汉人文字，而且"上元观灯""寒食墓祭"，端午、重阳、中秋、除夕等节日开始盛行起来。总之，明代汉人的进入改变了社会内部的成员构成，促使当地人们的生活和文化习俗发生变化。

第二次鸦片战争后，清廷为提高税收，鼓励种植鸦片，王寨等地成了鸦片集散之地。[1] 小江地区也受到了深刻影响，甚至之前富裕的村落转而败落下来。此外，规模巨大的"湖广填四川"，[2] 其时之移民范围已经涉及黔东南地区。在这股移民浪潮中，江西人是非常重要的一部分。至今在四川境内还留有大量江西籍移民建立的含有"江西"二字的聚落或建筑。[3] 江西籍移民在迁入地主要以各种小生意谋生，他们在迁入地建立了以江西为名的街市和会馆组织，成为当地社会经济生活的重要组成部分。

---

[1] 黔东南苗族侗族自治州概况编写组《黔东南苗族侗族自治州概况》，贵州人民出版社，2009，第30页。

[2] 所谓"湖广填四川"，指的是清代前期（17世纪中叶至18世纪中叶）十余个省的移民入川，因为以湖北、湖南（当时行政区名"湖广省"，辖湖北、湖南和广西一部分）的移民最多，通俗称为"湖广填四川"，移民持续百余年。见于孙晓芬编著《明清的江西湖广人与四川》，四川大学出版社，2005，第五章。

[3] 今四川省凉山州会东县有一个江西街乡，位于会东镇东北，面积58平方公里，人口6694人，以汉族为主，有少量的彝族、布依族等。乡政府所在的大村为集市，该乡的得名与明清两朝江西籍人迁居此地密切相关。江津县（今重庆江津区）油溪镇有条江西街，"清康熙年间，江西籍盐商郭善齐在此地捐巨资修建万寿宫，遂以其祖籍命名所在街道为江西街"。江津县夹滩镇附近有个江西湾，相传清代江西人到夹滩经营贸易，甚为兴旺，并集资建庙。峨眉县（今峨眉山市）绥山镇有江西街、万寿宫街和万寿宫巷。其中江西街是因江西省人在此街安家落户，开设店铺而得名；万寿宫街是因有庙名为万寿宫，凡属重大典礼均在此举行。叙永县（今属泸州市）叙永镇上有陕西街和江西街，江西人在此卖搪瓷、烧料等，故名。云阳县（今属重庆市）云阳镇有江西街、湖北馆街，云安镇也有江西街。江西街是在清代江西人在此经商、建馆而得名。见于孙晓芬编著《明清的江西湖广人与四川》，第十六章。

自雍正六年（1728）张广泗率兵武力讨伐八寨苗开始，至十一年（1733）哈元生平定高坡、九股苗止，经过大规模的军事"讨伐"，先后设置古州、八寨、丹江、清江、台拱、都江六厅。六厅的设置，标志着清王朝对黔东南"生苗"地区的武力开辟基本结束。[①] 在军事"征剿"的过程中，清水江河道所具有的特殊意义以及该流域周边郁郁葱葱的树木开始为人注意。清王朝对清水江河道的疏浚成为该区域社会发展的重要背景。它使得清水江流域得以通过河道与外界广泛联系，为清水江的木材采运提供了前提。

至此，葱郁的杉树开始进入统治者的视野。皇木的采办加速了该流域木材市场的形成。据《明实录·武宗实录》记载，正德年间（1506—1521）始派官员至黔、川、湘采办皇木。皇木的采办，吸引商贾溯江而来。杨有庚据此推断锦屏自明末时期已形成了木材市场。[②] 雍正年间开辟"新疆"，雍正和乾隆时期黎平府几次组织人员对清水江主干河道进行疏浚，清除河道的淤泥及鱼梁等阻碍，疏凿河道险滩，"开通清江之利"，使清水江地区进入了"木材贸易"与"木材流动"的时代。清水江河道的疏浚，不仅开通清江之利，而且涉及不同群体的权利，即江步的划分。[③] 清水江沿岸的村寨，履行疏浚河道的义务后，相应也会享有对相关河段的管辖权。

清水江流域盛产的杉木，质优价廉，其干支流贯穿境内纵横林区，并接向长江的运输水系，吸引了成批意图靠地区差价而贱买贵卖的贩运商人。自明清至民国，清水江流域一跃成为贵州商业繁盛的民族地区。杨有庚将这一时期以贩运木材为中心的商业资本划为三个阶段。第一阶段为明后期至甲午战争时期，是商业资本的兴盛时期。反映在清水江流域的木材商业上，是乾隆、嘉庆、道光年间

① 余宏模：《清代雍正时期对贵州苗疆的开辟》，《贵州民族研究》1997 年第 3 期。
② 杨有庚：《清代锦屏木材运销的发展与影响》，《贵州文史丛刊》1988 年第 3 期。
③ 张应强：《木材之流动——清代清水江下游地区的市场、权力与社会》，第 23、35、37 页。

的鼎盛。第二阶段为甲午战争之后至民国初年，日本三菱、三井洋行豢养花帮充当买办，在某种程度上垄断了木材市场，而且洋货大量流入，木材贸易略呈下降趋势。第三阶段为抗日战争至新中国成立前，长江水运受阻，木商裹足，清水江的木材贸易亦一落千丈。① 在不同阶段，清水江流域受到社会大环境变化的影响，作为区域社会经济生活重要环节的木材贸易同样深受影响，其连锁反应是社会结构更加多元化。商贸活动的兴盛与否，也影响了这一时期区域社会人们的组织和活动。

　　流动的不仅有木材，还有清水江上游的土特产以及长江流域的百货。物在流动，人也在流动。嗅到商机而携带货币资本前来的商人聚集到清水江下游的王寨、茅坪和卦治等地，大量购买清水江流域最大宗的土特产——杉木。由此，一个包含种植与销售以及制度运行的立体、多层面的木材体系开始在清水江流域形成。从育苗、小树的管理，到长成大树后的砍伐、剥皮，再到从山上架厢将木材搬运到河边，最后是趁水量充沛时将木材扎成排一路放运下去，这一过程不仅需要耗费巨大的劳动力、需要长达二十年左右的时间，而且整个过程尤其是架厢和扒排充满了危险。未知的因素时时在考验苗侗同胞的生存智慧，促使他们依靠更多人的力量去处理所面临的各种状况，同时寻求祖先和神灵的庇护来保障外出的安全。

　　随着木材流动而来的不仅有商人，还有小手工业者和"无产者"。这些人尤其是"无产者"可能是逃荒逃难而来，他们深入清水江腹地，向当地群众佃种山场，挖山栽杉，并慢慢形成聚落，定居下来。对于这些跑到山上的移民，史籍中也有记载："又有清水江边之三江九寨，皆不归土司管辖，山高岭峻，高坡苗聚族而居，土多田少，客户数人，悉皆承佃苗土，租挖苗人公山之蓬户。其蓬

---

① 杨有庚：《清水江流域商业资本的发展、流向与社会效应》，《贵州民族研究》1989 年第 3 期。

户土有定址，住有定向，与古州一带蓬户相同，大率典买苗产者十居五六，若非镇远之抱金、邛水蓬户迁徙靡常也。"① 史籍中的"邛水"即现今的三穗县，"蓬户"指的则是移民群体。"邛水蓬户"是如何"迁徙靡常"？"邛水县丞所管之边放上下二里，尽皆苗汉杂处。荒土甚多，苗民懒于开挖，弃之不问。于是寨内头人以为公土，租于天柱、邛水一带客民挖种杂粮，所租之地，并无界限。每丁认锄一把，每锄每年租钱数文不等。客民自认租钱，任意择地而种，穷一人之力，遍山垦挖。此处利厚于彼，即舍彼而就此，随地搭蓬居住，迁徙靡有定处，挈室而来，渐招亲故。"②

三江九寨的蓬户是怎样的呢？他们来到山上的苗地之后，以承佃、租挖山土为主要生计。这些蓬户还集中居住在一起，慢慢发展为村落。锦屏县平略镇的岑梧村最初便是由一群来此佃种山场谋生的"三锹人"建立的。③ 类似岑梧这种沿河而上佃山而成的村落，在文斗寨周围也有几个。沿江而上到文斗一带来种杉的这些移民，不被允许入文斗寨居住，也不能随意在山场起屋，只能在地主指定的一些地方居住，由此形成了大大小小的移民村落，比如九怀。此外，还有部分移民带有少量资本或者具有某种技艺，便在河边地区开设市场，建立村落。这些外来移民的到来，深刻影响了区域的公共生活。

《黔南识略·黔南职方纪略》记载了黎平府"客民"购置田产的情形："统计府辖地典买苗产客民四百九十四户，贸易、手艺营生未典买苗产客民一千七百十六户，蓬户二百四十二户。府县两属屯所客民附居苗寨及未附居苗寨者共二千四百五十二户。"④ 这表

---

① 罗绕典：《贵州省黔南职方纪略》，台北，成文出版社，1952，第161页。
② 杜文铎等点校《黔南识略·黔南职方纪略》，第326页。
③ 参见邓刚《黔东南一个"三锹人"村落的历史与认同》，硕士学位论文，中山大学，2007。
④ 杜文铎等点校《黔南识略·黔南职方纪略》，第323页。

明，在黎平府辖地的客民群体中，购买田产的客民是少部分人，以贸易和手艺营生的客民占大多数，而且他们没有购置田产。这些蓬户更多的是单独居住，而非迁入某个已有的村寨中。

小江地区山多田少，以种杉为主，但自道光年间起也开始大范围种植桐树，尤以坪地村最多，一直持续到民国时期。"与杉木相比，植桐周期短、收效快，三年即可小收，四年即可大收"，[1] 因此吸引了王寨商人到小江地区租地雇工种植桐树。此外，还有一部分王寨商人是到小江地区做木材生意的。道光年间整个清水江流域木材采运制度发生了重大变化，下游的客商被允许上河买木。小江紧邻王寨，且蓄有大量杉木，因此许多王寨临江帮商人跑到小江地区购买青山，雇工砍木，从山上运输到河边然后放排下去。这样要比在王寨买木获得更多的利润。不论是雇工种植桐树，还是雇工做木材生意，抑或是躲避战乱，都需要在小江停留一段时间。这些王寨临江帮商人的到来，对小江社会成员的组成和商业的发展产生了重要的影响。

清中期，随着商贸活动的进行，财富的分配有了明显的不同，社会群体已经出现了分化。小江曾有村民撰写了一份回忆录，标题即"小江的地主是怎样形成的"。太平军金田起义之后，各地纷纷起事，黎平知府胡林翼于咸丰五年（1855）札饬各处团防保甲。咸丰五年，台拱的张秀眉和天柱的姜应芳相继发难，致使清水江中下游地区卷入了地方性的战乱兵燹之中。同年五月，姜应芳、陈大六、龙海宽等率众人在天柱县织云乡的关帝庙成立"天地会"，提出"大户人家欠我钱，中户人家莫肇闲，小户人家跟我走，打倒大户来分田"，举行起义。他们以天柱汉寨汛[2]为根据地，聚众3

---

① 贵州省编辑组编《侗族社会历史调查》，贵州民族出版社，1988，第21页。
② 汛是清代兵制，参见黔东南苗族侗族自治州概况编写组编《黔东南苗族侗族自治州概况》，第43页。

万余人，攻克天柱、锦屏、青溪、邛水，在玉屏同湘军作战，后东进湖南。斗争持续 13 年，同治元年（1862），清军收复天柱，姜应芳退回九龙山并被俘。同治七年（1868），陈大六被俘。"咸同兵燹"至此结束。

咸同年间的这一动乱对小江地区的社会结构和文化生活都产生了较大的影响。小江地区东邻王寨，北邻天柱，更多是受到天柱姜应芳起义的影响。据村民回忆，除了乡村社会中的团练力量，小江地区更多是以小寨为单位进行防御。瓮寨在当步①修建战壕、堡垒，老人、妇女和小孩躲在里面，青壮年则拿石头、鹅卵石进行反击，以保卫村寨。江西街张家有一绰号为"张猴子"的人，雇用诸多社会闲散人员在家中练打，提供吃住，这些人则负责保护张家的安全。咸同兵燹对小江地区产生了一个特别的影响，即兵燹结束后，江西街万寿宫馆首戴国森一跃成为地方团练的首领之一，并于光绪年间成为小江社会极具影响力的人物，对清末及民国时期的小江社会产生了重要影响。咸同兵燹刺激了小江社会团练组织的兴起，对其日后的社会事务及与周边的关系产生重要影响，而自清代开始的移民现象也影响了小江的社会结构。

背粑粑习俗的产生亦是受到咸同兵燹的影响。粑粑是黔东南地区标志性的节日食品。每逢春节、三月初三、五月初五、九月初九等节日，黔东南不论苗族还是侗族都要制作粑粑，而且在不同的节日分别制作不同的粑粑。三月初三做甜藤粑，五月初五端午节则做粽粑。在小江瓮寨，流传着端午节当天背粑粑的习俗。那天，寨上选择一个壮年男性，赤身背几挂粽粑在前面跑，几个人手持刀和木棒等工具在后面追，双方围绕着寨子追赶，寨子其他人则围观取乐。抢粑完毕，还要请法师追悼当时的死难者。这一习俗是与

---

① 侗语的音译，是一处地名，位于瓮寨背后，地势很高，可以俯视整个寨子。

"咸同兵燹"密切相关的。一辈辈人流传下来这样一个故事：清咸同年间（具体不知是哪一年），恰好是刚刚过完端午节之时，不知是张秀眉还是姜应芳的部队在凌晨时分入寨，当时瓮寨人们闻讯后，许多人根本来不及穿衣服就顺手抓起几挂粽粑往外逃，后面还有兵追赶，匆忙中带走的粽粑成为躲避追兵而藏到山上的瓮寨民众的重要物资。人们重新恢复了往常的生活状态后，便在端午时以上述形式表演那段历史。

第二节 小江与九寨侗族款组织

"九寨"是贵州黔东南地区锦屏县西北部的一个侗族山地社区，包含九个毗邻的寨子，其名称由来已久。九寨所包含的子寨前后有所变化。清代的九寨主要是小江、平秋、彦洞、黄门、瑶白、石引、高坝、皮所、魁胆九个村寨的统称，小江河流的北岸恰好囊括了九寨这一社区。

彦洞，元末明初时称为验溪，侗名"更念"，又叫"圣杨松"，意思是"杨聪龙管的寨"。至清代更名验洞，又呼为侗寨，直至新中国成立之初定名为彦洞。彦洞于永乐五年（1407）被封为中林验洞蛮夷长官司，是九寨中最早被官府封管开发之寨。当时，司衙设在验洞，后因孤悬大山深处，长官司不便处理与周边侗族村寨关系，而迁往钟林；不久，又有一支回来定居彦洞。清代后期，长官司划属黎平府，但仍归钟林遥辖，直至1913年，锦屏县驻地从铜鼓移到王寨，彦洞遂填补王寨之空位，被纳入九寨范围，正式成为九寨之一。一般而言，今之平秋镇、彦洞乡以及三江镇的原小江乡是锦屏县侗族的主要聚居地，也是明清时期侗款组织九寨的主要连属地区。九寨是侗族的聚居地，而且是北侗集中生活的社区，有着鲜明的文化特色。

一　小江与九寨侗乡文化

九寨的九个寨子——小江、平秋、彦洞、黄门、瑶白、石引、高坝、皮所、魁胆中，小江在河边，余下八个寨子皆位于山上，处在高坡。如今这一片区域的行政划分有了变化，小江属于三江镇，彦洞和瑶白划为彦洞乡，其他村寨则属于平秋镇的管辖范围。之所以强调现在的行政划分，主要是因为九寨作为一个款组织，其内部有共通的文化，如在家庭、人生礼仪等方面，但也有着明确的不同之处。九寨内部，小江自成一体，彦洞和瑶白较为接近，其他隶属平秋镇的村寨则有着更多的相似之处，对此后文会详细描述。

侗族先民始居于锦屏县东南部，据龙池诸葛洞壁刻的《戒谕文》载，南宋景定二年（1261），靖州知府张汉英率兵讨伐湖耳长官司之地、"不沾王化凡二百年"的"蛮夷"，结果是"青烟断野，白骨枕涂"。"蛮夷"即指"侗苗"土著先民。元代至元二十年（1283），朝廷始设八万亮寨军民长官司，官府逐渐加强对今锦屏东南部"苗侗"聚居的"蛮夷"之地的控制，至明洪武三十年，明廷更派30万大军平定"古州蛮"，镇压婆洞林宽起义，侗苗土著或被杀戮，或逃或隐。当时"山高皇帝远"，几乎与世隔绝的锦屏西北部便成了侗族难民暂可容身之地。虽历代有一些因兵燹避难、入山经商、以艺谋生的非侗族迁入者，留居九寨后也久"受其染、易其服、从其俗、习其语"而成了侗家人。

侗族作为人群指称，在不同的时期有着不同的称谓。侗族自称为"更"或"腊更"，县内苗族称侗族为"故"或"的故"，汉人称侗族为"侗家"或"侗人"。秦汉时，侗族被统称为"黔中蛮""武陵蛮"，三国时期被统称为"仡"，隋时被统称为"南蛮"，唐时被统称为"獠"或"东谢蛮"，宋元时被统称为"武溪蛮"或"峒蛮"，明时被称为"峒人"或"峒蛮"，清时被泛称为"侗苗""高坡苗"，民国时称"侗人""侗族"，新中国成立之初被识别而定称为"侗族"。九寨侗族因居于高坡，也俗称为"高坡佬"。

九寨侗歌"白话"中有道"从前九寨各村不开亲，嫁娶要到镇花亮寨村"。镇花、亮寨即今启蒙（泼洞）、新化、亮司等地。亮司地区自唐至清末先后设置过羁縻州、长官司，其寨因诸葛亮而得名，古亦称诸葛寨。据传，诸葛亮南征时，曾派属军队安营扎于此。《贵州通志》载："诸葛寨，在黎平府北一百里，今名亮寨。"[①] 清人亮司龙仁山有诗云："相传诸葛大起兵，为平蛮峒曾经此。迤逦一路驻天兵，亮水得名从此始。尔时芜秽本丘墟，未几民人渐集居。"明洪武年间，亮寨龙姓已成黎平府内之巨族。自元代起至清代中期，亮寨均设置蛮夷长官司，先后属荆州湖北路、思州宣抚司（隶湖广行省）、新化府、黎平府。清时亮寨土司辖地，恰好是今敦寨镇之所辖。明洪武四年（1371），湖南会同岩壁村龙政忠率众从官军征伐白岩塘、铜关铁寨等处有功，朝廷授其"承直郎并亮寨蛮夷长官司正长官"之职，世袭六品。至清道光七年（1827）亮寨龙姓家族23人相继世袭此职，传承20世。

据靖州侗族《款会请神词》载，宋元时期，铜鼓、新化、亮寨等地侗民与湖南会同、通道、靖州等地侗族同为"僚类"。《黎平府志》亦载："侗苗在锦屏、天柱二属，择平坦近水地居之。"所谓"僚类""侗苗"也当包括土著侗民。可见，七八百年前，锦屏西北境内的高山丛林住进侗民后，仍与锦屏东南境的侗民有通婚往来。

傅安辉指出，九寨的寨子构成有两种情况，一是靠土著的血缘关系自我发展起来的，如黄门和魁胆等；二是因战争、移民、逃荒等聚居而形成的，其一般为多个宗族杂居，如平秋、彦洞、石引、

---

① 《贵州通志》，铅印本，1948。

高坝等。[①] 作为侗族聚居区的九寨，血缘在最初成为人们落寨的重要依据，宗族在寨子中起着重要作用，但九寨实质是村寨联盟体，是一个显著的地缘单位。

九寨境内的侗族先民何时迁入，今北侗聚居的九寨何代始有人烟，谁为土著，谁为非侗族的客迁者？现在的平秋镇，镇内平秋、石引、高坝、皮所、魁胆五大母寨的各姓宗谱，人口最多的有龙、刘、王、石、彭、吴、陆、林、罗等姓，其中龙姓或由湖南绥宁东山迁入平秋，或由天柱高酿迁入平秋；刘姓由江西吉安府辗转湖南，经天柱高酿而迁入平秋；王姓由山西太原，经江西吉水、浙江永嘉、湖南黔阳、天柱田心寨而迁入魁胆；石姓亦源于江西吉安府，几经迁徙而迁入高坝、皮所；吴姓由天柱远口、平鸭迁入高坝、石引。其余各姓大多数由天柱县侗族聚集的高酿镇属各村寨迁入。以镇内各母寨老姓宗谱世序推查，平秋、石引、高坝、皮所、魁胆五大母寨的开发始于元末明初，至今不过六百多年，晚则始于明代中期，迄今不过五百多年，而各母寨周边所拓展的诸多子寨，其开发史多则三百余年，少则一百余年。如乾隆十七年（1752）始开辟的孟寨，当时便是原始森林覆盖的地域。由此可知，七百年前的古老九寨，尤其是小江、平翁、魁胆、高岑及其以西直至彦洞、瑶白的大片高山深壑都是杳无人烟的原始森林覆盖地。

作为高坡北侗的聚居地，九寨侗乡在节日、信仰、习俗等方面都有独特之处。"喜饰银器，无论男妇戴用耳环、项圈，妇女并戴手钏，富幼妇女有戴手钏五六对者，其项圈之重或竟多至百两，炫富争妍，自成风气。"[②] 现在平秋地区的魁胆、石引等寨，女性基本上都有属于自己的一套银饰，包括项圈、手圈等，也有属于自己

---

① 傅安辉：《九寨侗族的传统社会规范述略》，《黔东南民族师专学报》1996 年第 1 期。

② 徐家干：《苗疆闻见录》，黔南丛书本，第 169 页。

的一套传统侗族服饰。在小江地区，即使是瓮寨龙姓坐家，个体都没有这样完整的服饰与银饰。

总体来看，北侗九寨在语言、服饰、建筑风格、节日活动、生产生活禁忌、嫁娶丧埋礼俗、物产特产、歌谣文娱体育等方面自成体系，别具一格。九寨内部共通的文化主要是在家庭礼仪方面，包括人从出生到成家再到死亡的礼仪，信仰层面的修阴积德观念，以及各种"煞"的存在。

"孝"的观念在九寨侗族中非常重要，不仅体现在适时地续修族谱方面，更多地体现在日常的家庭生活方面。侗族家庭极为讲究对老人的养老送终。兄弟多的家庭，父母一般同已分家的晚崽即最小的儿子一起居住。较为殷实的家庭，一般为父母留有养老田，由父母跟居的儿子耕种，父母丧失劳动能力后也同样由跟居的儿子赡养。父母临终时，诸孝子、孝女及孝孙"均侍于侧"以尽孝。安葬父母时，诸兄弟均担所需费用。已嫁之女需抬祭猪、挂祭帐、供斋席、请吹师、祭三牲等，以示祭奠。父母生前一般自备有棺木、寿衣，有的甚至先刻好墓碑、选好坟地、筹足做道场的资金。

祖传和父母的遗产，一般由诸兄弟均分继承。除嫁妆外，姐妹没有祖业和父母遗产的继承权。传统的侗族富家嫁女时还送陪嫁田、陪嫁山，俗称"姑娘田""姑娘山"，其继承权归女婿家。鳏寡老人亡故时仍未确定继承人的，其遗产则由房族议决一个亲近者做继子继承。随娘下堂的异姓男子，必须改为继父之姓以后方可录入继父宗谱，并享有继父遗产的继承权，承担养老送终安葬的责任。"随娘崽"长大后也可恢复原姓，另置产业或继承生父产业。"随娘女"可用原姓开八字出嫁，也可用继父之姓开八字出嫁。

至于无儿无女或只有女儿的老人，一般要分继子传承香火，继承遗产。继子需首先从同宗共祖的侄子侄孙中选定，若无首选条件，则从共曾祖、高祖甚至远祖的侄子侄孙中选定。异姓"抱养崽"一般不被房族承认。分子过继需写"分类"，祭告先灵，并杀猪办席举行入继仪式，请房族、亲戚人等作证。录入谱册时载明某子过继某父，继子及其后裔在宗谱中属继父遗脉，对继父继母尽养老、送终、安葬、祭扫之责，且享有继父遗产的全部继承权。继父对未成年的继子需承担教育、完婚等责任。未能确立继子的鳏寡老人，其晚年贫病身残者由本房或全族捐派钱米油盐柴薪共同赡养，其过世后也由本房或全族捐集物资钱粮加以安葬。小江地区有"老人会"这一组织，专门负责协助鳏寡老人的丧葬事宜。

如今的侗族家庭一般由诸兄弟平均出钱米或定期轮流赡养老人，老人医病、安埋等所需费用则由诸兄弟均担，也有兄弟中能力强者自愿承担赡养、医治、安葬老人的责任。独子家庭自然独自承担对老人养老的责任。同时，"养老田""姑娘山"等形式基本淡出了地方社会。

除家庭外，侗族宗亲也有其特殊的内聚力，主要以"屋山头"的形式出现，类似于宗族。当本族有人主办红白喜事时，同寨或毗邻村寨的同宗族的人要按房族公议的数量出钱米协助主办家，并尽力帮办喜事中所安排的事务，包括陪客、饮酒、唱歌及其他杂活。同祖共太的族人在主办家正席结束之后，还另设小宴招待亲戚，俗称"当屋山头"。"吃冬至"也是宗亲活动，规模小时以"屋山头"为单位，隆重举行时则是整个大房族在内，突破了村落范围。

九寨的信仰文化同样非常有特点。人们严格区分生与死、内与外、凶与善。在家中去世的老人被认为是善终，后人为其操办隆重的丧礼。未婚而逝者叫夭亡，如属病故，置以白棺材或由白板钉成的棺材，不入祖宗坟地，不垒坟，不立碑。凡客死者，不许入寨，尸只能停放于寨边。婴儿和少年儿童病故死亡者，一般以其身穿衣布，木板钉装后葬于野外草刺丛中，不值厚葬。某些村落在门口处立一神龛，祭祀非善终的祖先，而且在门口烧香，祭祀祖先与孤魂野鬼。即使是现在，病重即将去世的人也都被吊一口气争取死在家中。

"七月半"即农历七月十四。上午，家家以米舂成粉后制面粑，下午持粑、酒、肉、香纸及工具到家人寄拜的桥、石、树、井边祭祀诸神。桥、井有损坏处则予以维修。晚上，青年男女集中一家请师"跳桃园"（也称"跳七姐"或"跳阴间"，侗话"送的桃"）巫师边吹口哨边唱歌，把众人引上桃园。20世纪70年代后，也有推举1—2名以簸箕盛纸香到厕边或猪牛栏边请"师"的。参加跳者每人坐一条凳，面前插一炷香。最初头伏双膝间，渐而得师者双脚发颤，双手拍膝，继而抬头直身，双脚原地跳跃，唱起歌来。即使平时不善唱歌者，此时亦歌声朗朗，让人惊讶，叹为奇观。旁人问及到何处，见到何物，旁人一一究问，其人一一作答。有的是探望祖先，碰见则痛哭流涕，泪流满面。因此有俗语："热闹就是桃园洞，闹热就在洞桃园。"多数是去探"桃园"，去"桃园"得过"十二重门"，每门得以歌叩开。跳者唱一首，旁观人得答一首，答对，跳者才得入门。"桃园"的歌（阴歌）很难作答，有的过几道门便转了回来，故很少有进到"桃园"者；有的进去了，迷恋"桃园"，不肯回来，还得请师扳回。

九寨作为一个区域名称，在节日、组织、信仰、礼仪等方面有独特之处，但就其内部而言，小江同九寨其他地处高坡的寨子又有着明显的不同之处。桃园节更多地流行于九寨高坡的石引等村落，斗牛亦在除小江之外的其他九寨村落盛行，尝新节同样如此。下面即对九寨侗家的节日做一简单梳理，从中可以明显看出小江与九寨其他寨子的不同。

春节是九寨侗乡的重要节日，也是侗族同胞喝酒唱歌的重要日子。当然，当地的春节慢慢形成一套较为固定的活动流程。腊月二十以后，家家准备年货，制甜酒，赶场买香纸、糖果，杀猪，打扫房前屋后卫生。本地流传"二十七八想办法，二十九样样有"的说法，二十九打年粑，写对联。年三十上午，杀鸡宰鸭，准备年菜，张贴年画对联，有的还要打年粑。下午，带猪头（鸡或刀头肉）、粑、酒、香、纸等到寨里寨外敬土地神，到庙堂敬菩萨，祈求来年风调雨顺、五谷丰收。在家里，则敬祖先，猪、牛圈，鸡舍，封刀锄犁粑等农具，俱用三五张纸钱贴上，之后鸣放鞭炮，吃团圆饭。午夜，用茶水、糖果敬祀祖先，鸣放鞭炮迎接新年。大年初一清晨，家家带香及钱纸到井边"买"水，回来煮甜酒。有的男子到山上砍几根柴回家，说是"新年财（柴）"，图个开年吉利。元宵一般也要祭祀。大多村寨过正月十四，早上打粑，下午带粑粑、刀头肉、香纸等祭祀品敬祀菩萨、土地神，还敬祭家庭成员所寄拜的桥、石、树等神，若发现寄拜物有损，则予以修理。傍晚敬礼祖先，同时敬祀猪、牛圈，鸡舍，即烧门前纸（三十晚封贴的纸钱），之后即可择日起工，出外劳作。玩龙是大年初一至十五期间的跨村寨活动，以村寨为单位，村落里的青壮年往往会跑十几二十多个村寨，一般都是平时有联系的寨子，这或许也有款组织的痕迹。

二月初二和三月初三人们都会制作粑粑，即做甜藤棉花粑。妇女们上山打来甜藤（又名狗屁藤），下田坝采来棉花菜，把甜藤捣烂泡水，再滤出甜藤水泡糯米。把糯米磨成粉，再把棉花菜舂烂后和着糯米粉、甜藤水再舂，直至粘面不粘臼窝，即捞出分成小砣，用粑叶包好、蒸熟。当天用粑及刀头肉、酒、纸、香等礼品敬祀菩萨、土地神及家庭小孩所拜寄的桥、石、井、树等神，祈祷消灾解厄，四季平安。不过人们往往只在三月初三这天制作甜藤粑。

清明节对九寨侗家意义非凡，清水江中下游普遍存在的"清明会"亦说明这一节日所蕴含的特殊意义。当地的习惯是三月清明挂清在前，二月清明挂清在后，择取有龙神及墓门开之日（"辰戌丑未墓门开"即地支之辰日、戌日、丑日、未日）进行。全家老小带吊粑、刀头肉、糯米饭等食品，与酒、纸、香及标纸去上坟，到祖坟上除草、填土、垒石、摆祭品、挂标纸、放爆竹。有的家族集资挂"大坟"，搞野炊，吃祭品，也有的趁着好日子立碑。

立碑时，亲戚要来送礼敬贺。碑文过去只写男性子孙的名字，时间只写皇号用六十甲子，今多已书上女儿及媳妇姓名并用公元记时。

九寨还有专门为牛过的节日，即四月初八，传说中牛的生日。此时虽是农忙时节，但也不让牛耕田干活，反而特意割鲜嫩的草喂养，并辅以米饭及甜酒。五月初五即端午盛行于小江地区，小江六村皆过此节，九寨境内部分村寨和部分姓氏也过此节。过此节有登宜、夏茶、登步、万寿、西月、银堆、登类等自然寨及彦洞谌姓，20世纪50年代初之前，瑶白村龚家亦过。端午同样是家家包粽粑。这一天，有的民间草医上山采药以备他日药用，这天据说是天师下界收瘟疫疾病之日，药特别灵验。投师学医者，亦于节日当天前往问学。

尝新节是侗族较隆重的节日，隆重程度仅次于春节。时间为小暑过后之"头卯"日，但也有小暑过后只要是"卯"日即可，故也称为"卯节"。节前一两天，村寨都要宰牛杀猪、开田取鱼，准备过节。家家包粽子，通知和迎接亲戚朋友前来共度节日。届日清早，妇女从菜园摘来新鲜蔬菜瓜果，从田里采来几根禾包，小孩上山砍来箸竹做筷子，男子备办菜肴，妇女蒸糯米饭，甑里放上几尾鱼做成蒸鱼。饭前，由家长在神龛前摆祭品（糯饭团、鱼、肉、园中已出的各种新鲜蔬菜及禾包），烧香筛酒，化财烧纸，祈求风调雨顺，五谷丰登，十倍收成。祭祀毕，才吃早饭。饭过，村寨举行大武比赛（斗牛）、斗鸟及跳芦笙等活动，近年来还组织青年进行篮球赛、攀手劲、拔河等活动。

农历九月初九，是九寨地区另一个重要节日。这天家家打糍粑，烧重阳酒，村寨杀猪过节，九寨侗族社区尤盛行斗牛活动。

斗牛活动由一个村寨发起和主办，提前下帖邀请各友好村寨牵牛来参加活动。节前，主寨用鱼藤草在斗牛场出入口扎拱门，张贴对联。节日前一天（近者于当天凌晨）各寨斗牛汇集主寨，届日八方宾客云集斗牛场。活动开始时先行"踩堂"，在锣鼓号角声中，寨老前导，旗手手中彩旗、牛旗飘飘，两个"腊肖"（指身强力壮的牵拉牛的男子）牵着一头身披红缎、腰系串串铜铃的"圣牛"（也称"祥牛"，即毛色好，四只脚及鼻左各有一旋，无甚禁忌的牛）绕场三周。在其之后紧紧跟着盛装的青年男女吹笙舞蹈。踩堂毕，斗牛开始。斗牛分别从斗牛场一端入场，抵牛则要戴上稻草做成的草团。

牯脏节是在历史上关系较密切的村寨中进行的一年中最盛大的节日，有大牯和小牯之分。大牯即"借捐"，每寨十三年才轮到一次当值（彦洞、瑶白、救民、黄门、平圭仁、九勺、石引、平秋、高坝、皮所、小岸等十三寨每年轮流一寨做东）。小牯每年一次，侗语称"鞍瓦"，时间不定，多在春初或秋后等农闲季节。吃牯村寨杀猪宰牛，邀请亲友聚会，其间开展斗牛、吹芦笙等活动。吃牯之寨提前一两年喂养水牯牛，一般一家喂一头，少者两家共一头，着专人饲养护理。牛圈清洁舒适，牛身一天洗刷几遍，喂夜草，吃米饭油茶，甚至做豆浆，用鸡蛋、老酒悉心调理。青年人（特别是姑娘）多置衣裳服饰，老年人则筹备酒肉，以备节日之用。客寨同样积极准备斗牛、礼物。先几天主寨再次发帖于各兄弟村寨邀请客人，并用鱼藤草扎寨门及斗牛场出入口的拱门。节日头一天，客人们牵斗牛，担酒肉红彩，吹笙鸣炮进寨，主寨亦吹笙鸣炮相迎。活动一般进行三天。早饭后，身着盛装的男女青年进斗牛场吹笙、跳舞、踩堂。之后，在炮声、铓锣声中，斗牛开始。斗牛胜者，客人争相为其披红挂彩。第二天，各家喂养的牯牛均放在牛场、田坝间任其打斗，不加干涉。第三天早晨，凡参加打斗的牯牛除少数善斗者外，均宰杀掉，以其肝脏皈答天地，祭祀祖先，村贤寨老登台（腊耸）颂捐词祭祀（据说"捐词"有十二篇），祭罢，大宴宾客，每客必尝牯脏。这几天，凡到现场观看斗牛和踩堂者，不管富贱及认识与否，均被视为贵客，家家争相拉客，得客越多者越荣耀，有的家多达几十人，日夜歌酒不绝。第四天凌晨，客人散去，主人割一块肉让其带去，使其不空手而归。

吃牯脏耗资甚巨，尤其对耕牛的宰杀，大多数人家往往是"一年牯脏，十年还账"。牯脏值年规律是构寅构卯，即人生于寅，禾生于卯论半年歉年，视其谷禾收成而定。故而凡轮流到的主寨，一定要逢和卯年才举办（即丁卯、己卯、辛卯、癸卯、乙卯）。传送标示是牯脏牛腿，自上次传送下次。

吃牯脏活动由一个村寨发起和主办，先由寨老与本村头人组成鞍瓦负责小组，议定鞍瓦时间及有关事项，然后下帖到友好村寨去邀请参加，被邀请的村寨也要回复应邀。此后，主客双方各自向寨众宣传，筹备鞍瓦事项，尤其是选购和喂养善斗的雄性水牯牛，还要分派各户多备一套牛圈作为接纳客牛之用。主客双方都要选二三十名年轻力壮的男青年，作为维护牛塘安全的"良操"。他们的任务主要是放牛打斗、为打斗中的牛解围、捆拉脚、掌绳揪鼻、专职保牛护场等。彦洞、瑶白曾与剑河之小广、化敖、谢寨等村寨共同举办此活动，以共同抵御外患，整治村寨，展示友谊天长地久。

平秋吃牯脏活动自清乾隆年间为首次，继后，曾举行过两三次，最后一次是在清宣统年间，后因战乱、饥荒未得举办，民国中期，县政府明令禁止，此后未举行过大牯活动。直到2006年，平秋村两委、斗牛协会与蓝协共同主办了平秋重阳鞍瓦节活动会，算是"借捐"了。

上述节日可谓九寨地区的传统项目，隆重而富有韵味。有趣的是，虽然都属九寨，但小江与九寨其他寨子相比，上述节日的痕迹消失得更加迅速，关于这部分内容的记忆和记录都很难听到或见到了。斗牛和吃牯脏等活动，小江仿佛在清代就不曾参与过。六月六尝新节普遍盛行于侗族地区，九寨其他的高坡寨同样也过这一节日，但小江地区则无此习惯小江地区盛行的玩龙活动，亦是小江与九寨其他寨子以及周边的天柱县等寨联系的重要活动。

二 九寨款组织与小江赋役的承担

《贵州图经新志》卷七记载："侗人者，有所争不知讼理，惟宰牲聚众，推年长为众所服者，谓之乡公。"乡公即乡老，是对族长、寨老、大小款首、头人的总称。[①]

傅安辉认为"款"是从汉字借来用于指称"侗款"的书写形式，它不是汉语中的"款"，因此没有"条款"和"款额"的意思。"款"是以共同议定、共同遵行"款规""款约""款词"，由一寨或数十寨联合而成的地域性社会组织。"款"就是寨老、族长治寨的议会组织。"款有大小之分，小款由一个或几个自然寨联合组成，大款由若干小款联合而成。小款由款民选一名或数名'款头'，大款由各小款头选一名或数名'款首'。款头、款首平时皆不脱产，一有需要，便为款民排忧解难。大款重在抵御外敌，或代表款民利益与官府交涉。他们往返所需的钱粮、人夫皆按议定的数量由相关小款派出。款头、款首有一定的权力，但不能世袭。"[②]

九寨地区的侗族，清雍正年间被编户入黎平府，在这之前，看似脱离于王朝政权和编户齐民之外。明代在黎平府设置了潭溪、洪州泊里、西山阳洞、曹滴、新化、古州、湖耳、亮寨、中林验洞、欧阳、赤溪湳洞、龙里等 13 个长官司。明洪武五年（1372），始设中林验洞蛮夷长官司，治地初设在今彦洞乡彦洞村。而与彦洞邻近的瑶白、黄门、石引、平秋、高坝、皮所等地及距彦洞较远的魁胆、小江、王寨等地则未设置过蛮夷长官司，朝廷官府也未屯过兵、委任过流官。这片被称为"九寨"的地域，看似权力真空之

---

① 吴三麟：《古代靖州侗"款"组织》，《贵州民族研究》1993 年第 1 期。
② 石开忠：《侗族款组织及其变迁研究》，博士学位论文，中央民族大学，2007。

地，其实是一个侗族大款组织管辖的地方。雍正时期实行"改土归流"以后，九寨款组织附籍于黎平府，直属黎平府东北路十四寨。"九寨"便是这个侗款组织的款名。

据石引寨的老人回忆，清末民初九寨地区仍有起款活动。每年开春之前由款首各宗族族长听取各户的建议，然后把各种建议或主张集中到款首那里，由款首召集各宗族族长及有关人员开会"议款"，制定下"款约"，最后由他向全寨人公布。公布之日，大家聚集到斗牛塘听讲。之后，当众杀一头水牯牛，把牛肉按户数均分，每户领回去分享，这叫作"吃定款"。吃了定款肉，就开始自觉履行款约了。所定的款约，并不是写在纸上，而是编成顺口溜，大家轮流传唱进而记住。

九寨本身作为九个寨子的统称是一个较大的款组织，而九寨中的每个寨同时也是小款组织，分别由数个自然寨组成。相较于大款，小款所订的款规重在管理内部事务，或惩盗罚奸，或调解纠纷。轻罚者依款规赔偿道歉，重罚者依款约罚款，甚至驱逐出乡，对犯重罪者则施以重刑。如1912年，魁胆十六甲对"勾外烂内"的王彦科施以"见家一块柴，活烧点天灯"的极刑。小江这一小款也有一些较为松散的款约，其约束力一直延续至今。如某些个人行为危害了家族内部成员的感情，如果得到大家一致的同意，就点燃炮仗，从自己家门口一直到对方家门口，一路炮仗声不断，以此表达歉意。

打草标是九寨地区人们生活中的一项重要标记，也是在九寨地区约定俗成的表达所有权等意义的一项规约。当需要表明所有权或者有其他意图时，人们通常把几根巴茅草扭在一起，打个结，然后插在某处或者某个物件上，即打标记。猎人在山上打标，是要提醒人们周围某处安有夹子或套子；遇到在砍倒的小树上打标，表示要在那里砍柴；在山上砍下一小块地的草木并打标，表示要在那里刀耕火种；在田口或者溪坝上打标，表示不准放水；在放了水的田里打标，表示里面有鱼；在门上打标，表示家里有人病重或生产。① 笔者在田野中曾遇见房东女主人有一次出门，家里没有任何人在，她也没有锁门，只在门口用草打了标记，以示家里没人。

"喊寨"在九寨地区亦非常普遍，即使现在的小江地区依然可以看到这一行为。喊寨是九寨侗族人们为预防火灾、保障寨子安全而推行的一项示警的约定。在九寨地区，各个寨子数目、大小不一，但基本呈现集中居住状态。尤其是在清代至民国时期，整个寨子皆为木质建筑，一栋挨着一栋，从高处看去仿佛都连在一起。这种房屋建筑再加上人们的生活取暖方式导致火灾的发生防不胜防，往往是一家起火很快便会蔓延成整个村寨起火。瓮寨人民至今清楚记得"三年两把火"的事情，而在新寨，20世纪70年代前后两次大火的发生对寨民而言也是记忆犹新。因此，防火成为寨民异常关心的问题，人们也因此思考各种方法以规避这一灾难。喊寨有着预防火警的提醒意义，是九寨地区各个小款组织面对灾害时所做的应对措施，是小款约定俗成的款约。

九寨中的另一个村寨——黄门有一块碑名曰《常平仓谷》，可以带我们进入九寨承担赋役的场景中：

> 署黎平府正堂加五级纪录十次多，为札饬运解事，照得本府。现因办理紧要军需，禀明各宪，碾用额存常平仓谷，以济各营兵练口粮，遵奉批准在案。查王寨原存仓谷四百石，亟应一并运解来域，以资应用，合行札饬。为此札仰该九寨头人一体遵照来札事理，即便传齐人夫，刻期挑运赴府，毋稍延误功速，特札。右札九寨头人等，准此。咸丰七年十一月初五日札府正堂多，为札知事，照得本府。查王寨原存常平仓谷，业经

---

① 傅安辉：《九寨侗族的传统社会规范述略》，《黔东南民族师专学报》1996年第1期。

提运赴府以济军需，其该各处仓厫木料，一切久经朽坏不堪应用，唯任其倾颓，诚恐无赖游民潜匿居住，别滋事端，兹本府派弁前往，择其堪用之砖瓦木料一并拆毁，易价呈缴即作该处修整新设之厘金局应用，合行札知。为此札仰该人九寨头人一体遵照毋违，特札。右仰九寨头人等准此。咸丰九年正月二十九日札府正堂，多为晓谕事，照得九寨之王寨，设公事常平仓一所贮谷四百担。本府前因办理军需，禀明各宪，碾用常平仓谷以济各营兵练口粮，遵章批准在案。当饬该九寨乡团头将前项各派与运解来城，以资应用，业经如数运清。嗣据头人等禀称，所属王寨原设在仓厫，因谷已运城空间日久，渐就倾颓，兼恐慌无业游民潜住别滋事端，恳核夺前来。当今本府于九年正月，派弁将原建仓厫择其砖瓦木石之堪用者变价呈缴，旋据易获价钱壹拾贰千文，亦经如数缴清，均各报明存案。兹复据该乡团等禀恳给示立案前来，合行示，为此示仰九寨乡团人等知悉，所及前项仓厫谷担业经本府提备军需应用，准其立案以照核实，各宜禀遵。咸丰九年二月初一日示禀倪府主稿为据实禀覆，恳恩垂电。事缘民等九寨魁胆王通模、王贺恩、王再礼，平秋刘元寿、龙宏运、吴玉发，石引陆元瑞、刘荣太、陆添福，黄门王再科、王士斌、王廷唐，苗伯滚万钟、胡金榜、滚秀龙，高坝吴启贵、万章发、石老芳，皮所彭光先，小江龙均善，王寨王承部，自先人以来建常平仓厫计谷四百石，存王寨汛内，历事于年，毫无动用，迨至咸丰七年，贼匪屡攻郡城，军务十分紧急，府主多已经禀请上宪，准其碾用常平仓谷，以济营兵练口粮。查饬民等九寨乡困，将所存常平谷运解进城，以资军需。殊知仓厫起自年久，风雨灌溉土墙枯倒，仓厫毁坏，旋经厘局委员唐宏宪验看，择其可用瓦木，辨价呈府。是此仓谷、仓厫二项业经呈缴，多府主案下，滋蒙恩星查核，只得据实禀覆，化乞大人台前作主，注册详消施行，沾恩不朽，同治十二年三月初一日禀。钦加三品衔调授黎平府正堂加五级纪录十次郭，为晓谕事，照得本府。案查王寨汛设有常平仓谷四百石，至今颗粒无存，本府莅位之初，接奉上宪，礼饬查办，前经委员至寨，督催损补，去官前去。该九寨武生王金北等禀称，该处尚存王寨汛之常平仓谷四百担，屡经盘量，受累无休，嗣因咸丰七年苗匪叛乱，军需急紧，多前府札提动用变价缴销，今若府准存仓，必改迫累于后等情，恳请示免前来属批准注销立案外，合行示谕，为此示仰九寨乡团居民人等知悉，自示之后，其事王寨汛原设常平仓谷既经前府提备军需，动用无存，准其注销立案，以后毋庸再设，免滋扰累，各宜禀遵毋违。特示。

光绪拾贰年正月初六日　示

此碑现位于九寨黄门村四北边水井上，碑文提及九寨需要提供军粮，承担赋役。

清雍正年间以后，九寨这个侗款组织就共同承担官府摊派的钱粮夫役。道光年间九寨款组织曾联合反抗黎平府所征派的过重粮税，取得了减免部分粮税的胜利。如当时九寨款派人当向导，把官府派来核查田亩的官员带到田少坝小的平岑、晓岸一带巡查，使官员始终未能发现便大、桥问、更我、平秋等大田坝，从而减轻了款民交粮税的负担，即所谓的"龙朝礼告粮"。

承担夫役亦是清代包含小江在内的九寨款组织不可推卸的职责。清水江流域的木材贸易使得王寨和茅坪等一跃成为当江村寨，在获利的同时也需要相应承担一定的夫役。小江与王寨在地理和历史方面都有着紧密的联系，同时区域开发也促使小江的社会商贸活动蓬勃发展，小江也由此承担了部分夫役，九寨同样牵涉其中。

贵州黎平府正堂军功一级记录十八次小

贵州黎平府开泰县正堂加五级记录十次毛，为苦乐不均等事。案奉本府宪正堂小批：据毛平生员龙现奇等控告王寨王文政、王文彬等九寨横抗夫役一案，本县随即差提审讯。查乾隆元年断案，夫役百名以内，无论多寡，系毛平、王寨合照值年应付独当；百名以外，连小江、毛平、王寨三处均当；二百以上，合平秋、石允、稿坝、皮所、黄冈、俾胆、苗白等处十寨均当。原属平允，处各具遵依在案。近因值年互相推委，以至干控。讯据毛平双年，至王寨单年，即由三十五年王寨值年起，次年轮至毛平。除讯明取具各寨遵结，附卷详报府宪，催夫牌票各即注明，勿干混淆外，合行出示，仰王寨、毛平合石允等处保甲人等知悉，嗣后遇有差事，不论多寡，悉照乾隆元年断案，应付急公。如有邦寨推闪违误，立拉寨头重究。各宜凛遵勿违。特示。

朱笔：王寨单年，毛平双年。

乾隆三十五年三月初九日　示[1]

下述碑文看似是对乾隆三十五年（1770）的章程的再度确认。该碑现存于小江坪地村，碑文在锦屏碑刻中已经收录。在 2007 年去小江时，龙大伯告诉笔者他门前有一块碑，被拿来铺路，当时将碑翻过来，上面的字迹还可以看清：

永定章程

　　□□年张府主过境，用夫二百余名。蚁等小江夫不足数，添雇夫二十一名，用夫钱十千五百文，以致□□□□章程。今

---

[1]　张应强：《木材之流动：清代清水江下游地区的市场、权力与社会》，第111 页。

蒙提讯，从宽酌减。蚁等小江、俾胆两寨，每年无论有无采买，银米两项市用色银，每寨三十两。牛油、茶油，春秋两季共油银十二两，油斤年年春秋两季分上，每季上色银六两。蚁平秋寨银米两项三十二两，牛油、茶油春秋两季共上十二两，每季上色银六两，连差催盘费一并在内，与向来上纳好银数目有减无增，蚁等诚服。至王寨汛仓贮谷，年久恐有折耗霉变，原有出陈易新旧制，蚁九寨公举殷实头人经管，五年出借一次，九寨一向分借，春借秋还。经管头人每名准收息谷一斗五升，以作修补仓廒、贴补折耗以及经管头人饭食公用，不得私收入己。府主新旧交卸盘苍，家丁书役不得再索取夫马饭食规费，蚁等不至因仓受累。额贮常平谷四百石，如有短少，九寨公同赔补，不得推诿。应当夫役，仍照旧定章程充当，蚁等不敢误夫，催差亦不得有包折夫价之弊。蚁等甘心，不敢滋事，具结是实。

道光七年□□初六日具结

该碑提到的旧章程有可能正是乾隆三十五年所规定的章程。道光七年（1827），用夫已经超过 200 名，根据上述章程，由小江等九寨与王寨共同承担。双方诉诸公堂，是推诿夫役还是缺少人夫，仍需更多材料佐证。从这份碑文中可以看到，对小江、魁胆、平秋等九寨每年上交的色银数目相比往年有了明确规定。经过乾隆三十五年和道光七年的这两份章程，包括小江在内的九寨明确被纳入王寨与茅坪担当夫役的队伍中。直至光绪年间，官府针对夫役问题又一次发出了告示：

王寨夫役碑

钦加盐运使衔补用道特授黎平府正堂铿僧额巴图鲁加三级纪录十次俞，为给示刊碑，□垂久远而免争端事。据王寨、茅坪地方路当孔道，凡遇□□□学宪过境以及往来差使，不免需用夫役□□酌定章程，以免临时□□。兹据王寨、茅坪总理王勋臣、龙庆口等呈出乾隆三十五年经前府、前开泰县毛所给断寨案章程，原以王寨单年、茅坪双年应付夫役，如夫役在百名以外，连小江、茅坪、王寨三处均当；二百名以外，合平秋、石引、高坝、皮所、黄冈、苗伯、俾胆等处拾寨均当，历来办理无惟。是历年已久，碑石毁溢，恳请赏给示谕，刊碑勒石，碑垂久远等情。据此，除将原呈告示二纸附卷存查外，合行出示晓谕，为此示仰王寨、茅坪及九寨等处地方总甲、里长人等一体遵照，嗣后遇有夫役差使，无论多寡，仍照旧章办理，不许短少，故意□□。倘有推委□遵，许该寨首人等指名禀究，决不宽贷。凛之遵之，特示。

光绪二十年三月二十一日

告示　实帖王寨晓谕

这三则关于夫役分配的不同时间的章程，涉及的承担主体都包括王寨和茅坪，其次即小江和九寨。王寨和茅坪作为当江村寨，轮流值年。当夫役所需的人力超过百名后，小江这一小款必须一起承担，而当夫役超过二百名后，九寨其他七个寨子也要辅助承担。夫役的分配将包括小江在内的九寨紧密联系在一起。

三　地方团练组织的兴起

款组织的管束权力比较分散，大小款之间缺乏牢固的联系。清代中后期，官府加强了对侗族地区的控制力度，侗款组织渐趋衰弱瓦解。道光年间，黎平官府推行的"保甲连坐"制度客观上促进了宗族组织的形成。咸丰直至同治年间的兵燹则刺激了九寨地区团练的兴起。

咸同年间清水江流域的兵燹直接促使了九寨款组织的再次联合。

咸丰五年（1855）兵燹开始至同治七年（1868）终被平息，在这十余年间，九寨款军及各寨款民都曾抵御过苗侗义军。其间，各小款轮派民协同款军设卡，沿途报信，各寨鸣锣报警，听到异响就扶老携幼躲进深山古洞，年轻力壮的款民随款军守卡防御。小江瓮寨当时还建有堡垒，今之魁胆、高岑两村交界的高山古坳，曾设过卡，如今该地名叫"岑苗坳"；平秋十二盘与冲格交界处也曾设卡，至今仍把该卡叫作"守卡坳"。这些都是当时九寨款军活动的遗迹。

流芳不朽

计抄古州道宪堂判一纸

布政使衔署理贵东兵备总理下游营务处马勒兴额巴图鲁维，案据讯苗白寨民滚万钟以骗粮争地等词，控平归仁寨之姚朝海、张玉清等一案。缘姚、张两姓系明洪年间前来黎平，落业平归仁寨。嘉庆六年，经滚万钟等之前人滚得宗等控告姚朝海之前人姚定五等，以横霸欺主，旋断旋翻等词，经黎平府程守断结，数十年事相安无事。当咸丰年间变乱之时，各案均抽款养练，并不上粮。滚万钟充当首人多年，迫地方平定，遂起奸心，以姚朝海、张玉清等所居之平归仁系苗白子寨，苗白每年上粮银十五两，应由平归仁帮给。姚朝海称系高坝子寨，每年平归仁同高坝花户共上粮银十五两二。比各执一词，皆无一定凭据，讼至多年，官经多任，案悬莫结，此滚万钟等所捏骗粮之情迹也。平归仁寨后之归则山，为姚、张二姓管业多年，今滚万钟亦以粮系滚姓祖业，前经程太尊堂判有案，所栽树木，当照乡例摊分，并抄雍正、乾隆处间各姓讨种山地栽树葬坟之约及程前府堂判，虽姚张两姓称有约，据滚万钟亦以为假造，须细看程前守旧卷图，仍得泾渭攸分，此滚万钟捏控挣地之一精迹也。故黎平府邓守已经断结，滚万钟等复敢迭次翻控于院司及本道衙门，经年累月，未能剖断。查黎平府邓守所断极为平允，滚万钟之所以不遵依此案，不给每年皆得派各花户讼费，又经手上报，各花户所凭滚万钟索取，云多则多，云少则少，惟滚万钟所得，每年不下百余金，岂愿结案以自绝生财之道乎。苗白寨之各花户，以积威之渐听其号令，不敢与较，且又为其所愚，以为争得一场可以瓜分，争得帮粮则本寨之粮可以减少，故受其指挥，一唱百和矣。本道提审此案，已深知其中情形，谕令委员履勘两寨田亩，某人名万之田，收恙多寡均摊，于两寨之田如此办理，两造皆遵依肯结以为公允，即何寨应上粮多，何寨应上粮少，均无所悔等语。高坝寨之田与清江所属多有播花，姚、张等姓并买有清江所属之田，令出具甘结，如有以黎平所属之田妄指为清江厅所属，朦蔽委员，即将所属之田充公，作为苗白寨上粮，于是委后补知县杨体仁知县用留、黔后补州判刘绍唐二员同至该寨，带同两造人等，履勘某田若干，出谷若干，两造公同登簿。勘事后，即按谷之多寡分摊银叁拾两，于两寨各花户名下。殊滚万钟不愿结案，禀请委员须将高坝、平归仁两寨所有田产并清江所属之田，一并履勘摊粮。经委员申饬，谕以清江之田自当上粮，清江不能一田两粮，复与黎平所属之田共摊粮银。于是滚万钟设法阻挠，来道呈控以姚朝海等朦蔽委员，有数处之因并未履勘等语。及提讯问，乃不能指出地名田丘，一味骗耐，仍系以清江之田未能同摊黎平之粮等语，经本道惩责拘押，令其传唤苗白寨人众来道，谕以利益，晓以道理，将两寨谷石粮数造册，发给每寨一本，每户各发给粮挥一张，并将粮册挥底以后造册自封投框，不得为滚万钟等所愚，以致格外多费。两造悦服具结，领册领飞，以后永远照此办理。至所争平归仁寨后之主则山，查阅嘉庆六年程前府所断老卷内载地图截贴，分明系王绍和买滚姓之坡，姚朝海、张玉清等执有嘉庆二十四年买约，系黄门寨王长岩、王昌显等出卖，滚万钟等并无凭据，凭空妄告，应断归姚张两姓管业，当堂质之，滚万钟等皆俯首无词，心平愿意遵断，两造各具结完案。惟滚万钟希图营私，便己欲钱，妄控拖累众人数十年之久，不治以应得之罪，无警其将来，着押回黎平府照武断分曲治罪可也。此判。

光绪九年十二月初九日，判并抄发黎平府及两造各执壹张永远为据，并一面详咨院司报结存案。苗白寨田丘壹共叁仟叁佰贰拾贰担玖拾叁斤，粮银壹拾玖两壹钱七分，高坝田丘壹共壹仟八佰柒拾柒担贰拾捌斤，粮银拾两零捌钱叁分，壹百斤银五厘七豪六系九忽，每户各发给粮挥一张，并将粮册挥底缴发黎平府存案，以后该两寨花户上粮照挥。

石引信士　陆士泰、刘开贤

验洞信士　周

信士　石现麟　题撰①

这则材料表明了几个重要的信息。第一，咸丰年间的兵乱中，各个寨子"抽款养练"。不论是小江地区还是九寨的黄门、彦洞等地，地方团练组织兴起。第二，雍正乾隆年间瑶白寨内迁来的非滚姓之人家，向其讨种山地以维持生活。九寨地区并未形成专门的佃种山场的佃户型村落。第三，关于赋役的问题，几个寨子之间产生了纠纷，导致户籍重新被重视。

上述纠纷并没有得到彻底解决，后来又产生诉讼。

府正堂邓通详贵州省禀稿

为详明事，照卑府苗白寨民万钟，控平归仁居住之姚朝海

---

① 碑存彦洞平圭，碑文见《锦屏彦洞乡志》，2010，笔者在田野中从县志办处获得，下同。

等买伊祖业，伊完粮等情一案。此案原告滚万钟早年充当款首，恃威断苗民茹恨吞声不敢谁何，旦与姚朝海等讼已有十余年，官经六七任，每次系勾结无赖，派乡民公费入己分肥。卑府前任黎郡蕃出叠次敛派费确有从犯，据其有钱粮不应姚朝海等帮纳，历任各前守及卑府前任在黎郡亦均明如。该原告抗钱遭断恋讼不休，每官府更代以及遵上宪升调扯前朦后弊控造批断妄控尤甚。府前次卸事后又于许守乃兴任，内翻控许守以此案不能完结然费苦心，向该原告追问当事有根据，原告追问，使姚朝海等帮纳线粮究，以何以为凭？该原告即称指嘉庆年间程前守断案。据许守随查嘉庆六年程前守任内两造之祖所争，内载姚张两姓平归仁钱粮差事，兴高坝同当事有根据该原告仍不认错，许守即将此案先后宪缘由缕详在案。迨许守卸事，周主到任，该原告以钱粮事暂买不问，复以许守清出山场断案，混指平归仁八狼坡即圭则山杉木与姚朝海等续争，周主未及记断卸事。卑府同任滚万钟节次催蕃，兹经卑府查得姚朝海执有嘉庆二十四年八狼山即圭则山红契，地名四抵相符，滚万钟并无片纸只字可据，因将其仍断姚朝海等照契管业。惟滚万钟系积愤健讼未具息遵结难保不隙，上控因此案实在情形详请宪俯赐查。核碑杜诈而拖累贯为公便，再滚万钟节敛钱狡讼，本应按律惩办，惟其年已七旬，罪难加身，以后续有控词应照定例概不为理除详，藩抚部院暨宪外合并声明为此由，申乞照详施行，须至详者　左　详

钦命布政使衔贵州等处提刑按察使司按察使加十级纪录二十次易

光绪玖年肆月　日，知府登在镛详

抚部院林　批如详办，理仰置按察司转饬知照此缴

布政使司沅　批据详已悉，滚万钟持老纠讼宝属可恶，所有控按既经查明，讯断即予注销立案不行，免滋拖累，并候抚

部院巡道臬司批示缴

署按察司松　批据详已悉，仰即如详，办理仍候

抚部院巡道藩司批示缴　六月　日批回贵东兵备道张

批据详，苗白已革敛首滚万钟屡次狡控陷害姚朝海等一案，缘由已悉，准即如详立案，仍候十　抚部院暨臬藩批示缴

终始顶词结案信士　姚朝海

吴启贵　张玉德

高坝乡团作证信士　石现麟　姚清岩

张兰点　姚泰山①

可以看出，滚万钟作为款首，在赋役承担的处理上出现偏颇。而围绕此事产生的纠纷的解决既靠官府的力量，又参考民间的契约。款约、团练章程、契约甚至是家族规约成为九寨等地重要的社会制度和规范。

下面是地方团练发展到民国时期，三江九寨制定的简章，看起来有点类似款约：

黎平北八区三江九寨团防总公所关于民众应行事宜布告以及团防总公所简章

为布告事，兹于阴历十月二十一日为团防总局开办之期，爰集各寨绅团，将地方一切应行事宜共同提议，合将议决各条开列于后，俾众周知。此布计开：

一议有谋反叛逆者禀官就地正法

一议有窝藏匪类者送官治罪

一议有私通匪人者送官治罪

一议有知匪不报者以通匪论罪

---

① 碑存黄门平圭仁村，碑文见《锦屏彦洞乡志》。

遇　拿

一议有邻封被劫而不协力追捕者以通匪论罪

一议有能生擒著名禀准拿办之逆匪一名照赏格立赏

一议有能生擒逆匪羽党一名赏钱叁拾仟文

一议有查实内奸指名来报者赏钱贰拾仟文

一议有因缉匪毙命者给恤钱陆拾仟文

一议有因缉匪受伤者酌量重轻给以药资

以上恤赏钱筹存总局遇有此事立予不贷，附条

一议不准放火烧山违者罚钱拾仟文，如烧及杉油桐茶各

木除处罚外仍按照木数多寡饬令加倍赔还

一议不准偷砍杉油桐茶各木违者罚钱拾仟文

一议不准偷盗禾谷田鱼违者罚钱拾仟文

一议不准窃取瓜果菜蔬违者罚钱叁仟叁佰文

一议不准聚赌抽头违者禀官罚处

一议不准酗酒滋事违者公议罚处

一议不准浪放牛马践踏植产违者罚钱叁仟叁佰文

一议各宜就地筹款以为开办学堂经费

一议各宜努力开垦以为筹办实业基础

一议各宜崇俭除奢勿使资财浪费

中华民国二年十一月十八号布告[①]

　　这则团练章程对于从匪徒的处置到日常生活行为都做了规定。此外，族谱中所记载的家族规约也成为人们自觉遵守的行为规范。九寨地区的"吃冬至"即体现出这一用意。

　　何谓"吃冬至"？冬至这一天，同一房族的男性成员，不分老幼，在族长的邀约下全部聚集到一起。保存谱本的房族长要把族谱

---

①　锦屏县档案局藏，1-1-16。

拿出来，同参加的人员一起读谱本，将谱系和规约传承给后来者。族谱是当地重要的文化资源，常常由房族长保存。现在在小江及九寨地区所能见到的族谱，修订时间基本都在乾隆以后，有的修成于光绪年间，有的修成刊印于民国时期，版本则包括手抄本、刊印本。有的谱联到湖南省绥宁东山、黔阳一带，有的谱联到天柱县的远口、白市、高酿、登鳌、邦寨等处。20世纪80年代以后，编修族谱或续修族谱的风气又盛行起来。"吃冬至"是侗家人以房族为单位举行的教育活动，传播的是"地方性知识"。在这一天，老年人将族谱知识也包括自己的人生体验传授给后辈人，同时教育后代，指导他们学习家族规约。

瓮寨龙家有一本特意在本家族范围内以手抄本的形式留传的族谱，该谱本记录了如下很有意思的内容：

关于我房一切红白喜事大小的决议如下：

一、大厦落成（主建新居）

（1）每户去一人吃饭，但须自带现金伍圆付给建居主人。

（2）每户去一人帮忙当中，应按建居主人时间安排，不得无故拖延时间。

（3）若没人在家的话，不得免去规定的现金，等后届时付给。

二、于归之子（女儿出嫁）

（1）无论哪家女儿出嫁，我房每户去一人贺送，但一人贺送当中，应自带现金叁圆，吃饭一餐。

三、三朝、老人过世、结婚……

族谱如此隆重地进行记录，说明这些规约的重要性和必要性。在小江地区，族谱的保存以及其他文书和民间文献的受重视，各种详细地标明四至的契约，都显示出人们对文字的重视。

　　廖迪生等人指出，文字塑造传统。"每个地方的历史、文化与社会都是勾连在一起的，是个综合体。在传统社会中，我们不难发现社会组织、经济、政治和宗教活动是分不开的。……我们看历史，可以由地区政治、国家政权和世界大事的大环境角度去看，但也可以由普罗大众的层面去理解。历史的发展是社会上不同阶层成员参与的结果。"① 区域社会中族谱的保存与传承以及相关的碑刻，充分体现了人们对文字的重视。他们重视的事情因被刻在石碑上而得以流传。这些资料的存在有助于探讨九寨这一较大款的组织及行为，也反映了小江这一小款组织参与区域社会历史的过程。从前述资料中不难看出，小江在此一时期已经作为地域社会共同体出现在区域社会的运行中。

第三节　物产的流动与复合林业社会的形成

　　开辟"新疆"与疏浚清水江，为清代清水江流域社会带来的显著结果是大批物产的流动，不论是溯江而上还是顺江而下，单就王寨的一条街道——江西街而言，店铺林立，货物品种非常多样化。王寨的江西街"是以江西人为主建立起来的一条街道，店铺商号百分之八十是江西人所有。那时流传一种说法'无湘不成军，无江西人不成口岸'。以商号而言，布匹绸缎有何丰隆、义丰隆、庆和福、周庆和、何隆兴、何兴泰、胡信尧。杂货有任辛田、潘连记、怡丰盐号、天成银楼、天宝银楼、童自臣的裁缝店等，无一不是江西人开的"。② 由此可以看出江西籍商人人数和货物种类之多。

---

① 廖迪生、张兆和、蔡志祥：《我们的历史：〈香港历史、文化与社会〉导论》，《田野与文献：华南研究资料中心通讯》第 28 期，2002 年。

② 《锦屏文史》2010 年第 1 期。

一 物的流动

木材流动在明末以及整个清代无疑是清水江流域最大宗的物产流动。张应强的《木材的流动——清代清水江下游地区的市场、权力与社会》一书对其做了精彩而详细的阐述。随着木材的流出，白银持续流入。白银在区域社会中扮演了怎样的角色？彭慕兰曾指出："我们应该将白银视为一种物品：一种精致的矿产品，它很适合作为功能性的东西。"[①] 陈春声论述了 18 世纪美洲白银输入与中国社会变迁的关系。他认为："逆流而上的大量白银到了上游的木材产区之后，除了缴纳赋税之外，就很少有机会通过市场交换，重新回到山外世界的流通之中。……这些白银的去向大部分应当与清水江流域苗侗诸民族普遍流行的银饰联系起来。"[②] 徐家干于光绪年间记录了其驻今台江县施洞口期间耳听目睹的情形，即"喜饰银器，无论男妇戴用耳环、项圈，妇女并戴手钏，富幼妇女有戴手钏五六对者，其项圈之重或竟多至百两，炫富争妍，自成风气"。[③] 白银是木材流动所带来的重要物品，其中有相当一部分以饰品的形式保留下来，还有部分用于架桥、修井、建渡口等社会事务，也有一部分用于官司诉讼中。

木材与白银是开辟"新疆"与疏浚清水江河道最显著流动起来的物产，除此之外，或许可以将该流域内物产的流动分为两部分，一是由清水江这一河流所带来的物的流动，二是区域社会内部物产的流动与交换。就前者而言，木材销往山外，银圆铜毫带回境内，钱物交易得以进行。此前之贸易当以"物物交换"为主互通

---

① 〔美〕彭慕兰：《大分流：中国、欧洲与现代世界经济的形成》，史建云译，江苏人民出版社，2010，第 214 页。

② 陈春声、刘志伟：《贡赋、市场与物质生活——试论十八世纪美洲白银输入与中国社会变迁之关系》，《清华大学学报》（哲学社会科学版）2010 年第 5 期。

③ 徐家干：《苗疆闻见录》，第 169 页。

有无，如以棉换蓝靛，用米换锄头、菜刀、镰刀、犁嘴、耙齿等农具，或以山货换盐巴、银饰品等。年有丰歉，货有优劣，其交换比价各有不同。

清雍正以后，当地群众一般为买而卖。起初，为买食盐、铁制农具等必需品，出卖自产的农副产品（米、猪肉、鸡鸭、禽蛋等）；为给妻子儿女买银饰品，除卖一般农产品外，还经常兼卖较贵重的兽皮、茶油、桐油、生漆等山货。鸦片战争爆发后，清王朝被迫打开通商口岸，不仅鸦片倾销中国，各色洋货也涌进了中国市场。光绪初年，锦、天、剑县境已平息"苗乱"，清水江下游各省木商复入县境购买木材。这些"花帮"不仅携资而进，还带各色洋货、花针、花线，洋油、洋火、机制绸缎等入境倾销，来回不空，两头获利。

物产的流动依赖于人的流动。随着人的流动，区域社会中还出现一些来自外地的手工业者，他们凭借一技之长，利用本地丰富的资源，坐铺本境加工产品。有的外来移民成为木匠，加工桌、凳、椅、柜、盆、桶等成品出售；有的成为铁匠，加工锄头、斧子、柴刀、镰刀、菜刀、锅铲、犁嘴、耙齿、钉牛等成品出售；还有的成为银匠，加工银笸、簪花、银圈、排扣、银镯等成品出售；也有人成为篾匠，加工簸箕、糠筛、焙笼、箩筐、笆篓、饭包、凉席、竹篮等成品出售。

区域社会内部物产的流动则多体现在土产的互通有无方面。例如九寨侗族妇女世代植棉纺纱、织布染布，自裁自缝，然而有的在刺绣花纹、裁剪样式上有所创新突破，受人喜爱，就拿去集市出售，于是有了精绣的童帽、背兜、花鞋等传统的民族工艺品流入市场。除了衣帽背兜等成品的出售，由妇女织的麻布也是重要的物产。高坡侗族妇女善栽麻纺麻、织染麻布。麻布纱线柔韧耐用，是侗布中的佳品，一旦上市出售即成为抢手货。小江地区的妇女很少织布，她们大量购买半成品的麻布进行再加工。草鞋也能体现手艺，尤以未婚姑娘玩山送情郎所打的草鞋最为精致。随着木材采伐搬运量的增加，"旱夫"或"水夫"几乎一天穿烂一双草鞋，于是出现了专卖草鞋的妇女小商人。此外，侗民有早晚烧神香，除夕、春节、正月、七月半、清明扫墓必须烧神香的习惯，更有为亡者做道场连续几天安排"内香烛""外香烛"的，故镇内富库等村寨历来有人制神香上市，远销锦、天、剑、黎和与湖南交界地区。

伴随着物的流动，区域社会中产生了一些非常有特色的职业，比如"撂担"和"换银娘"。有些湖南小商贩甚至肩挑货担子行商于乡村，侗家人称为"撂担"，意即见顾客就撂下担子开张叫卖，手摇小线鼓招揽生意。有的"撂担"小贩甚至置田买产，定居本境。"换银娘"顾名思义指女性商贩，一般为本地人。包括小江在内的九寨地区，侗布和银饰品等物品的交换流通往往是由这些所谓"换银娘"承揽的。有些妇女收购侗布、银饰品后，就走村串寨上门推销。她们长年奔走于锦、天、剑三县有北侗住民的村寨，推销或介绍交换产品，侗民习惯称她们为"换银娘"。

朝廷设置卫所和府县，开辟"新疆"并疏浚清水江河道，一方面促进流域内外物产的互通有无，另一方面也使区域社会进入国家视野中。明代卫所和军屯的设置，客观上形成了汉民族涌入的高潮，大量的屯户为清代自发性移民奠定了基础。清代开辟"新疆"和木材贸易的兴盛，吸引了自发性客民的到来。不论是迁徙到清水江腹地佃山栽杉的佃户，还是聚集到河边开展商贸活动的商贩，都为区域社会人群增添了新的元素。这些自发聚集到河边的移民，是本书的重要研究对象，他们的活动对区域社会结构和文化产生了重要影响。

包括小江在内的九寨，自清代纳粮附籍之后，作为一个单位开始承担赋役。九寨同王寨、茅坪等寨在承担赋役的过程中产生纠纷，而在九寨内部，各个小寨围绕赋役也产生不少问题。赋役纠纷的过程，既是各村寨不断协商的过程，也是社会契约建立或变更的过程。小江作为九寨之一，充分参与到区域社会中，不仅要承担夫役，其内部也需进行协调与分配。在这一大的区域背景之下，小江已经展现出了地域社会共同体的形貌，以一个小款组织的形态出现在区域性的空间里。

二 复合林业社会的形成

小江各聚落地处山脉与河流之间，可耕地资源相对而言较为缺乏，正如俗语所谓"八山一水一分田"。与此同时，广袤的山脉和适度的雨热条件充分孕育了长有葱郁的常绿阔叶树、落叶阔叶树与针叶树等的混交林区，并成为当地至关重要的财富资源。

复合林业形成前，这一地带的原生森林生态系统以常绿阔叶林为主。当地侗族乡民的生计方式则以山地复合农业为主，粮食作物以禾本科作物和块根粮食作物为主，如前文歌谣提到的"芒"是蕨类植物的块根。此外，该地还育有大量的薪炭林，歌谣中的"柴汉"即指砍伐乔木作为柴薪出卖。清雍正年间开辟"新疆六厅"以后，① 各种经济林木的种植产业日益发展，杉木尤为典型，薪炭林依旧占有一定规模。尤为重要的是，借助当地水运交通便利、毗邻县城和屯军的特殊条件，小江地区包括油桐树、漆树、樟树等的多样化经济林木产业发展迅速，甚至超过清水江沿岸各侗族村寨，就此奠定了复合林业经营的生计格局。清嘉道年间，桐油在国际市场上走俏。小江地区的桐油外销，赢得了超越原木外销的可观经济收入。当时的小江地区吸引了大批外来商人，包括王寨的商人也特意来到小江地区，租地并雇用当地侗族群众栽种桐树、榨取桐油。此外，当地还形成了专门化生产的村落，如小江六村中的甘寨。清道光年间，甘寨即以生产蓝靛为主，所种靛蓝数量颇多，规模也蔚为可观，单单浸泡沉淀蓝靛的靛塘就有四十多口，直至现在

---

① 《黎平府志》，光绪十七年刻本。

当地仍留有靛塘遗迹。当然，这一时期小江地区还生产樟脑粉。锦屏境内普遍生长樟树，但樟脑粉极易挥发，而小江地接王寨，独享天时地利，能够就地生产，及时销出。最后，小江地区还延续着一定规模的漆树种植。至咸同年间，小江地区已经形成用材林、薪炭林和经济林有序交错的经营格局，这种复合经营林业的方式即是复合林业。

复合林业的形成，既得益于小江地区的生态环境，也是所属地理区位毗邻清水江主航道使然，又是文化适应的结果。在复合林业经营方式确立的同时，小江成为货物集散的枢纽，商业移民开始陆续进入，并逐步形成了稳定的移民聚落，从而开创了汉族与侗族民族杂居的格局，传统的社会结构为之一变。

小江地区的商业移民和社会变迁的轨迹与卦治以上的文斗、加池等寨呈现明显差异。小江地区聚集了大量的汉族商业移民和手工业者，民族杂居也成了定势；而卦治以上的加池和文斗等寨则依然保持了民族分布的传统格局。小江地区走上了复合林业的发展道路，而加池、文斗则保持了以杉木为基础的用材林生产的传统。

清水江流域的木材贸易中，来自下游的木商以"三帮五勷"为主，他们作为买方携带资本聚集于当江的王寨、茅坪、卦治等处，并以小江的江西街为辅助的商业中转地，与小江上游的"山客"进行复合林业产品的收购和汇集并以包装转运为主业。其中，临江帮是三帮中移民定居最早、势力最强的帮会。所谓"临江帮"是对江西籍商人的称呼，这些临江帮商人在小江地区又特意被称为"江西帮"。在小江地区地方语言表述中，江西帮是讲客家话的"来人"。具体来看，"江西帮"是对小江地区江西籍移民的称呼，指代自清雍正乾隆年间迁来小江的这批移民，包括江、张、曾、王、戴、肖、熊七个姓氏。他们同样经营林木，但以经营复合林业产品为主。这些移民或榨油，或提炼樟脑粉，或以掮客的面貌出现。他们自称祖籍江西，来到小江地区后以商业和小手艺谋生，因此被当地人群称为"江西帮"。"江西帮"名称的获得是这些移民群体与小江侗族乡民接触后所产生的专有称谓，体现出从他称变为自称的过程。

乾嘉时期迁徙到小江地区的这七大姓氏之江西籍"客家"移民，各自有其独特的经营项目。江家最开始做屠户，以杀猪为业，到小江地区之后以加工银饰为生，为当地侗族乡民打造银首饰。张家最先在王寨经营木材生意，并入股王寨的江西会馆，后又搬到小江地区，在继续进行木材买卖活动的同时，开始经营桐油生意，并加入小江地区的万寿宫（江西会馆）。曾家也在较长一段时间内从事木材生意。熊家和王家购置打油的机器，成为当地有名的榨油作坊主。戴家则以捎客的身份活跃在小江地区，因而小有名气。道光年间，戴国森凭借家声，在一段时间内执掌了小江的社会事务，成为小江地区的"代言人"。肖家则开设了砖窑场，烧制砖瓦。

江西籍商业移民不仅实现了稳定定居，还陆续成了当地的"富豪"，其原因当然与清廷的一系列政策铺垫了可以自由移民的社会基础不无关联，另一方面则源于这些江西街移民此前本身就掌握有各种专门技能，而这些技能又恰好切中了复合林业兴起的紧迫需求。但隐而不显的社会原因则在于，这些江西籍移民在追求利润的同时，乐于与当地的侗族居民"打同年""结干亲"，自觉接受侗族文化，从而得以充当复合林业产品买卖双方的中介，在其间发挥的作用更趋关键。他们的后裔在其后的民族识别中愿意选择侗族身份，就是一个有力的佐证。

江西帮商业移民的定居，为江西街移民村落的建立奠定了主体人群。小江地区的移民商帮除了江西帮外，还有继江西帮之后迁入的湖南帮。"湖南帮"这一名称的获得同样体现出移民迁入的过程，这是对清咸同年间迁来的湖南籍移民的统称。相比于江西帮七大姓氏的集中迁入，湖南帮有着明显不同。湖南籍的商业移民大多为陆续分散迁来，无论是在人群规模还是对区域社会的影响力方面都要逊色于江西帮，这一点也透过移民村落的名字反映出来，但他们仍然不失为江西街的一大群体。湖南籍移民的迁徙不单出于生意需要，更多的是为躲避战乱。江西帮与湖南帮构成小江社会的两大移民商帮，同时也是江西街村落的主体人群。

江西街还聚集了另一种移民，即来自贵州境内周边各县的移民，他们在江西街落籍，但人数较少，而且主要是充当"脚夫"和"排夫"，为航道上贩运货物提供了劳力。

这些移民为了在当地定居，采取了各种手段。江西帮在经营生意、提供服务的同时，也不忘参加小江社会的地方性事务。在小江新寨发现的乾隆五十五年的修井碑以及嘉庆十九年的建渡口碑记载的捐银者姓名中，移民群体的数量几乎占到三分之一，这在当地以龙姓为主的侗村村寨中所占比例是相当高的。同时，移民群体与小江龙姓频繁结亲，很快成为小江龙姓社会最重要且方便的通婚对象。婚姻的联系、对地方公益事务的积极参与，为移民定居资格的获得提供了多重方便。正因为这些商业移民能够主动融入当地社区，当地的土著乡民也还以优厚报偿，将家族公有的土地赠予他们开辟市场，这就是现在还在沿用称呼的"江西街"。

作为移民村落，江西街与清水江流域的其他移民村落呈现明显的差异。例如，清水江大同乡的美蒙村其移民的特征主要体现在仪式与信仰方面，而小江江西街的商业性和开放性更为显著。江西街移民在迁入的很长一段时间内，都兼具商人或小手艺者身份，依托移民群体的社会组织，即江西会馆和湖南会馆，逐步发展壮大，并最终融入当地的社区中。

如前所述，清代清水江流域的复合林业贸易吸引了不同职业和身份的移民到来，停留在河边的移民群体则出售苗侗地区所需要的外来商品，满足了当地人群以及下游购木客商的生活所需。这些来自外地的移民群体以中间商的角色参与到了清水江流域的复合林业贸易中，而且使当地社会的运行、人群的互动关系与分布格局都发生了显著变化。

首先，这种变化表现在传统侗族社区的演变。以小江瓮寨为主的侗族村落，由内向型自产自销为主的社区演变为中转商贸为主的外向型经济社区，成为商品经济的原料提供地和货物中转地，出现了专门化生产的街区，前述以靛蓝为主业的甘寨是典型的例子。除此之外，瓮寨在道光年间由山腰搬迁到河边，除风水等原因之外，还有一个非常关键的因素，即受到小江集市的吸引。瓮寨的搬迁，为村民从事各种土特产品的销售中介提供了极大便利，其中最主要的物品便是稻米和酒。

正如前文歌谣中提到的"林木满山好换粮"，米市的形成亦是小江社区转型的标志。外向型的社区标志，一是米市的出现，以边疆外产稻米输入小江社区，使之摆脱了自产自食的传统生活模式；二是吸引周边侗族村寨的复合林业产品汇集到此地，转卖到中原地区的农副产品汇集到此出卖给江西街的汉族商人。这些汉族商人则承担了分装、集运、外销等众多的环节，成为小江地区不可或缺的人群。

稻米的输入之所以重要，在于小江地区山多田少，稻米产量很低，因而在社会变迁前只能靠其他粮食作物维生。在社会变迁的影响下，当地侗族乡民纷纷放弃了传统食品，转而以稻米为主粮，江西街的米市也由此应运而生，并兴旺发达。由此，汉寨成为小江地区重要的粮食供应地。汉寨隶属于天柱县石洞镇，与小江毗邻，但地势平坦，开辟有大量的稻田，出产的稻米数量非常客观，因此成为小江集市重要的粮食来源地。以稻米为主的粮食作物在小江有着广阔的市场需求，不仅要满足江西街商业移民的日常生活所需，而且服务于王寨等外地的客商。

小江地区除了直接买卖稻米外，在江西街将其加工成酒进而出售也是由此兴起的一大行业。江西街的商业移民从汉寨购买稻米酿酒，转而出售到王寨等地。酒亦成为小江集市不可或缺的商品。从小江地区发现的契约文书中可以看出，即使是在粮食匮乏的年代，在政府禁酒的情况下，江西街商人烤酒盈利依然无法杜绝。荒年仍然饮酒，说明此地经济富裕，而且是外向型的，这里的侗族已经脱离了自给自足的内向型家庭经济模式。

汉寨成为小江地区的粮食供应地，而小江周边其他侗寨也卷入复合林业驱动下的市场体系中，成为小江集市的重要产品输出地。正是由于这种资源和产品以及市场在外并存的状态，小江成为中间商，从而标志着侗族社区外向型经济的形成。

其次，这种变化促使商业移民主动融入当地社区，在形成移民聚落的同时也奠定为外向型的经济格局与开放型的社区。例证之一就是前面曾经提到的戴家，以戴国森为首成为当地有名的捎客，被当地人戏称为"靠口才吃饭"。江西帮的其他姓氏也各有其独特的经营业务。当然，后面迁入的湖南籍移民同样经营富有特色的各种生意。

小江地区会馆的建立，亦是"客家"群体参与外向型经济的例证。江西会馆万寿宫由江西街移民群体建于道光年间，其后湖南会馆财神馆建立。作为小江社会的两大移民组织，它们不仅为移民群体提供了联系纽带与活动场所，有效地保障其生存与生活，从而加速了商业移民在此定居，更具有标识功能，成为江西籍移民的符号与身份标识，进而承担起小江地区与清水江下游延伸至洞庭湖地区甚至是与国外市场的联系，成为连接小江与外界的重要桥梁，促使该地的商业移民从更广阔的"客家"经商世界中寻求认同意识，促进社会结构的演变。会馆将上游侗族与下游江西籍、湖南籍商业移民通过货物运输联系起来，在维持其"客家人"形象的同时，也传达出对侗族文化的认同，这正好显示了江西街商业移民社会身份的双重性。

　　这种外向型经济也促使江西街成为王寨的"卫星城"。王寨有一处地方，同样被称为"江西街"，也是以江西"客家"移民为主建立起来的一条街道，店铺商号80%是江西籍移民所有。以江西街为中心的小江集市，将锦屏王寨与天柱汉寨两个集市联系起来，也将周边的侗族村寨卷入市场体系中，成为林副产品中转输出地。

　　随着集市的搬迁、规模的扩大，小江江西街的外向型经济特征愈发凸显。小江集市的搬迁发生在清道光年间，搬迁的主要原因在于复合林业产生的巨大生产与盈利空间。五口通商客观上拉动了内陆地区的产业转型。此外，道光年间，锦屏县属的"内三江"与天柱县属的"外三江"轮班当江，主管不同年份的货物拍卖中转，由此"外三江"的水客也可以上河采买木材，木材贸易规模随之扩大。木材采运制度的变化，加上前述立于卦治的《奕世永遵》碑刻所显示的分界线，水客直接来到小江采买，促使江西街的商业移民群体规模不断扩大。小江地区作为木材贸易的集散地，也成为各种复合林业产品如生漆、桐油等的集装地，各种分散产品在此集装，通过清水江河道运往汉口等地。小江由此成为深陷在民族地区颇具规模与开放性的重要集镇。

　　这种外向型经济与开放性社区并存的状态之所以能够形成，其前提是江西街的商业移民能够自觉主动地学习侗语，接受侗文化的熏陶，尤其是熟悉侗族款规、款约。在此基础上与侗族通婚，从而能够被当地土著居民所接纳，并被赠予土地，进而得以建立集市并最终形成村落。最显著的例子莫过于前述的戴国森，他以捎客的身份活跃在小江地区，说明其对侗文化的熟悉程度之深。也正是小江地区已经形成了外向型经济，江西街的商业移民在自觉接受侗文化的过程中，扮演外向型经济的从业人员，提供各种服务，并促使复合林业驱动下的小江集市派生出一个新的特点，即"客家"与侗族形成和谐的互补关系。

　　最后，在传统侗族社区外向型经济和"客家"开放型社区形成的过程中，建构产生了相互依赖的互补型民族和谐格局。这一互补型民族格局，是外向型经济形成后所派生的特点，也是"坐家"与"来人"长时间的生活共同建构出的一个变动过程。

在小江社会中，曾长期存在"来人"与"坐家"的称呼。前者指代以江西帮和湖南帮为主体的移民，后者指代以小江龙氏家族为主体的侗族"土著"居民。"来人"与"坐家"作为当地的民间概念，体现了生活在当地的人们对先来后到人群权力的划分。所谓"来人"，又称"客家"。罗香林笔下的客家是由南迁汉人在一个独特的地理环境下形成的富有新兴气象、特殊精神，极其活跃的民系。梁肇庭提出客家是在与别的群体冲突与交往中形成自我认同的群体。① 周建新则用"在路上"勾勒客家族群迁徙、流离、抗争、发展的整个过程。② "坐家"是对早已居住在此地的龙姓侗家的称呼。"来人"与"坐家"这两个概念，作为地域性的民族称谓，是当地的习惯用语，其实质是分辨当地居民的来历和传统文化归宿。"来人"后来选择侗族这一身份，缘于其沟通桥梁的作用已经丧失，村寨的外向型经济功能也已经成为历史。在清代，因经营复合林业，小江社区获得飞速发展，在这样的背景下，这种地方性称谓还兼备明辨其社会地位和行业分野的作用，这样的分野在当时具有鲜明的标识性，为外来客商和小江侗族乡民参与外向型贸易提供了便利和相互依存关系的认同感。

不难看出，这样的称谓分辨，是依托于复合林业，那么当这一经济基础衰落的时候，分辨也就失去了意义。新中国成立后，在民族识别的过程中，小江地区的"来人"主动选择了对侗族文化的认同，成为侗族，使得"来人"和"坐家"的人群分野随之消失。而这一消失，不仅标志着此前的经济形态的衰落，也意味着此前民

---

① 黄志繁：《什么是客家——以罗香林〈客家研究导论〉为中心》，《清华大学学报》（哲学社会科学版）2007 年第 7 期。

② 周建新：《在路上：客家人的族群意象和文化建构》，《思想战线》2007 年第 3 期。

族之间的相互渗透与相互融合导致了文化"辐合"趋同。

复合林业社会的形成，也引发了其他的变化，比如书写买卖文书而获得润笔费。翻阅清水江文书，书写于清雍正和乾隆年间的清水江文书中仍能见到润笔费，或者叫"凭中银""笔银"。这与明清文人笔下的"文士润笔"是否类似呢？商传将此现象称作"文化商品化"。嘉定沈练塘龄闲论文士无不重财者；常熟桑思玄曾向人求文，论以亲昵，无润笔："思玄谓曰：'平生未尝白作文字，最败兴。你可暂将银一锭四五两，置吾前，发兴后，待作完仍还汝可也。'……马怀德言，曾为人求文字于祝枝山。问曰：'是见精神否？'（俗以取人钱为精神）曰：'然。'又曰：'吾不与他计较，清物也好。'问何清物，则曰：'青羊绒罢。'"①

下面这则契约反映了清水江地区也有通过书写文书获得收入的情况：

> 仅以立卖山场杉木约人姜开刚，为家下缺少用度无所得出，自愿将祖遗山场杉木一所，坐落地名光桑，四股均分，本名占乙股。请中出卖与姜相云、姜茂云弟兄名下承卖为业。当日凭中当面议定价银二两正，亲手收回应用。其山场（林地）杉木自卖之后，任凭买主二人永远管业，不许族外人争论。今恐无凭，立此卖约，永远遵照。
>
> 　　　　　　　　凭中　姜利两　受银五分
> 　　　　　　　　代笔　姜邦奇　受银五分②

该纸契约书于雍正九年（1731）十月十八日，在目前所见的清水江文书中时间较早且不多见。立于乾隆年间的契约尚能明确见

---

① 李诩：《戒庵老人漫笔》卷一，《文士润笔》，中华书局，1982。

② 贵州省档案馆藏珍品集萃。

到凭中和代笔享有中银的记录，清中期以后的契约则不多见。

总之，近两个世纪以来，小江地区的社会演变，是复合林业兴起的产物。社会变迁又隐含着三个方面的内容：一是商业移民的到来和定居，二是内向型经济向外向型经济的转型，三是跨民族互补关系的达成和"辐合"趋同。而整个社会变迁也随着复合林业经济的衰退，逐步走上另一条发展道路。原先的文化分野都融入了侗族社区，"江西街"和"来人"仅留下历史记忆。马克思主义研究者高度重视经济活动对社会结构演变的推动作用，这在小江地区的社会变迁中表现得尤为突出。而这一变迁必然会同时引发文化的变迁和跨民族互补关系的达成，这是本书需要重点强调的内容。因此，将社会变迁作为一个整体性的转型去理解，更符合小江地区的实际。而这样的历史回顾，应该可以为当代的生态文明建设提供借鉴与启迪。

第二章　人口与传说

——清代小江村落的渐次形成及村落关系演变

　　小江地区最早何时有人居住，这个问题已很难讲清楚。当地人认为瓮寨宋朝时已经有龙氏先祖从别处迁入，明末清初时由于人口繁衍又分出新寨和甘寨两个村落；坪地村民在族谱中记载北宋时龙氏的一支已经在该村居住；即使是皇封村，在明末也已经有王姓家户从魁胆搬迁过来。"中国移民问题的出现，基本上是从周代开始，特别是春秋战国以后。这是随着中原地区的人民定居下来，国家建立户籍制度以后才产生的问题。……'移民'概念的出现，实际上是人们定居下来的结果。"[①] 我们所谈到的移民，更多的是一种历史记忆，而非历史事实。有关移民的故事，作为记忆流传下来，甚至是被创造出来，但这些故事对流传、创造、记忆的人具有特殊的意义，他们通过祖先而确立自身的来历并拥有在此居住的资格。

　　在小江地区，人们用"来人"或"客家"指代后来的移民，以同已经定居下来的"坐家"相区别。从这个视角看，小江地区的人口构成分为"来人"和"坐家"两大群体。

第一节　小江的坐家：瓮寨与坪地并存

　　安家乐业才九载，

---

　　① 刘志伟：《移民——户籍制度下的神话》，《田野与文献：华南研究资料中心通讯》第 25 期，2001 年。

> 又有客家搬上来；
>
> 李、郭、田、蒋四个姓，
>
> 落住岭俄、平级、高掌、弄别四个寨；
>
> 侗客两家无相斗，
>
> 共山共水无疑猜。
>
> ——《祖公落寨歌》①

这是一首关于祖先迁徙后找到合适的地方，然后开寨的赞歌。从这几句话中，我们看到了侗族与汉族是如何落寨相处的。在他们的祖先居住九年后，这个地方来了一批"客家"，这批人有四个姓氏，分别住在四个自然寨，共享山与水及所带来的资源。现实的情形是否真是这样？小江地区的坐家与移民或许可以给我们一些解答。

"古树保村庄，寨老管地方。"这是流传在侗族同胞中的一句谚语，精确涵盖了侗族的居住环境和社会制度。黔东南的侗家在选择居住之地时，往往先通过地理先生确定龙脉所在，龙脉之处不能挖、不能动土、不能砍伐树木。建寨后，侗家也会蓄积树木，龙脉及后龙山等处蓄积的树木成为村寨的保护林或者风水林，不允许任何人砍伐。在小江地区，瓮寨、新寨、甘寨、坪地等村落都有自身的龙脉及风水林，而江西街地处河边，并没有龙脉和风水林。这就涉及小江不同种类村落的建立过程。总体上说，小江的村落可以分为移民村落与坐家村落。前者指江西街，后者侧重指以龙姓为主的村落。

小江这一名称最先指代的是瓮寨，是周边九寨对其的称呼，后来其他村落包括新寨和甘寨以及江西街等村落渐次成型，"小江"成为人们对这片区域的统称，是对小江六村的一个整体概括。小江

---

① 黔东南苗族侗族自治州文艺研究室、贵州民间文艺研究会编《侗族祖先哪里来》，贵州人民出版社，1981，第162页。

六个村落建立的时间并不一样，有前后次序之分，这直接影响了村落建址的选择。每个村落的主体姓氏人群也明显不同，不同的形式和追溯的不同祖籍地，导致人群亲疏关系的不同以及村落关系的不同。小江地区的特殊之处在于，六个村落的形成过程，既包含了母寨和子寨的建立关系，也包含了移民建立村落的过程，还有同为龙姓但亲疏明显有差异的村落。总之，虽然"小江"是六个村落的统称，在高坡九寨等村民看来是一个整体，但其内部却存在诸多差异之处，村落关系亦处于变动状态。只有江西街这一村落建立在河边，没有风水林——当然客观因素一方面是由于土地条件限制，另一方面也是方便市场的开设和发展，实际上体现了移民与坐家的不同。

移民与坐家在选址居住的风水观念上还是有所不同。村寨的选址，开始都是在高坡，方便砍柴、种地等。高坡的麻栗、青冈等本身硬度很高，都是好柴，烧成的炭全部是硬炭，卖价最高。无疑，开始时住在山上即高坡之地，在生产生活方面都有许多的优点。九寨除小江外，其他的寨子全部位于高坡，相比之下，瓮寨开始在寨岑居住，反而也不是那么高了。"苗人聚种而居，窟宅之地皆呼为寨，或二三百家为一寨，或百数十家为一寨，依山傍涧，火种刀耕，其生性之蛮野洵非政教所可及。"[1] 风景山、风景树，往往是这些寨子的重要标志。寨子规定林木不准砍伐，遇到自然灾害树枝掉落，也不能拣去烧。寨中人认为，砍树之后见到岩石会对寨子不利。

　　盖闻黎山蓄禁古木，以配风水。情因我等其居兹境，是在冲口左边，龙脉稍差，人民家业难以盛息。前人相心相议，买此禁山蓄禁古木，自古及今，由来旧矣。至道光年间，立定章程，收存契约捐钱人名，昭彰可考。蓄禁古木成林，被人唆

---

①　徐家干：《苗疆闻见录》，第 162 页。

害，概将此木砍净。咸丰、同治年间以来，人民欠安，诸般不顺。至光绪七八年间，合村又于同心商议，又将此木栽植成林。不料有不法行之徒，反起歹心，早捕人未寝之时，暮捕人收工之后，私将此栽之殃木扯脱，成林高大之葾砍伐枝桠，剥皮暗用，弄叶杀树。合村众人见之目睹心伤，殊属痛憾。自今勒石刊碑之后，断不扯坏。若再有等私起嫉妒歹心之人故意犯者，合团一起鸣锣公罚赔禁栽植章程，另外罚钱拾三千文，违者禀官究治，预为警戒。以是为序。

大清光绪二十三年二月谷旦公立①

风景树对寨民意义重大，为他们提供了心灵的安定之所，因此在日常生活中很少有破坏风景林的行为；一旦发生，人们也会采取相应的处理方法。彦洞于光绪三十年（1904）出示晓谕，"为此示仰军民人等一体知悉：自示之后，如有该地方栽蓄杉、桐、腊等树，无得任意妄行盗砍及放火焚烧、牧放牛马等情事。倘敢不遵……准该乡团指名具禀，定即提案重惩……"② 此处是严禁，而1917年的晓谕还要求重新栽种树木："若二十年而开为园圃者，罢园栽树以培风水。拟定至新正月，每户栽风水木二十株，勒石禁砍。"③ 将其上升到律法的高度。

九寨侗乡之地，流传有很多迁徙开寨的故事。最先开寨的人群，可以享有更多的资源。

至宋元明以来，辟黎为郡，初时咸赖高坝大寨石、吴、彭姓之鼻祖，先人辟基仁里，创业为邻。吾祖张、姚二姓随耕而

---

① 碑存大同乡章山村，姚炽昌选辑点校《锦屏碑文选辑》，第61页。
② 碑存彦洞乡彦洞村，姚炽昌选辑点校《锦屏碑文选辑》，第62页。
③ 碑存启蒙镇归固村高增寨，姚炽昌选辑点校《锦屏碑文选辑》，第63页。

食，随凿而饮，其寨也，周围可宽遗有边界，平归仁之田地山场，辟创者艰辛，耕者不便，于是派吾祖迁居平归仁，各得其所，而成村，浴雨节风、耕田种地，故云先人创业维艰，子孙守成不易。

关于小江的村落，究竟瓮寨和坪地哪个最先在小江建寨尚不明晰。坪地20世纪80年代修的族谱中，记载了来到小江的开基祖景选公，其"生殁未详，溯公由大龙迁居小江平地寨仍步村置买寨背鱼塘，子孙永远耕管，此系迁小江始祖之遗业"。关于时间，族谱记载添奇次子日兴生于洪武十七年（1384）三月十八日，日明乃添奇长子，推测其出生时间在洪武年间是合理的。景选公是日明次子，倘若族谱记录误差不大，那么以景选公作为开基始祖的小江坪地在明洪武年间或许已经开始有人居住了。家谱中着墨一笔的鱼塘，说明在坪地迁来时，小江早已有人居住，所以他们需要购买。坪地和甘寨为争鱼塘打架、打官司，瓮寨的相关记录也有很多。"吾祖历居竹子坪，志曰上排田堂田包，中排老力老君，下排鸿苗满虎。两公赴平越，四公耕故土，饮逢鼎盛八十二世，依伦名筹树芳碑千古敬奉。……公元一九九一年十月十七日冬至。"① 这块碑的记录比较笼统，碑旁边是建于乾隆四十二年（1777）的坟，这块碑同坟墓属于同一个祖先。

光绪十五年（1889）刊修的龙氏族谱的记录相对详细很多：

慎追龙氏昭穆谱序：……念我等一世祖存锦公升降无一，迁徙有数，自元朝由龙家塝迁居湳洞以仁安寨选到黔省贵州王封江取碧弄为家八公祖为墓。后生三子，一添庆二添福三添长，系我等二世祖。庆福二公迁徙失考，惟添长公生三世祖日

---

① 笔者于瓮寨寨岑坡发现，该坟地上的碑上书乾隆四十二年。

照、四世祖川积、五世祖高训、六世祖腾仕、七世祖步说，世代流传敦厚传家。以上七祖俱葬八公祖，流传可计。步说生二子，一单满字殿魁，二单瀛字殿选，系八世祖，辟土开疆，以瓮寨为家，寨岑为墓，抚念二宅得居其所，而众星拱之。迨后人兴物阜货生财，植可谓有人此有土此有财，全赖我祖之知仁也。殿魁生二子，一升纶字宁生，二升缙字宁纵；殿选生二子，一升级字宁夫，二升缮字高隆，系九世祖，为人温良学圣贤述君子行止不苟，惟虑人物众多，恐纲常有乱，训宗族以行孝弟，化乡党以端人伦，约亲友以禁婚姻。宁生、宁纵、宁夫各公后裔敦厚博家。高隆公生十世祖一春桐字功良，二春梧字功三，良公因以受害命葬九泉，功三公念及手足恩谊难舍靖弟亦亡。功良公生十一世祖秀维，肥豚而逃，不思报效。惟功三公生秀芳，系新寨始祖，心存君子，志效松柏，学圣贤观法律，知有共天之仇，靖忠靖孝竭力以报，凡我后人不宜尽告。秀芳公生十二世祖，一兴明，二兴国，三兴乔，四兴晚。秀维公生兴启，瓜瓞绵乚人物济乚，字派沿流有谱，可计十二世祖。兴国生十三世祖一志柱，二志道，三志德，四志仁，五志义。志道公字银巨，身虽务农志属君子，因居地不宽求人安宅，率其子提其弟辟土开疆，择获湘坪村为宅，又得巘崛达山为墓，阴阳二宅皆居其所，到后来家声丕振，世泽流长，历代先公功德永垂，子子孙孙未尝歌颂，惟赖先王先祖修祖庙陈宗器设裳衣荐时食左昭右穆安飨霜露，非先人光之于前哉，我等晚辈不敢荒舞，约人心助钱文修宗祧又是我等裕之于后矣。是为序。①

从族谱的记录可看出，瓮寨人群最初在山顶一处名为"高大老"的地方居住，后来又迁徙到竹子坪。关于这次迁徙，当地人

① 该族谱见于瓮寨 LYL 家。

给的解释为：因为饲养的牛有一次跑到竹子坪去吃草，主人来寻却无法将其牵走，风水先生前来发现此地风水甚好，于是人们决定从山顶迁至此居住。但风水先生又认为竹子坪这个名字并不好，随后改名为瓮寨，这便是瓮寨名字的由来。当然，瓮寨的名字除了族谱中记载的解释外，人们还有其他说法，比如有村民从地形来解释，说瓮寨面对着小江河流，正在河流拐弯处，如一个瓮一般，此为瓮寨。虽然笔者并不能确定哪一种说法更为准确，但可以肯定的是，瓮寨作为小江最早迁徙而来的寨子，最先开垦耕作，因此占据了小江多处的山林田土，它与后来逐渐到来的周边寨子也最早展开联系。甚至在瓮寨搬迁至竹子坪之前，瓮寨的人就已经在这里留下了自己的印记，比如，至今人们仍提起的是一个被称作"八十四腾"的石板阶梯，它由瓮寨的龙姓修建而成，从山脚一直通往王寨。"八十四腾"的存在逐渐成为瓮寨龙姓的象征与标志性的符号。"八十四腾"广为人知，甚至有龙姓的人放排到清水江下游的洪江、常德等地，提到"八十四腾"也会有人知道。因此，龙姓最先在地方事务中占据了重要的地位。

继述桥

　　尝闻天阙炼石以补，女娲氏之奇功，地韬楼石为梁，鲁班师之巧造，天上人间，方便第一之术也。吾侪先人体方便以居心，相直道以开路，遇险处繁身砌补，经溪处架桥渡沟，较之古路越山险而且远，今则沿河平而且近。我先人以为竭数人之财力成万世之坦途矣。奈山溪之水易涨，木桥易浮，冬架春流，数年间路上行人致有深厉浅揭之艰。吾侪辈目击心伤，亦有父作子述之想。曇约即同踊跃重修，楼石为梁。今功告竣，勒石垂名，非以干誉于后来之人，实以成先人之惠，于久远尔，是以为叙

铜阳庠生崔一峰书

　　龙铜碧捐银七两三钱　龙飞泰捐银七两三钱　龙美荣捐银六两三钱

　　龙昌运捐银六两三钱　龙明极捐银六两三钱

　　龙起玉、起凤、起文三家银六两三钱　龙美才捐银六两三钱

　　龙六生捐银四两三钱　龙旺久捐银六两三钱　龙在朝捐银六两三钱

湖南宝庆府石匠罗建安、罗建伦、罗起凤

乾隆四十八年岁在甲辰二月十五日谷旦仝立①

　　此碑是目前小江留存的较为完整的碑刻中年代较早的一块。比较此碑刻同乾嘉苗民起义之后的一些碑刻，该碑的完整性、层次性及内容的丰富性都要略高一些。书写之人来自广西，石匠来自湖南，所记之物为石桥，具有开创性和规范性。相比之后的捐银数目，明显此次捐银人少，但捐银数目可观。可惜的是在小江发现的几部龙氏族谱中，找不到这几个人的踪迹，只有在新寨的一块同样立于乾隆年间的修井残碑中发现了同样名字的几人。由此可见，龙姓在早期广泛参与公共事务，也奠定了坐家的重要地位。

　　瓮寨村落的人口构成和地域范围参考当地的记录。瓮寨村位于三江镇西北部13公里处小江河畔右岸，依山面水，北与江西街、坪地两村相望，东邻新寨村，西南与平秋镇魁胆、平翁两村相接，西抵天柱县石洞镇摆洞村，辖瓮寨、苗江坡、沙马三个自然寨。旺公有一房人家，两兄弟原先在卦治居住，后来怕强盗，土改时搬到凸寨，理由是方便种田，凸寨离田土较近。瓮寨村民对苗江坡的看法普遍为：穷，几家不通气，内部矛盾大。翁寨原寨址在半山坡，

---

① 碑存瓮寨村，碑文系笔者在2009年田野期间抄录所得。

后下迁至一临河的山垴上，因原先此地多竹，又名竹子坪。全村除个别外来媳妇外，全为侗族。村民姓氏构成为龙、欧、吴、刘、陆、李、文、罗八姓，吴姓最早在此开寨，龙姓是主体姓氏。各姓氏遵循同姓不通婚，但有陪娘亲、随娘亲的婚俗。

早期的瓮寨，曾有杨姓居住。2009 年田野期间，笔者在与瓮寨几个老人家一起聊天的过程中，听到他们讲述了一则流传在村民之间的开寨故事：某一年的六月初六日，杨家人在屋前空地上晒银子，被别人看到，之后杨家的房子遭遇火灾，致使家庭败落，瓮寨搬走。故事只有梗概，但涵盖了很多关键信息，或者说传递出了村民最为关注的内容。对这一故事村民自有一种解释，那就是他们深信一个道理：开寨不旺寨。借用村民的话就是一个地方发展到一定程度，便会呈现下坡趋势。笔者从这则故事中看到了更多内涵或者说发现了更多疑问。六月六的节日期间，杨姓人家为何晒银子，银子从哪来？杨姓与开寨的吴姓是否同一时期迁入？然而很多细节随着潺潺而流的小江河水湮没了。

幸好无意间笔者发现还有一则契约残片，讲述了瓮寨的渡船山股权划分，山场面积从股份中可以窥见一二。股份一共包含 32 股半，其中杨家山场占很大部分，这部分后被分到天柱。

这些契约虽然残缺却是如此珍贵，因为大家深知保留不易，最怕遇到火灾。瓮寨村民常常讲起"三年两把火"的事件，这一事件大概发生在 20 世纪 40 年代。首先着火的那户人家因为点枞树用来照明，不小心引起火灾。第一把火烧起来后大家还不觉痛心，毕竟房子过于陈旧，年代有些久远，但当第二把火烧起后，刚盖好的房子又付之一炬，人们就非常心痛和愤怒。火秧头①连夜逃到新寨山上住了两年。因为同属一个房族，既然逃走了就不太好追究。

---

① "火秧头"是当地侗族群众对引起火灾的家庭的称谓，火最先是由哪家燃起，哪家就是"火秧头"。

1948 年和 1951 年先后发生的这两次寨火，受灾户数分别为 60 户和 70 户，尤其 1951 年五月初四发生的寨火，几乎全寨烧光，仅保住 1 栋房屋，损失惨重（见图 2 - 1）。这导致了大量契约流失，很多故事也遗失了细节。

图 2 - 1　密集的瓮寨房屋

　　笔者有时纠结于细节，是因为想要建立起相对顺畅的时间脉络。不知道是祠堂先建，还是先从寨岑搬下来？倘若住在寨岑，借用村民的表述，应该是不会怕像刀剑一样的山刺过来吧？从高坡搬下来，搬到竹子坪，搬到河的边缘，有了三大船的银子，开了自己的瓦窑场，才修建了祠堂吗？瓮寨另外一支龙姓的后人曾回忆祖先修建窖子屋，开办瓦窑场，自己烧砖的光辉历史，也许一直以来小江地区都是这样吧？江西馆在重修时，同样是开办瓦窑场进行烧砖；坪地村也有自己的瓦窑场，后来租给外面来的一户范姓人家，这就是后文出现的“老范”了。

　　瓮寨作为小江地区毋庸置疑的坐家村落，与周边的高坡村寨甚至与湖南等地的龙姓村落，都产生了密切的关系。瓮寨去九寨的路上，在平翁处修有凉亭，供人们歇息，而且留存下来一块清末立的石碑。瓮寨的麻公房族在老人的记忆中，曾经有两次到湖南东山挂清，吃冬至。瓮寨与勒洞，这两个村落是相邻的，山场也是相邻的，由此形成了密切的关系，两个村落有结亲、有租佃，亦有纠纷。两个村落关于几块山场的纠纷，自清中期开始，一直延续到现在，从中也可看到不同时间他们所采取的不同的解决方式，有官司也有民间调节，可谓纷繁复杂。

坪地与瓮寨都可以算作在小江建立较早的寨子，但是由于迁徙的路线不同，追溯的祖先也不一样，瓮寨与坪地两个寨子之间的关系相对比较疏远。

坪地，因地处平坝而得名。坪地同江西街人口数量相差不大，算是小江地区规模最小的村落，村民姓氏有龙、吴、唐、刘、姜等六姓，其中姜家是在民国年间从大河文斗逃荒而来，到坪地上门招赘从而发展出来的。吴家是土改以前从平秋搬来的。坪地因居住地地势较低，紧邻小江河，民国后期曾先后遭受洪灾和火灾，损失惨重。此后，为避洪灾和火灾，部分农户分散到盘干、仁部等坡地建房居住，村寨由密集型变为分散型，至今形成了一个大集中、小分散的村寨格局。

坪地共有3个自然寨，分别是坪地、仁步、塘干。寨子于明代迁来，旺公有24家，共1个房族；麻公14家。从前每年各房族都会聚在一起吃冬至、晒谱本、宣读家规。新中国成立前房族共山共田，但土改后山归集体，田则分给村民。坪地麻公和旺公共同修建有南岳庙，有三杆房，里面有灶房、大铃铛、大鼓、四个大菩萨，最大的是南岳菩萨，还有观世音菩萨、如来、释迦佛。人们回忆说从前去烧香还得敲鼓、敲铃铛。寨民一般是七月半、大年三十夜晚、正月半烧香。坪地旺公家族有一个老人长年负责烧香，每天早晚各一回。庙山有约四五十亩，后来归集体了。据说庙是在约20

世纪 30 年代修的，1958 年"大跃进"时撤掉了。岑塘现在无人居住，属于坪地。

坪地的龙姓分两个房族，其中一支据他们自己讲述是从天柱地良迁来，现在与地良仍有红白喜事的往来；另一支是麻公后裔，曾出资参与清水江沿岸村寨卦治修祠堂活动，有契约为凭。

> 立卖荒田字人坪地寨龙耀求、玉发、秀恒、爱田、永发、金来三房等众因修挂治祠堂缺少费用，三房等商议将祖遗枫木坪荒田乙坵收花三十稏，上抵刘家洪屋基下抵刘汉才屋基外抵大路倚坎抵袁姓菌坪为界，四至分明要钱出卖，先问本族无钱承买，请中上门问到江西街刘家来父子名下承买为业，当日凭中三面议定价钱捌仟八百文整，其钱入手领足应用，其有荒田任凭买主修整砌为屋基永远管业，不得异言。若有来历不清，自有卖主等理落，不干买主之事。恐口无凭，立卖字为据。
>
> 凭中刘家洪　代笔龙炳焕
> 光绪贰拾三年十一月二十二日立①

通过下述个案，或许可以看到坪地与其他村落的关系，以及坪地部分村民的来源，由这些来源，又可以更加深刻地理解坪地与瓮寨同为坐家，彼此的微妙关系。笔者在田野访谈期间发现，村里的老人们对这一段历史尤为清楚，侃侃而谈，并时不时夹杂逗趣的语言。龙 ZJ，1937 年生，在他 9 岁时，其父逃壮丁从"更我树"来到坪地，后来在仁步背后的高坡搭棚子，租天柱的田种，住了一年之久。他家地基原先是皇封王姓的田，被吴家买来，后来吴家又卖给龙家二娃崽，即他的父亲。据龙 ZJ 讲述：坪地包括坪地、盘干、仁步，先有坪地，再有仁步，最后才有盘干；盘干是下放食堂

---

① 笔者 2009 年田野调查中，在坪地村发现的文书。

后才建起来的。在坪地，先有麻公，共 14 户，然后有旺公房族 1
个，共 25 户；光绪以前，小江是九寨之一。该村吴奶奶讲述：吴
家在其祖父时逃荒到平翁，后又到新寨，然后从新寨搬到江西街。
其父卖过木材，后来为逃避抓壮丁去老晃县住过一两年，回来后开
客店；在江西馆搞过食堂，也做过仓库，自己还在里面听过一回
戏。最早来的肖家人也只知道地基位置归属吴本钰，肖家地起先归
江西馆，吴本钰是拿自留地调来的；自己只听说过吴本钰，没有见
过其人。江西街的历史只有 180 年，争枫树坪时调查过。瓮寨麻公
是从坪地搬去的。坪地以前同高坡如高酿、魁胆、石洞等村结亲。
同江西街结亲前，瓮寨凉亭至新寨对门大树的一段路，不允许江西
街人拿刀斧砍柴，只准他们用手去捡，结亲后才允许在此段砍柴，
可见移民与坐家之间的界限还是比较分明的。因为二者的界限，直
到近些年，坪地同江西街还有过纠纷：枫树坪在 1981 年林业"三
定"时确定为坪地所有，2006 年三江镇开发旅游，想让坪地同江
西街共享枫树坪，坪地村民不答应，人们说枫树坪是为抵挡瓮寨灿
凸滩的流水而栽的，具有风水上的意义，此事最后只有不了了之。
摆洞、瓮寨、新寨都认可枫树坪乃坪地所有。

　　因有小江木材水运通道的有利条件，20 世纪 50 年代前，村民
就承揽放运木材，从事木材购销工作。1951 年注册登记的木商户
中，坪地有 2 户。坪地村历来重视发展林业，除农耕时节外，其余
时间大多数劳力投入林业生产，造林育林，油桐树的种植就是典型
案例。坪地与江西街紧密相连，江西街开设市场后，坪地受益匪
浅，造就了坪地人的经商意识，从而在各个历史时期都有一批经商
人员。清乾隆年间，村民与江西街等村合建螺山书馆于村内，1937
年设初级小学，后因时局动荡一度停办。1955 年村民又在原址恢
复民办小学，1957 年坪地民办小学与甘寨民办小学合并成立小江
小学，校址在坪地。

　　从上文我们可以看到，虽然瓮寨和坪地是最早在小江开寨的两

个村寨，而且主要姓氏都是龙姓，其宗族却是分开的，在笔者的观察中他们的关系并不密切，从婚姻关系上来说，坪地与江西街反而更为紧密。两个寨子相对独立，究其原因，还是因为来源地的不同、开寨时间不同，对地方事务参与的程度和方面也有所不同。

清代中后期繁盛的木材贸易带动了小江地区的经济发展，木材采运为当地人带来丰厚的利润，瓮寨等拥有大面积山场的村落因买卖木材而富裕起来。瓮寨作为当地的一大寨子，拥有的山林面积有13000多亩，占到整个小江地区的1/3。在清代繁荣的木材贸易的带动下，产生了一些颇为殷实的家户。现在寨子里残存的一个龙氏祠堂，几座类似四合院的"耕读第"，都是当时繁华的证据。

瓮寨不仅修起窨子屋，也为村寨周围建起了砖墙。田野中经常有老人家兴奋地告诉笔者，不知道的外乡人经过该地，都以为当地出了大官。骑马经过的人都要在小江上游圭求的位置下马，一直走路到下游的新寨处才上马。

某些文化习俗已经成为瓮寨和小江其他村落共有的传承和展演。例如祭祀祖先和神灵的"浪庚老"，这是当地非常重要的活动，一般盛行在七月半时节，不同地区举行的时间不同，小江六村过七月十四，但有的家庭提前两三天已经开始烧香。浪庚老必备的物品有七月包、粑粑、糖、肉、鱼等。白天妇女们进行祭拜，晚上人们在河边烧七月包给祖先。笔者曾经观察了一位大娘在这一天的行动轨迹，看到她携带礼品在户外一一祭拜了大树、庙宇、桥梁、碑刻等。那一刻，不由感受到了村民的虔诚和对幸福的渴求。同样，田野中的另一段经历也令笔者觉得那一刻仿佛走进了村民的内心世界，即村民对于夭折孩子的对待方式和态度。

人们对夭折孩子自有其态度。瓮寨的龙 ZB 曾对笔者说起，以前若是有刚落地几个月的娃崽死掉，这一家的老人就会非常生气，并且大骂质问："鬼崽，你这哪是要来给我当崽？"小孩夭折，父母难免伤心，在伤心之余也会对这种有始无终的相聚持有一种愤怒，这种愤怒的心理其实可以促使他们更快地抛开这种伤痛，投入日后的生活中。2009 年 8 月，两个六七岁的小女孩在瓮寨桥下玩水时，不慎溺水而亡。被发现的时候是下午两三点，村民进行了简单施救，但还是无力回天。其中一个是留守儿童，同奶奶一起生活，父母远在海南打工，当她奶奶获知后，一直抱着小孩哭泣。当天下午大概四五点，家族成员帮忙拿着衣服来换，用树皮、木板等制作了一个简单的棺材，将小孩装进去之后抬到下游埋在河边。亲人内心的伤痛，外人无法窥见，一个生命就这样草草画下了休止符。

瓮寨和坪地在小江地方社会的演变过程中扮演了重要的开寨和传承角色，在这一空间场域中，瓮寨更多体现坐家的优势，而坪地与江西街的关系更为微妙。作为小江其他寨子的母寨，瓮寨寨民的行为规范和心理活动，在很大程度上是小江侗家历史积淀的结果。

第二节 分寨之举：新寨和甘寨的形成

牛，指引人们寻找到生存之地，成为村寨选址的重要风向标，同时，牛眠之地用来篆刻在先人的墓碑上。新寨，也是在牛的指引下成为一个以龙姓为主的村落。从前面所引的族谱中我们得知，由于瓮寨的人口繁衍，一部分人首先分出来到了新寨地界。随着人口增加，逐渐枝繁叶茂后，又从新寨分出一支建立了甘寨。分出不同寨子，除了因为人口的增长之外，还因为人们对小江河段的使用需要：分出寨子之后，不同的寨子占据着不同的河段，因此建立新的寨子也是对资源的重新配置。但是，人们所回忆的分寨原因，还是我们所熟悉的牛吃草的故事。而把这个简单的故事放在区域的背景下来看，分寨也体现着一种权力关系。

新寨的面貌是怎样的呢？在田野调查期间，笔者曾收集到本地知识分子写的一份概况，文字是这样的："新寨村内生态环境保护较好，风景林木一片葱茏，有数百年的樟、枫、栗等古树 20 多株，高大参天，枝繁叶茂。过去民住居住集中拥挤，1970 年代以来曾先后发生两次重大火灾，损失惨重。为避免拥挤，利于防止寨火发生，至今农户多已疏散而居。为解决消防和人畜饮水困难，村集资安装了自来水。"

新寨有一座海螺庵，位于小江新寨溪口江边，建于清乾隆年间，为三间木架砖墙结构瓦顶庵房，是锦屏境内小江流域当年最大的庵寺之一，殿内供有菩萨、十八罗汉、韦陀等佛像数十尊。在民国以前，庵中有长老、和尚，并有专人管护，庵中置有田产 120 余担、杉山两片，以资庵中之用。当年庵中香客不断，终日烟气缭绕，一派兴盛景象。因出入庵寺需涉溪水，清乾隆三十年（1765），龙天俊、龙天相、龙天锡等 7 位信士捐银修建小溪石拱桥一座，供香客出入之便，如今碑石尚存。1958 年 7 月，因小江小学缺乏教室，便将海螺庵改建为学校教室，将庵中菩萨佛像全部搬出，以致流失损毁。学校搬回坪地以后，留下一个空庵房，但寨人仍到庵中进香和管理。庵堂是小江六个寨子共有的，为"化功过"而修，每家都要出钱。新寨一个高佬在里面长年烧香。庵堂所处位置是螺丝形的，底下是阴棺，风水极好。

关于海螺庵的修建原因，新寨村民自有解释：出于风水的考虑，为了保护田坝。海螺庵位于新寨五羊坪处，那是小江河北为数实在不多的平坦的大坝子。人人都对其垂涎，很多人都想要去抢那块地的使用权，既可以种田，也可以用作阴地砌坟墓。由于怕别人去占，寨里德高望重的老者相约一起，募集资金，建立了庵堂。盖了庵堂后，这块占据天然良好位置的土地就不会引起纠纷了。庵堂的出资者包括几个寨子，有江西街、瓮寨、新寨等。

海螺庵除了供奉神灵以佑地方生灵之外，可以告诉我们的还有很多。据说，海螺庵是由六个村落所共同修建的，六个村落共同供奉一个地方神灵，不仅体现了小江社会地域共同体的形成，也因为这样一座庵寺，建立起了属于六个村落的共同信仰和共同记忆。围绕着庵寺，人们出于不同的原因，共同参与到了公共生活之中，并且在其中占据着各自的位置。

甘寨村位于三江镇西北部，东接皇封村，南与平秋镇平翁村相接，西北邻新寨村，北与天柱县地村交界。皇封至江西街的通村公路穿村而过。甘寨村辖甘寨、转水湾、平岩三个自然寨，全村有龙、王、吴、向、杨、蒋六姓，其中甘寨有龙、王、吴、向四姓，转水湾有龙、王二姓，平岩有王、龙、蒋、杨四姓，均为侗族，讲侗语。

清中后期，甘寨盛产蓝靛，村民多以蓝靛为主业，道光时有靛塘四十多口。九寨、天柱等北侗地区的人多集中于此购买蓝靛，用于侗布浆染。至今在宁朝溪还有多个泡制蓝靛的靛塘遗迹。除农业生产外，林业历来是当地主要的经济来源。甘寨先民历来重视林业，造林育林，经营木材。20世纪50年代初，经注册登记的木业工商户有2户，专业从事木排放运的有3人，未经注册登记，利用农闲时间经营木业和放运木排的人数更多。20世纪70年代，在原小江公社的组织下，甘寨村与其他5个村在九重坡联办了小江"三八"林场。"三八"林场的开设不仅是国家影响之下的结果，也能够从中看到甘寨与小江地方其他村寨之间的合作与互动。

今天，我们可以看到道光年间，瓮寨与甘寨分寨所留下的契约。

　　立分关合同字人小江瓮寨与甘寨两寨，情因祖遗有荒山壹所，坐落地名孟龙毫治观音形，其界限：上抵登岭，下抵田坎，左抵凹上岭边荒山，右抵栗山冲边田坎上为界，四至分明。以两寨共同商议，请到地方户老同来分派两大股，各占壹大股管理，恐后无凭，立有分关合同各存壹纸，永远管理为业是实。

经凭地方户老房族：龙必文、龙才秀、龙正能、龙朝赞、
杨昌辉

外批：分阳不分阴

道光十五年正月十五日①

从上面契约可以看出，新寨和甘寨的形成，一方面是贸易发展
的结果，由于小江在市场位置中的优势地位，人们能够在这里获得
越来越多的资源；另一方面是因为人口的繁衍与增加。但更为重要
的是，分寨在某种程度上是对地方资源的一种调节与分配，在对不
同的寨子划定区域的同时也划定各自的权利，而这些都指向了最后
对河段的利用与划分。

瓮寨与新寨、甘寨连成一体，刺激江西街移民的整合，也促使
皇封的接近。土王日，这一生产的禁忌，是妇女吃饭、喝酒、休息
的重要时间。村里上了年纪的妇女，还曾经参加过这样的聚会。土
王日一年有几个，正月里每十天就有一个，每年的三月、六月、九
月各有一个土王日，逢闰月的年份十二月也有一个土王日。土王日
忌动土，所以人们都不外出干活，传说否则会导致天旱等灾害发
生。每逢土王日，妇女们一个相约一个，聚集到某一家里吃饭，依
次轮流回请。有时瓮寨的妇女也会兜钱出份子，邀请新寨和甘寨的
房族来吃饭做客，临走时还要放鞭炮，以示隆重。

第三节 "打老庚"：皇封的进入

与小江地区的瓮寨、坪地、新寨和甘寨等村落相比，皇封村的
开寨时间要稍晚一些。皇封村位于王寨西北部 7 公里处，东邻龙啦
村，南抵平秋镇高岑村，西与平翁村相接，北连甘寨。小江河从村

---

① 笔者于 2009 年田野调查中发现的契约文书。

前流过,锦彦公路从寨右侧通过,由坡脚向坡腰弯拐上沿,皇封至坪地公路由寨中穿过。皇封下辖皇封、圭顺绿、圭布3个自然寨,6个村民小组,2010年有168户。村中有王、李、龙三姓,王姓祖先来自天柱县江头寨,最早迁徙而来,住地即在皇封自然寨。李姓和龙姓则是在清末和民国时期为避战乱迁徙而来。李姓来自平略留纪村,即后文平略打岩塘故事中负责河段的那个村落;龙姓来自天柱地坝邦寨。

相比于除江西街之外的小江其他村寨,以王姓为主是皇封的一个重要特点。王姓进入小江地区,在当地建立村寨,主要是通过"打老庚"的形式。在瓮寨村民的记忆中,皇封王家和瓮寨龙家"打老庚",并且由王姓改为龙姓。这样做的好处是从瓮寨龙家那里讨得一棺坟地,把先人的尸体都迁移埋了过来,为的是沾染那里的好风水。与此同时,他们趁着半夜偷偷为祖先立了碑,向外的一面写龙家,却在碑向里的一面上刻王家。不仅如此,这些人还找来地理先生,依据地理先生透露的意思,把流经寨内的圭叶溪的流向改变,使其直直流向皇封的方向,从而使得皇封王家开始兴旺起来。这是笔者田野调查期间从村民龙ZB处听到的故事,并未求证,也未追根溯源,但并不妨碍把它当作一个美丽而充满策略性的故事。在故事中,人们为争取入住权而采取了拟制血缘的方式,精彩的是他们利用地理先生的嘴而为村落引来了水源。这个故事发生在何时已经无人说得清楚,但显然人们把它当真了。与其说是故事,不如说是村民心里的"事实"。时间指向20世纪90年代,当时瓮寨村修水渠,在老人的建议下,瓮寨又从圭叶溪引了一条支流流向寨子内部,改变了之前绕寨而走的格局,被认为是大体恢复了原来的流向。

皇封的开寨,如此具有戏剧性。皇封之名,虽因江而得,但同样具有极强的故事性。清代前期,小江名王封江,因寨子位于江边,故名王封,侗语称"王红",后演变为今名。此外,关于皇封这一名字的由来，当地也流传别的说法，有故事为证：

> 以前有一个反王，他的力气非常大，可以将很粗的竹子连根拔起。他一直都在修炼一种本领，一旦成功，就可以将一支巨箭一下子射到京城去，将皇帝射死。经过很长一段时间的刻苦修炼，他终于快要大功告成。于是他告诉自己的母亲，第二天鸡叫的时候一定要叫醒他，这样他就可以趁皇帝上早朝的时候，一箭把他射死。因此他的母亲就一直未睡等待着鸡叫，但到天快要亮的时候，她实在是太困了，就拿起筛子开始筛米，这样一来鸡听到筛米的声音就以为天亮了，便开始叫了起来。她就叫醒儿子，告诉他天亮了。反王就拿起弓箭，射向紫禁城，但那时皇帝还没有上早朝，箭正好射到了龙椅上面。皇帝得知这件事之后，就派人四处查找元凶，结果查到了皇封，抓住了反王将其杀死，其血染红了小江。皇帝为这个地方赐名，所以叫"皇封"。

关于这一传说，在九寨魁胆地区也有一相似版本，只是多了挖龙脉的内容。皇封与魁胆这一共同的传说，体现了二者之间微妙的关系。如今皇封村还有人提到，皇封的一部分人是从魁胆搬迁过来的。魁胆的故事结尾是这样的：皇帝派人前来挖断魁胆的龙脉，使其永远不再叛逆。皇帝派来的人开始在魁胆的龙脉处往下挖，但挖了好几天，挖出了多少土就又生出了多少土，似乎那里的土一点没有减少。那些人挖累了，便躺下来休息，半夜的时候听见龙脉说话了："我不怕人挖，只怕铜锣敲。"他们得到了启发，于是就在龙脉所在的地方埋了一面铜锣，这样魁胆的龙脉就被压断了。现在魁胆有一个小地方就叫作铜锣坡，据说就是因此而来的。这个结尾同邓子龙在瑶光等地流传的挖龙脉的故事非常相似。

魁胆村民认为他们以前也有管江的权利，而且可以在皇封处捕鱼。这两个寨子之间的确存在某种联系，只是目前没有资料佐证。

笔者曾在田野中见到一份很有趣的材料，是皇封村王姓老者写的一首诗歌，内容是年轻时候去"玩山"唱给女方的歌，细节如下：

听姐说来本是真，句句都说话当真。坐在高山看得远，代代都出聪明人。你姐说来我再听，一无才子二无能，我郎不是读书人。三岁四岁不知礼，五岁六岁不知文，七岁八岁家中坐，不得进过学堂门。一代二代出聋哈，三代四代人不通，五代六代心不亮，七代八代肚不光，九代十代人不明。聋聋哈哈几代人，十一二代生我郎，肚不灵醒心不光。说到光阴总不见，讲到办花总不连。生儿子，子儿孙，是子孙，是贤孙。从来不到花园门，你娇不嫌才得到，今日才到这团玩。两边从不见面过，今日得会真有缘，难得你姐来问我，不好开报我家常。不问也是穷家崽，问来也是无能人。把我来历说报你，你姐在上听分明。老家江西吉安府，后来又到黔阳城，坐在黔阳朝水帮，后到会同养牛郎。端公又到龙塘县，就在龙塘卖笔郎，小名叫作江头寨，后往锦屏住小江。皇封就是我寨上，上屋下坎一家人，隔壁左右一个姓，一百多户是家人。姐呀没垒斗尧寨，堆草押界细尧屋。我把我姓说报你，望你拿去细思量。教场放马不见路，有头无脚下南洋。我姓就是这个字，你姐拿去细思量。若凡你姐想不到，门前槐树有三行，坐在山坡树林里，只见树木少见人。家中又无读书子，农耕落在我家人，生意经商我无份，背身戴月是我人。神坎高上有五吨，两吨金来三吨银，三朵兰花游山岭，两朵红花家中存。我一一二二开报你，可莫乱去报别人，话又说到这里转，高高打伞不传名。

上述内容是通过侗歌的形式唱出来的，歌词反映了一个家族的迁徙过程，即从江西到黔阳再到会同，后又经龙塘到小江。龙塘，即位于天柱县境内。天柱县在崇祯六年（1633）迁治龙塘，改名龙塘县。现在皇封村的王姓在追溯自己祖先是从哪里迁来时，往往最先想到的就是天柱龙塘。这份材料也反映了小江民众在清代一项很重要的娱乐活动——玩山。

皇封同新寨、甘寨关系密切。唐、吴、王、龙四姓在新寨结拜为兄弟，而不是在甘寨，王家分到皇封，互相不通亲，直至新中国成立后始通亲。甘寨现在也有王姓，整个村落只有两三户，而且与皇封的王姓在红白喜事方面也没有什么亲密的来往。

提到皇封，也不能不说上文所提到过的"三八"林场。"三八"林场是20世纪70年代皇封与翁寨、江西街、坪地、新寨、甘寨村在小江公社的组织下，在九重坡联办的，造杉333公顷。"三八"林场的建立，是皇封村与周边村落合作关系的一种体现。除了共同合作林场之外，皇封与这些寨子还有着更为亲密的关系。比如，甘寨与皇封寨相互"打老庚"、认兄弟，而且有了这层关系之后相互之间仍然可以结亲。

第四节 "来人"：小江移民与江西街村落的形成

"凡他省人客黔，娶妻生子，名转窝子。转窝所生，名门斗子，再传则土人矣。转读去声，江西人尤多。"[1] 明张瀚曾如此描述江西人："（江西）地产窄而生齿繁，人无积聚，质俭勤苦而多贫，多设智巧挟技艺经营四方，至老死不归。"[2] 江西籍的移民来到小江后，与当地坐家展开了互动，并建立了村落——江

---

① 李宗昉：《黔记》，商务印书馆，1936，第11页。
② 张瀚：《松窗梦语》，上海古籍出版社，2009。

西街。

在黔东南山区，流传着一些关于改姓的故事。清康熙以后，随着王朝统治的加强和汉文化影响的深入，侗苗等族逐渐使用汉姓。早期多聚族而居，一寨一姓，后来外族和其他姓氏迁入，才出现一寨多姓的现象。即使在同姓内部，有的村寨也有"内姓"和"外姓"之分。内姓为早期居住的大族，外姓多系后来迁进加入大族的同姓或异姓，这就产生了改姓的现象。改姓，毫无疑问，普遍是改为该村落的主体姓氏，一般是个人或者小家庭迁徙到某个早已有人居住的寨子中，被要求与之前住在此地的人姓氏一样，才可以在此居住。翻阅乡镇编撰的志书，发现有这样的记录：启蒙镇边沙的蔡姓和归故的许姓人口也较多，清代因杨姓势力大，被迫改从杨姓，20 世纪 80 年代又恢复原姓氏。边沙和归故皆属锦屏县启蒙镇，前者是启蒙镇政府所在地，为古婆洞十寨之一。启蒙地区的例子，说明改姓是移民进入后必需的生存策略。当然，并非所有的移民进入后都改姓，也有自发聚集在一起渐成村落的案例，如下文中的"千家寨"。

启蒙镇雄黄村雄黄，古称"虫黄"，侗语称"雄王"（xiongc wangc），民国时期改称雄黄。雄黄是锦屏地区最古老的村寨之一。明成化时，剑河等清水江中上游农民起义，朝廷派湖广总兵李震率兵前往镇压，破寨二百余，其中就有虫黄寨。传说雄黄寨锁口山外包妥曾聚集外地迁来的民户数百，名为"千家寨"，因与周边侗族村寨不和，被周边村寨联合将之围烧，村民大多罹难，余少数外逃他处，其地域是为者蒙、韶霭等周边村寨"看管"。清代前中期，随着清水江木材贸易的兴起，天柱及会同等湖南西部一带贫穷人遂移填此地"开坎砌田，挖山栽杉"，现雄黄部分寨仍保持天柱等地习俗，相当部分村民能操广泛流行于天柱东南部地区、湘西汉语与侗苗语

115

杂合的"酸汤话"。①

千家寨消失后只留下了地名和传说，却成为当地村民的重要教化故事，每次温习这一故事，都能看到社会关系和社会互动等无可替代的重要性。

当然，改姓可能避免了人口消亡的结局，但也会面临人口繁衍的尴尬，尤其是通婚的问题。以九寨之一的瑶白为例，瑶白作为九寨的一个子寨，是一个蕴含多元文化的古老侗寨。瑶白，古侗语叫"村押金"，后称"高村"，清代改为"妙白"（侗语，即"苗白"，意为苗裔的一支），1944年定名为"瑶白"。瑶白最早为龙姓侗族先民开寨定居，后来龚姓汉族先民也来此落户。之后，可能是一支苗族先民落脚瑶白，而且势力渐大，便更名为"苗白"；或许是清咸同年间彦洞、瑶白、黄门、石引、平秋等九寨乡村因剑河李洪基苗族义军起兵动荡十余年之久，而瑶白饱受战争创伤尤惨，为牢记这连年不休的战祸，遂更名"苗白"；又或苗族义军首领直接搞文化输入，命名"苗白"等。但不管"苗白""瑶白"的寨名来历如何，瑶白至今的民族文化蕴含着侗、汉、苗三个民族的特质而呈现多元化的形态。该村龙、滚、杨、范、龚、耿、宋、万、胡、彭十姓氏迁徙和落户瑶白，姓氏融合时因滚姓势力大而使十姓都改姓为滚，全寨上下都成主人，导致没有亲戚、无法结婚，全寨人奔走百十里外，四处求亲，到处碰壁，扫兴回来，对当地生活生产造成极为不便的严重后果。后来村民痛定思痛，寨老商议破姓开亲，而在清末又为革除"女还娘头""舅索重礼"的陈规陋习，瑶白、彦洞两寨头人和贤达识士共议规约，并经呈报黎平府同意，勒石铭碑，革旧布新，规范婚俗。这段村史有歌唱道：

① 参见《启蒙镇志》（未刊），2010年笔者在锦屏做田野时收集而来，该镇志编写时间在2009—2010年。

　　瑶白龙姓开村起，因为这团地如金。滚姓杨姓都来住，还有几姓后头跟。

　　十姓共姓都是滚，喊父称兄一样亲。没有亲戚全是主，村上村下一屋人。

　　远乡结亲不放心，商量破姓重开亲。龙杨范龚恢复姓，以水为界可结亲。

　　彦洞乡来瑶白村，女还娘头包办婚。同立块碑昭村寨，陈风陋俗方改成。

　　启蒙和瑶白的例子向我们展示了改姓的利弊和反复，小江则向世人展示了另一种可能。写到这里，我们不得不提"来人"这一概念。"来人"与"坐家"这两个概念是理解小江地区村落关系以及人群活动的前提，反映了不同群体在小江社会中拥有的不同身份。

　　"来人"从字面意思来看，即后面来的人。由于江西街与小江其他几个村寨相比，是最后搬迁来的，而且村民姓氏不同于当地的龙姓，因而被龙姓称为"来人"。"来人"与"坐家"指代两种不同的群体，代表两种不同的身份。当涉及争夺山林田土等当地重要的资源时，这两个概念便会立刻凸显。

　　从村落上来看，瓮寨、坪地、新寨和甘寨是"坐家"，江西街是"来人"；从姓氏上来看，龙姓是"坐家"，其他的杂姓是"来人"。

　　此外，"坐家"与"来人"的生计方式也是不同的。"坐家"由于最先居住在此地，开垦了大量的山林田土，历代以种植杉木为生，此外也曾种植桐树。瓮寨的老人告诉笔者，以前瓮寨就是以砍柴为生，把柴等放在木排上，运到王寨卖。此外，他们还运桐籽到王寨卖。后来木材贸易兴起，他们开始卖木头。山场面积小的人家就以佃山为生，通过租佃富裕人家的山林，在上面栽树苗、种粮食，树木育成后他们可以得到劳动股，一般能够占到三四成。可以看出，"坐家"的生存一直同山林联系起来，山场林木是他们最重要的生存资源。而江西街的这些"来人"则以各种小手艺为主要生计。他们最早也是清代才迁徙到该地的，因而只能向当地人购买到少许田土，基本没有自己的山场，刚开始移民到小江地区是靠做小生意为生，凭借自身的手艺在当地谋生。

总之，"坐家"与"来人"这两个概念，是小江地区的龙姓群体为与江西街移民群体相区别，而主观进行的人群划分。最开始是出于情感性的因素，用"来人""客家"等称呼移民群体，以同他们自身相区别。随着移民群体在小江地区的入住，不同群体之间为争夺山林田土等资源产生了地权纠纷，加上各种其他利益的纠葛，"来人"这一称呼开始带有明显的歧视性色彩。人们出于工具性的利益考虑，在涉及争夺山林田土等资源的特定场合，开始强调移民群体的"来人"身份。可以看出，"来人"的形成经历了一个独特的过程，而且"来人"与"坐家"的区分反映了不同群体在小江社会中所处的不同阶序，实质上体现了主人与客人之别。另外，结合其他地区的例子，笔者猜测还有这样一种可能，即这些移民群体之所以没有改姓或者迁走，反而以另一种身份停留并入住，在很大程度上缘于他们强大的活动和行动。

首先是积极参与地方公共事务。以江西帮为主体的移民群体积极参与了周边村落修桥、修渡口等地方性事务，一方面得以在小江地区标识自身的身份，另一方面也是为融入小江社会生活而采取的一种经济手段。江西帮曾于嘉庆十九年（1814）参与新寨的建渡口事务，人们以碑文的形式记录了这一事件：

善继功录

尝闻一带亦何航达摩易登彼岸，隔江如千里，吾人难涉深渊，所以临河却步，望洋生涯，行人之怨叹可胜道哉！于是众首人体此情境，于乾隆三十六年发心修渡，各捐微银，以为之始。募化首人以为之中，逐年资本求利，以成其终。至今买田数形，可足舟子之餐，有余钱可应造舟之用。且碑上之众人承半渡之功，因此碑内之诸人，仅边舟之费用。惟愿后来有人善继善述，永舟永渡。诸兄众友，勒石为记，余以是叙。列姓字于左，沙马田二丘，禾四十边，银十五两；坪地田一丘，禾三十边，银十八两；洞寄田一丘，禾六十边，银二十六两。化首：

吴美才捐银五钱　龙占敖捐银五钱　王国胜捐银五钱　龙美恒捐银五钱

龙美章捐银五钱　龙启荣捐银五钱　龙美华捐银五钱　曾学先捐银五钱

戴茂德捐银五钱　龙飞田捐银五钱　龙明儒捐银一两五钱　龙子瑜捐银五钱

龙胜碧捐银五钱　龙宫玉捐银五钱　龙有先捐银五钱　唐金善捐银五钱

龙明极捐银八钱　龙飞耀捐银七钱　龙献举捐银六钱　龙启贵捐银五钱

龙启凤捐银五钱　吴献能捐银五钱　龙飞太捐银五钱　龙乘湖捐银五钱

龙胜魁捐银四钱　龙福生捐银四钱　吴献景捐银三钱　吴献珍捐银三钱

李文秀捐银三钱　何正才捐银三钱　龙子贤捐银三钱　王昌道捐银二钱

江亦传捐银二钱　夏国祥捐银二钱　王有朋捐银二钱　陈显万捐银二钱

危德万捐银二钱　王卓梅捐银二钱　龙□极捐银二钱　龙启能捐银二钱

　　龙启林捐银二钱　　夏立仁捐银二钱　　龙德寿捐银二钱
　　大清嘉庆十九年立春三月冬旦　　立

　　该碑现在仍矗立在小江流经新寨村的转弯处。碑文的主要内容是小江河水宽且深，行人过河困难，因此有人于乾隆三十六年提议修渡口，并捐银两。嘉庆年间又有人提议募集资金，并买了渡船田，可以造舟并能够提供摆渡人之餐。他们将渡田及捐钱之人的名字都刻在了石碑上面。该碑文记载的姓氏颇多，虽以龙姓为主，但很重要的一点是也出现了戴、曾、王、江、夏等姓，这几个都是江西街之姓，说明江西街的移民群体在嘉庆年间积极参与了新寨集资建渡口的活动。其中的戴、曾、王、江等都属于江西帮，而夏姓很可能是在小江停留过后来又离开的。

　　除了这一至今还完整存在的修渡碑，笔者在新寨还见到了一块乾隆五十五年修井的碑。该碑现在已经被铺在道路上面了，无法搬动，幸而还留有一些字迹没被水泥遮住。碑文记载了捐钱人的名字，同嘉庆十九年的渡口碑之众化首基本是同一群人，而且也提到了戴茂德、王卓梅、夏立仁等人的名字。

　　此外，另外两块留存下来的乾隆年间的碑刻，皆无江西帮姓氏。一块是矗立于新寨村的乾隆三十年（1765）庆祝修架石桥的碑，其捐资人皆为龙姓；另一块是在瓮寨见到的乾隆四十八年（1783）修桥的碑，其捐资人也全部是龙姓人氏。据此推测，江西街移民群体很可能在乾隆末期已经入住小江地区。他们来到当地之后，首先面临的问题便是如何在一群龙姓坐家当中入住下来。由此江西帮积极参与到当地村落的修井、架桥、修渡口等地方性公益事务中，以此来谋求小江其他村落人群的认同，即使得不到认同，至少获得了默许，默许了他们在此入住的行为。

　　概括而言，修路、修桥、修井等村落性事务往往体现了乡村社

120

会中各姓氏之间的自我意识。乡村中的各大姓氏，在历史发展的过程中经常通过对村寨内公共事务的参与来确认自己的社会身份和地位，同时也通过本姓族人的活动或建树在村落社会中标识自己。造舟与修渡则是不同历史时期更大范围内不同村落之间互动与整合的一种侧面反映，体现出地方整合与官府资源的关系。就江西帮而言，他们分别参与了乾隆五十五年的修井、嘉庆十九年的建渡口事务。井代表水源，修井反映了人们的乡源意识，人们常用"乡井"一词来指代家乡，江西帮参与新寨的修井事务，反映了他们同新寨之间存在的密切联系，所以才有了之后的江西帮向新寨讨场坝之举。建渡口则加强了村落之间的联系与互动，有助于提升江西帮在小江社会中的身份与地位，为江西帮融入小江社会、入住小江打下了良好的基础。

上述碑文中反映的江西帮参与新寨修井、修渡口等地方性事务为其带来的直接利益就是：他们获得了新寨的场坝。场坝指的是靠近小江河边的一块闲置的坝子，属新寨所有。江西街移民群体从新寨处讨得这块坝子，在这里开场交易，由此小江地区的集市正式运作起来。

其次，移民群体建立了自己的组织——万寿宫和财神馆。

万寿宫的建立体现了多方面的功能。其作为社会组织将移民凝聚和团结起来，提供人们公共活动的空间，满足人们归属感和安全感的需要。这一点尤为重要，也与其他的移民村落形成鲜明对比。清水江的另一支流乌下江沿岸亦伴随木材贸易而产生了移民村落。例如河口乡的南路村，村民均是清中期从湖南及本省天柱、黎平等地搬迁来的移民，初时多以打鱼为生，少数则向附近文斗、岩湾、加池等寨的山主佃山造林。清后期有部分人也从事木材贸易，马、李二姓因做木材生意而发家致富。李老官家在清中期从剑河沿江打鱼至此落户，至1962年发展成有62人的四代同堂大家庭。1963年"四固定"后，为方便生产和管理，结合当时大队的意见，李老官家分为八家，每个儿子独立为一家。[①] 纵观南路村的历史轨迹，可以发现这是一种润物细无声的入住方式，通过流动式的打鱼部分村民转向佃户，一步步定居。

启蒙、美蒙村居有张、杨、龙三姓人。据村里老人讲述，清乾隆年间，张姓人从锦屏大同来此地谋生，不久后回去邀约稳江的杨姓亲戚。稳江杨姓又邀来龙霭的龙姓亲戚。美蒙人操大同侗语，在他们心中，美蒙仅为临时栖身地而已，大同、稳江、龙霭才是其永远的故乡，总有一天会回到故乡去。老人去世后，须杀猪宰牛给他，而且为了让死者能得到，将猪、牛杀死后，要用一根绳子一头拴住猪牛的左前脚，另一头则拴连死者的手（男左女右），并交代他们将猪、牛往老家方向赶去。美蒙张姓人过"过冬节"祭祖时再现了祖先迁徙时的场景，备有糍粑、腌鱼、干菜等作祭品，祭桌旁还挂有箩筐、扁担等挑具，祭者默念祖先迁徙时的艰辛历程。[②]

上述启蒙、瑶白、南路和美蒙等村寨，为我们提供了有关移民的不同个案。单就南路和美蒙两个移民村落而言，其自有特点，后者关于移民的记忆及仪式方面的特色更浓。即使如此，这几个村落同小江江西街相较，后者的特点仍更为明显。江西街移民在迁入的很长一段时间内，都兼具商人或小手艺者身份，而且明确建立了移民群体的社会组织，即江西会馆和湖南会馆，并且最终在小江侗族地区建立村落，逐渐融入区域社会中。

江西街村位于三江镇西北约 12.5 公里，小江左岸。东与坪地村房舍相连，西南与翁寨村隔河相望，北靠苗江坡。兴修的皇封至天柱县石洞、摆洞、皎洞、勒洞的县际公路穿村而过（坪地至天柱石洞等 4 洞）。江西街在明代时称三合，因多数村民祖先来自江西，其住地后来成为街市，故名江西街。

---

① 王宗勋：《乡土锦屏》，贵州大学出版社，2008，第 183 页。

② 王宗勋：《乡土锦屏》，第 135 页。

江西街村是小江地区自然寨最少——只有自己一个，也是人数最少的村落，至 2010 年有 62 户 248 人。江西街人口最少，姓氏最多，有江、曾、张、袁、吴、刘、龙、李、赵、杨十个姓氏。明万历年间，始三合铺舍，时外地木商和本地林农往来频繁，在此从事木材交易，为了给过往客商提供食宿方便，客栈等应运而生，街市上外来日用工业品和本地农副产品也在此相互交换，市场逐步形成，同时成为小江上游主要的木材集散地。至民国时期，江西街经济一直活跃。村人以经营木材和集市贸易为主，农业为辅。1946年，县政府整顿市场，规定场期，江西街市农历每旬逢四、九为赶场日，来自邻近数十个村寨到此赶场的人络绎不绝，市场呈现一派繁荣景象。1956 年粮食、生猪、食油等农副产品实行统购统销后，群众日常生产生活必需用品统一由供销部门设门市部供应，市场停赶。

袁 XK 讲述了其家迁到小江后的生活故事。[①] 他的祖父从湖南辗转迁徙到小江江西街之后，早先是喂养水牛，帮其他未养牛的人家犁田赚取些许费用，主要是在牛长成后卖出可获得一笔不小的利润。其人主要就是通过养牛、卖牛渐渐积累起一些资金，之后购买田地，并稍有规模。至袁 XK 的父亲一代，家里已经有了资金和田地的积累，因此开始做木材生意，收购小江地区山主的木头，雇人砍伐后拖运到河边，然后顺小江河放排到王寨或者更远的地方出售。有一次，他买了一块较大面积的山场，雇工将木头砍伐拖运后堆积在小江河边，预备等待合适的时间再雇排夫放排下去。可惜在等待的日子里，小江上游突降暴雨，小江地区也开始涨大水，堆积在河边的木头根本来不及抢救便被水流冲走。这种事情在清代黔东南地区的木材贸易中并不频繁发生，但也可以说并不罕见。清水江

---

① 袁 XK 是笔者 2009 年在江西街的访谈对象之一，当时他年约 70 岁，老伴也为本村的姑娘嫁过来的。

流域甚至因为大水冲走木头的情况而慢慢形成了一套完善的赎回木头的机制，可见这一事情的发生次数和其影响并非少到可以忽略。对于资金雄厚的木商而言，一次损失仍在可以承担的能力内，但对于这些个体的尚未成规模的小商人而言，也许木头被冲走一次即会导致其破产。袁XK的父亲正是如此，这一次的损失可谓元气大伤，再加上他还有一些败家的行为，个人好赌，为偿还欠债不得不卖掉家里的一部分田地。这些因素综合起来，使原本还有些家底的小家庭瞬间垮了下来，家道中落。袁XK的父亲则先后在坪地寨和瓮寨的后来在土改中被划为地主成分的人家里做雇工。据袁XK的说法是，他父亲在雇主家里的工作包括舂米、打猪菜、栽秧、种田等不一而足，其报酬是每天得到一小筒米。

类似袁XK父亲这样的木商在江西街可以算作木材生意的业余者，而江西街中江西帮的人多数是进入小江流域采购木材而落户的外地"水客"，清中后期这些人开设木行，收购上游"山客"运下的木材，或转手卖给其下游"水客"，或直接运往外埠销售。

清乾隆时，江西街与坪地合办螺山书馆，民国时期办有私塾。正月玩龙灯，民国时期有舞龙队，足迹遍及小江、三江、九寨及邻近天柱、剑河所属村寨。玩龙兼比武，故舞龙者个个身怀高超武艺，舞龙队出门常到元宵节方回。逢婚嫁、立屋、办满月酒等喜事，唱歌成为不可缺少的内容，席间宾主对唱，不醉不归。民国中期，村人刘老求精于建筑雕刻，所承建筑有天柱石洞皮厦村南岳庙、小江海螺庵等，其所雕观世音、释迦牟尼、二十八宿、十八罗汉及龙柱、莲台等，无不造型美观，栩栩如生，工艺极为精湛。

清水江中下游的木商以"三帮五勷"为主，临江帮是三帮客之一，同其他木商一样主要聚集于当江的王寨、茅坪、卦治等处。"江西帮"是对小江地区的江西籍移民的称呼，指代约自清雍正乾隆年间迁来的一批移民群体，包括江、张、曾、王、戴、肖、熊七个姓氏。如上一章所述，迁徙到小江的这七大姓氏之江西籍移民，各有其独特的经商活动。

清雍乾时期的迁徙热潮之后，清末至民国年间又出现了一个迁徙的小高峰。清末由湖南邵阳迁徙来的刘家，以漆匠的身份谋生。赵家于20世纪三四十年代，为逃避抓壮丁而躲到小江，在此地的营生是烧酒。吴家有一个姑娘嫁到天柱攸洞，后也返回到小江做木材生意。李家是在民国时期从湖南迁来的，靠织网、杀猪等为生。杨家也是在20世纪二三十年代从剑河迁徙而来的，开始是为从剑河放排下来的人在小江提供住宿歇息的地方。总之，清末至民国年间，是零散的移民进入，其范围包括天柱、剑河、九寨等地。同江西帮相比较，其他移民群体更多的是从事小手工业，依靠手艺谋生。

"湖南帮"的称谓获得同样是因为他们自称祖籍湖南。湖南帮进入小江的时间要晚于江西帮，但很有可能在清中期已经有湖南籍移民迁来。江西帮与湖南帮构成小江社会的两大移民商帮，同时也是江西街村落的主体人群。

以江西帮和湖南帮为主的移民群体，在经营生意、提供服务的同时，也不忘参加小江社会的地方性事务。在小江新寨发现的乾隆五十五年的修井碑以及嘉庆十九年的建渡口碑上记载的捐银者姓名中，移民群体的数量几乎占到1/3，这在以龙姓为主的社会中所占的比例是相当大的。同时，移民群体与小江龙姓频繁结亲，很快成为小江龙姓社会最重要且方便的通婚对象。婚姻的联系、对地方公益事务的积极参与，使移民商帮进入小江社会更加顺利，而且获得土地的赠予，为江西街的形成提供了场地与空间。

江西街村落建立后，与小江新寨、瓮寨和坪地的互动较为频繁，尤其是坪地。由于两个村落地理位置接近，姓氏不同，通婚频率极高，在某种程度上可谓非常密切。在"吃食堂"时期，坪地和江西街两个村落合并在一起，作为一个食堂（见表2-1）。

表2-1　三江公社小江管理区公共食堂统计

食堂名称	农业总户数	农业总人口	原有食堂			现有食堂													
			个数	户数	人数	个数	户数	人数	管理服务员				种菜			生猪	工具		
									管	服	党	团	亩	人	队		自来水	大仓木蒸	水碾
合群	75	341	1	75	341	1	75	341	1	2	1	1	32	5	1	35	1	2	
坪地	81	361	2	81	361	1	81	361	1	2	1	1	35	3	1	34	1	2	1
湘坪	52	239	1	52	239	1	52	239	1	1	1	1	31	5		31	1	1	1
新华	48	149	1	29	149	1	29	149					25	3		9	1	1	
民华	29	158	1	48	158	1	48	158					21.5	2	1	35	1	1	
圭步	24	150	1	24	150	1	24	150					11			4	1	1	
合计	309	1398	7	309	1398	6	309	1398	5	7	6	4	155.5	19	5	148	6	8	2

资料来源：1959年9月15日填写，锦屏档案局藏，131-1-157。

这样的亲密只维持了短暂的时间。后来坪地的村民要求江西街分出去，并不惜划出部分菜地作为补偿，割地给江西街，以分食堂。江西街同坪地一起吃饭的时间非常短，但意义深刻。在小江地区，坪地村民清晰记得1958年办食堂，1962年食堂下放，两个寨子分开。

笔者在田野调查期间曾参加住在小江河对岸的江西街刘姓家庭"打三朝"，借以观察现如今小江社会内部的联系范围。当天下午4时左右，江西街本村村民陆续开始到刘家送礼吃酒。由于住在河对岸的有两户人家，刘家还特意在寨上找了一个小伙子在小江河摆渡，船是刘家自己的。送礼的村民来到河边，他便负责摆渡过去。去参加的主要是江西街村民，瓮寨和坪地很少有人参加。

如前所述，小江移民群体参与新寨修井、修渡口等公益性事务，不仅带来情感方面的联系，而且为其带来了显著利益，直接表现即新寨将场坝赠予他们作为开设集市的场所。场坝指的是靠近小江河边的一块闲置的坝子，属新寨所有。它面向小江，背后是一条小溪，地势很低，每逢小江涨水，便会将其淹没，因此被废置。江西街移民群体从新寨处讨得这块坝子，在上面开市交易，可谓小江集市的雏形。

江西街移民进入前，小江地区的文化是怎样的？"住不离楼，走不离盘，穿不离带，吃不离酸"，是对侗家人生活习俗的简单概括。或许也可以用下述语言来表达：祭祖，靠嘴；做工，靠力；进山，找兽；下河，找鱼；得肉，分串；得鱼，分吃；独吃，额肿；众吃，快长。[①] 同时在小江侗乡，逢年过节，家家户户必做粑，以糯米为主。侗家在不同的季节做不同的粑。二月二、三月三做甜藤棉花粑，五月初五过端午节做粽粑，九月九重阳又是另一种食材的粑粑，而且春节要做糍粑，婚嫁喜事、生日寿辰也打粑。粑的种类不同，花样有别，从中可发现侗家尚吃糯食。当然，有的在粑里包饭豆，也有用小米、薏米、糁子打粑的，那就是各自喜好了。江西街移民进入小江后，最大的变化是集市商贸活动增多，以及小江龙姓人群的通婚范围扩大。江西街移民的到来、江西街移民村落的建立，影响了小江社会内部的分布格局，社会进行了再次型构。

关于通婚，九寨某些地区也进行了婚俗改革。黄门王姓原与启蒙婆洞（又名腊洞、顺婆）杨姓结亲，常遇大河涨水难于过江，以致酒酸肉臭，于是寨老们聚商，将王姓分为上、中、下三排，排与排结亲，打破了旧观念。王姓在黄门的始祖乃王光福，有万禄、万寿二子，次子迁到魁胆住，长子万禄有开源、开兴、开顺（又名开源、兴源、顺源）三子，而后失传五班才分三排，各自起字派，即今所说的上、中、下排，流传至今已有25代。

元至正年间，承直郎杨华与杨聪龙、杨聪鹑父子三人率众到验

---

① 石开忠：《侗族款组织及其变迁研究》，民族出版社，2009，第81页。

溪驻扎，地方平定后，又前往剑河谢寨。洪武初年返回彦洞时，龙姓已到，故杨、龙二姓都属开寨之姓。

至于改姓的历史，瑶白村寨现在还会举行"摆古"。现在瑶白村民由滚、杨、范、龚、耿、彭、胡、宋、万、龙十姓组成，开寨是侗族龙姓。杨、王二姓曾改为滚姓，至民国后期，王姓由滚改为耿，杨姓由滚复为本姓。过去滚姓势力最大，其他姓氏为寻得保护，先后改从滚姓，但仍以各种方式保留原来的姓。最常见的是将神龛牌位及墓碑做为双层，外写滚姓，内写原姓。每逢节庆，老人都要述此缘由。20 世纪 80 年代后，家庭私下讲述自家改姓缘由转为以房族名义公开进行。2001 年，村里遂将每年六月六日定为摆古节，摆古在鼓楼前的大坪子进行，每逢此日，亲朋咸集，先是身着盛装的青年男女吹着芦笙，跳着瑶白传统舞，银饰铮铮伴着进场，然后摆二十多张桌子连成一圈，摆上茶果等，村内各姓氏头人依次而坐，场周围环插各姓字号的彩旗。按各姓进村先后的顺序，娓娓讲述自己姓氏的来历，再进行对歌，以表衷情。然后举行斗牛、斗鸟等比赛。

小江的六个村落，包括江西街这一移民村落，有着共同的节日，即正月春节、三月三、五月初五、九月九等。移民与坐家不同的生活时间主要缘于一方是小商贩，另一方以农业为主。从月份上看，每一天生活时间可能都有所差别。单从农业来看，老人养牛：早晨吃饭，上山，11 点多回，下午三四点上山，7 点回。妇女早晨打猪菜、洗衣、煮猪苕、煮饭、吃饭、喂猪、纳鞋底，男子则上山砍木头、培育杉木等。玩龙是各个寨分开玩，李 ZQ 记忆中当地玩过十多次，到过天柱地良、攸洞、勒洞、平翁等地，一般是提前同要去的地方打好招呼，要在那里歇息，之后是送龙下海，将其烧掉。龙是买来的，瓮寨龙 YB 会扎龙、扎金童玉女，在锦屏开有商店。玩龙是表达祝福之意的活动，因此玩龙歌的内容是贺歌，有贺福寿、贺读书、贺木匠、贺耕农、贺裁缝、贺商贾、贺新居、贺医生、贺结婚、贺添儿、贺白喜、贺住家等。

江西街移民的进入，在社会诸多方面与龙姓坐家都产生联系。下面的一纸契约亦能说明问题。

> 立卖田契字本街万寿宫，情因先年甘寨龙姓，借我等会众银数收还不请具告到府，用费数十千文，无处所出。我等众会首戴聚金、江七顺、张双富、王喜来等约众商议，将长冲坝田一丘收花一百边，要钱出卖，众人请中上门问到会曾天长名下承买，当日言定卖价钱六十千零八文，其钱众人即亲领入手，其田付与曾姓永远耕种收花为业。自卖与后二比不得异言，恐后无凭，立有卖字存照为据。
>
> 凭中聚金、七顺、双富
>
> 日顺代笔
>
> 光绪五年十二月十五日立卖①

通过上面的文字可以看出，甘寨龙姓人士借到江西街万寿宫的银子，后面没有还回，引发江西街移民向官府控告。上述契约正是为打官司筹措银两。江西街移民村落的建立，其过程本身即体现出小江社会内部复杂的村落关系。

综上所述，小江的六个村落之间有着明显的亲疏关系。瓮寨位于小江上游，人口最多，开寨历史最长，作为"母寨"还产生了两个"子寨"——新寨和甘寨。瓮寨是小江地区举足轻重的村落，由于其紧邻天柱县，因此与天柱的勒洞、石洞等有着密切的经济联系。皇封处于小江的最下游，与九寨之一的魁胆联系较多，而在小江地区内，由于地理位置的限制，只与相隔稍近的甘寨有着些许联系，两村曾经在明末清初结拜，即当地俗语所谓的"打老庚"，并

---

① 契约乃笔者于2009年田野调查期间在江西街村民家中所见。

129

移民、市场与社会：清代以来小江地域文化的演变

且存在联姻的关系。当然，既是居住在同一个区域之中，皇封也不可避免会与其他村落发生各种各样的关联，比如，瓮寨曾经送给皇封几棺阴地，并且新中国成立后从瓮寨到皇封还修了一条水渠。江西街与坪地联系最为紧密，纠纷也最多。相对于小江其他村落来说，这两个村落相隔最近，中间只隔着一条宽三米左右的街道，甚至还存在村民夹杂居住的情形。居住空间的临近、市场资源的分享，都促进了小江地方各个村落的联系与互动。

通过对小江各个村落开寨过程的梳理，可以发现风水观念影响了村寨地址的选择。龙姓坐家村落在此地的时间较早，其村寨周围都培育了一片风水林，而且村寨都各有龙脉。龙脉所在，在他们看来是村寨灵魂之所在。小江地区作为北侗九寨之一，在山区里的河边，地势相对较低。龙姓坐家仍然选择以龙脉为中心，在山上择址开垦。由此也使得大大小小的自然寨之存在成为可能，所以也出现了众多的小地名。这些围绕龙脉分布在山上的寨子，作为寨民自然选择的社会生活空间，是一种自然人文状态下形成的聚落，与行政村有着明显的不同。

与此相应的是，人群之间以"屋山头"为单位，"屋山头"的范围可大可小，灵活容纳了家族与宗族的含义。"屋山头"是小江龙姓坐家对房族的称呼。吃冬至、红白喜事等活动基本以"屋山头"为单位展开。

相比于其他地方，移民或者后来者要进入该地，存在必须改姓等情形，江西街移民村落从移民的到来，再到集市的成型和村落的建立，没有发生任何一个改姓的个案。这与区域大背景即形式多样化的商贸活动是分不开的，而且与移民本身在小江社会所扮演的特殊角色存在关联。江西街移民村落在形成之初即一个自然寨，后来进行行政划分时则以独立的行政村面貌出现。21世纪初合并行政村的举措，对小江内部的社会关系网络产生了微妙的影响。

　　江西街与小江其他村落之间由于诸多因素的影响，村落关系呈现几个明显不同状态的时期。木材贸易兴盛时期的移民村落与坐家村落，市场兴旺时期的移民村落与坐家村落，民国时期的江西街与坪地，现在的江西街村落的搬迁，都呈现了不一样的特点。总之，村落形成的历史过程，是村落关系演变的过程，也是小江社会内部型构的过程。

第三章　商贸与市场

——小江移民与多元化集市及信贷体系

　　如果说人们交往或交换的核心体现的是社会整合，那么市场并非一个纯粹的经济系统，不可避免地要与特定的社会产生制度性关联。作为制度，市场是不规则的空间分布，从而表明市场远非一个同质整体。① 对市场的理解，一方面是具体的商贸活动，以及区域社会内不同目的和服务种类的市场；另一方面是对活跃在市场中的人和关系的把握。市场不仅是经济活动场所，也提供了社会交往空间，对移民的意义尤其重大。

　　自清代开始蓬勃发展的木材贸易和其他商贸活动，不仅加速了清水江流域与外界的货物交换，也吸引了众多外地客商和手工业者的到来。这些外地客商最初从王寨购买木材，贩运到湖南甚至江南等地，其中一部分客商就定居在沿河地区，或经营百货业，或继续经营木材生意。清中后期，随着商业领域的拓展和深入，以及木材采运制度的变化，部分客商溯江而上，来到了小江地区雇工栽杉和种植油桐树，并定居在此。清末民国时期的战乱也导致移民迁徙到小江地区。拥有货物与资本的客商，以及其他具备某些技艺的手工业者，渐渐在小江地区建立市场，成为乡村集市中最主要的卖家。小江市场的逐渐成形，这一过程伴随着移民的入住以及移民与坐家的频繁接触与互动。由于小江地区特殊的地理位置，米和酒两大宗成为小江集市联结区域社

---

① 陈庆德：《市场体系的生存基础与文化产品的市场进入》，《西南民族大学学报》（人文社会科学版）2007 年第 5 期。

会中汉寨场与王寨场的重要物品，同时，缘于该区域社会公共生活的独特性，移民的活动以及移民与坐家的互动促使小江地区被纳入更广阔的关系网络之中。清水江流域的商贸活动和小江市场的发展，以及移民的商人和小商贩的身份，诸多因素促使小江地区开始出现多样化的信贷体系，而且为人们的信仰生活增添了越来越多的市场化因素。

第一节 商贩移民与乡村集市的草创

小江集市是如何在当地创建起来的？关于具体的草创过程，留存在人们头脑中的记忆早已零碎杂乱，无法拼凑成一个整体。笔者将同为九寨之一的平秋集市的建立缘由作为参考，从中展现山区集市精彩的形成过程。

"平秋原无场集，随着清水江流域木材贸易的兴盛，湖南商贩陆续来至锦屏地区。湘籍货郎，肩挑小百货，手摇小皮鼓，深入九寨侗族山区，走乡串寨，沿村叫卖。此等商贩日渐增多，便相约在平秋寨内的一个较高坡地定期集市，附近村寨的侗族居民，相告而至，进行简单交易。约定俗成，逐渐形成九寨侗区的一个初级的中心集市。"[1] 由这段叙述可以看出，平秋集市是由一群流动的湖南籍商贩渐成规模后，相约集中在一处高坡之地定期集市，经过附近村民的宣传，最终形成一个集市。虽然如此，平秋集市是何时形成的却并不清楚。

小江与平秋两个寨子，虽然在清代至民国时期都属于九寨，而且都在王朝的赋役体系中，但是二者仍有诸多明显不同之处。第一，两个寨子所处的地理环境不同。平秋位于高坡九寨的腹地，而小江位于河边，毗邻王寨，小江河流在王寨汇入清水江，与王寨的

---

① 贵州省编辑组编《侗族社会历史调查》，第 152 页。

关系更为密切。第二，两地在某些重要的节日和文化信仰方面有着明显的不同。比如小江地区不过尝新节、不吃牯脏，现在也没有斗牛的活动，而这些除吃牯脏外，现在仍在平秋等地扮演重要角色。第三，两地虽然同样受到清水江流域繁荣的木材贸易之影响，但程度有很大差别。小江位于河边，所产的木头顺河而下即到王寨，相比于高坡的平秋不知便利多少。此外，随着清水江流域木材采运制度发生变化，小江地区随之受到影响，大批溯江而上的商人来到小江地区雇工种植，对小江的移民和社会经济生活都产生了影响。最重要的一点是，通过对小江集市的考察，笔者发现它与平秋高坡集市，不论是主体人群、建立方式，还是集市规模，都大为不同。

小江地区的集市是清嘉庆年间以江西帮为主体在场坝建立起来的，江西街移民群体作为卖家是集市上的主导力量。集市的建立促使小江社会内部及周边地区人群的经济活动紧密结合起来，构成了一个范围较广的联系圈。它从侧面体现出小江地方社会的运行以及移民群体与坐家之间的互动关系，同时也折射了江西帮在小江地区的入住过程。江西街移民群体之所以如此迅速地建立集市，一方面与他们本身的商人身份有关，换言之，这些移民之所以来到此地，是被区域社会的商贸活动吸引；另一方面也与当地特殊的土地占有状况有关，移民来到此地，当地的田土都已被占完，即使出资购买也需要合适的契机。

> ……客民所以多也，然……锦屏乡所管城内九甲，城外十二屯，自改卫为县时，军屯皆成土著，身住屯所，业落苗寨，视彼邻省林府客民，跋涉相依，尤为便捷。况苗民家道既裕，又晓文义，族类蓄多，同气相助，间有力薄弃产之户，不待客民计议筹画，合寨有力苗民已将田土垄断而得，纵有可图之产，又为府县两属之土著平日耽耽于侧者捷足先登。客民始计

未尝不借径于贸易、手艺窥视苗产，及至深入苗寨，已则势孤，竟无从得土田，故苗寨客民虽多于他地，而客民当买田土则又寥寥者也。[1]

正如上述资料所示，来到小江的移民群体即使有资金，一时也未能购买田土。据江西帮江家的后人回忆，最先是熊、戴、肖、王、江这些姓氏来到小江地区开场，他们向新寨讨得场坝这块地，最初将市场建立于此。

讨字、卖字、典字、租字等都是当地的一种地权转换形式。讨字既可以是口头讨，也可以是书面形式讨，分两种情况：一种是送，主要是送阴地，比较常见；另一种是租，象征性地交一点租金。江西帮讨场坝，便属于前一种情况，只不过讨的不是阴地，而是场坝，此举很有可能是江西帮出资参与新寨的公共事务包括修井、建渡口所致。后来市场迁到荒草坪，则体现了另一种讨字，江西街村民每年要交给坪地一定的香，用来供奉坐落于坪地村的南岳庙，香成为另一种形式的地租。场坝的获得，体现了小江社会内部移民与坐家之间的利益交换与合作。江西街村民认为，他们之所以能讨得这块地方，就是因为出资参与新寨事务。之后他们便在场坝搭建棚子，做点小生意讨生活。

小江集市的创建者——江西帮，最初是迁徙到小江并参与地方事务，之后才建立了集市，而且他们与王寨的临江帮有着密切的交往与联系，受到王寨临江帮的支持。现在与村民访谈时，笔者发现仍有一些人会去建构这一集市的起源。

明万历年间（1573—1620）设三合铺舍，三合即今之小江，铺舍实为客栈，但从中可以看出当时小江已是商贾

---

[1]　杜文铎等点校《黔南识略·黔南职方纪略》，第 322 页。

往来之地。小江流域盛产杉木和土特产品，古时地处锦屏至剑河，三穗之孔道，进入小江采购杉木和土特产品的外省商人很多，小江上游的摆洞、优洞、水洞、南明乃至剑河、三穗等地的林农伐运杉木到小江进行交易的也很多，为了人们的吃饭和住宿，客栈、饭店应运而生，粮食、蔬菜等农副产品和外省木商带来的日用百货的交易也日益活跃，至清代中期小江便逐渐形成集贸市场。在当时，几十人，百数人也算是赶场了，初时没有规定场期，处于人聚为场，人散为农的状况。随着市场的逐步发展，赶场人数增多，政府规定了统一赶场的日期，以利商品交易；到民国35年（1946）10月县政府再次调整了场名场期，场名叫"小江场"，习称"江西街"；场期为五日一场，农历逢四逢九为小江赶场日。到小江赶场的有沿江各村寨，地良、平翁等地群众，交易的商品有大米、小米、黄豆、苞谷、红薯、洋芋、蔬菜、肉类、禽蛋、皮货、药材、蓝靛、鱼类和木商带来的日用百货、布匹、食盐、小农具等。赶场人数一般在300—500人，年关时间有1000人。[1]

这份材料由江西街一袁姓村民编写。当时锦屏县有关部门人员在收集县境内的村落故事，编撰村落历史，要求各村先提供一份资料。这份材料便在这一背景下诞生。江西街村民在编写本村历史时，花如此多的笔墨来描写小江地区已经不存在的集市，正是说明这一集市曾经在移民群体当中占据重要位置。

在草创的场坝集市上，除了江西帮以卖家身份活跃在市场上之外，还有来自其他地区的一些流动商贩，包括卖糖、卖米、卖酒等为生的，也包括除银匠外其他的手工匠。曾经在小江集市上有一个

---

[1] 笔者于2008年田野调查中收集所得。

来自天柱县的铁匠，还有来自湖南的一个鞋匠专门制作皮鞋。此处的皮鞋并非现在市面上所谓用动物毛皮制作的鞋子，而是类似图3-1的鞋子。这种皮鞋耐磨、结实，放排时穿事半功倍。

很明显，江西帮凭借自身的手艺开设集市，为当地人提供了以前未曾有过的服务。银匠和榨油等手工业非常贴近当地人的日常生活，极大满足了他们的需求。这些手艺都是当地人不会但又需要的，因此吸引了更多的人参与到集市中，并形成一定的规模。

图 3-1　排夫撬排用的鞋子

集市开设后，为了集中资源，当地人特意规定场期，但关于具体的赶场日，人们已经记忆模糊了，一种说法是农历的四、八，还有一种说法是四、九。总之，当时人们规定场期，使得货物集中在赶场的日子里销售，这也为周边来赶场的天柱汉寨、高坡等地的人提供了便利。

小江集市的货物交易方式因参与人群的不同而有着特殊之处。虽然地处贵州山区，但自清代开始的木材贸易使银子在当地广泛流通。人们通过卖木头、放排等活动，获得了水客带来的银子，因此小江集市自开设之初即能够以货币的形式进行交换。至于以物易物的形式，相信在开始的时候也曾经发生过，主要存在于作为移民群体的江西帮与当地人尤其是汉寨村民之间，通过这种方式江西帮直接获得了生存所必需的粮食。这一集市的开设对江西帮与当地人可谓双赢，既使江西帮得以谋生并能够入住当地，又使当地人可以出售农产品，也可以购买生活必需品。

施坚雅在研究相对平坦的四川盆地时，提出了基层市场理论。他的六边形模型虽然是理想型，但的确从一个角度透视了中国农村社会的构成。当我们回顾小江集市的创立过程时，看到了另一种地理特征之下的市场，即在山区的河流体系中，市场是如何由区域社会中的移民一步步建立起来的。货物和放排的人随着河流流动，亦成为这一集市的突出特点。小江市场的形成，可以看作山地乡村市场起源的一个典型个案。

第二节　集市的搬迁与江西街的形成

小江集市创建于场坝，在道光年间搬迁到了小江河边。集场的搬迁，看似是作为"来人"的江西帮与瓮寨和坪地龙姓"坐家"之间的一种妥协，体现出当地龙姓群体对小江集市的干预，也反映了江西街移民群体与小江其他村落尤其是瓮寨和坪地之间的角力。集场的搬迁，客观上促使江西街形成，对地方权力网络也产生了深刻影响。

集市的搬迁，发生在道光年间，对小江社会而言，这是一个非常重要的时期。此时小江地区木材贸易兴盛，卖木头、放排等活动异常兴旺，经常是大片的木排停留在河边，整个河面上非常热闹。人们依靠卖木材、放排赚取了大量的银子，并积极修桥、修井、修路甚至是建祠堂。小江瓮寨拥有大面积的山场，寨子里的人趁此机遇通过做木材生意而发家致富。龙彦昌就是这样的一个典型个案。据瓮寨村民回忆，龙彦昌当时到大河（即瑶光河）卖木头，一去就是三年，毫无音信，家里人都以为他放排时出事了。但三年之后，他回到小江，还运回了三船银子。他将运银子的木船停在小江河边，然后喊家里人出来搬银子，其家庭就这样成为当地的富裕户。龙彦昌的故事直到现在还为人津津乐道，他更是被当地人奉为做木材生意的能手。当他致富之后，即在瓮寨为子孙建起几座有天井、砖墙的造型精致的窨子房①，直到现在一幢仍残留有外墙，另

---

① 窨子房，又称烽火墙，是一种有天井，外墙为砖石结构，内部是木质结构的类似四合院的房子，多为以前富裕的大户人家修建，在小江地区现仅存瓮寨的两所耕读第为窨子房，江西街的万寿宫据说在民国年间也建了烽火墙，但早已拆毁。此外，在木质房子外围砌烽火墙，还具有防火防盗的作用。

一幢相对较为完整。总体而言，这一时期整个小江地区兴旺繁盛，异常活跃，各个群体也纷纷建立自己的团体组织，比如江西帮所建的移民社会组织。

此外，还有一个重要的时代背景，即清水江流域木材采运制度的变化。道光年间，锦屏县属的内三江与天柱县属的外三江共同当江，由此外三江的水客也可以上河来买木材。木材采运制度的变化对清水江地方社会产生了重要影响。内外三江共同当江之后，一部分水客跑到上游直接来到小江地区买木材，这很有可能促成了瓮寨的搬迁。

木材采运制度的变化直接促使瓮寨从高坡搬到河边，从而便于与水客接触，使得卖木头更为方便。瓮寨龙氏最初居住在一处名为"高大老"的地方，位于大山深处。小江地区的侗家认为，居住在山上风水好，人口也会繁衍兴旺，所以最先都选择在地势较高的高坡位置建房子。道光年间他们从山上搬迁到了"竹子坪"①，即现在所居之地。当时村里的地理先生认为竹子坪这一地名不好，将其改为瓮寨。至于瓮寨村民，他们如何看待祖先从山上搬到河边的这一行为呢？笔者从当地村民口中听到的故事是：瓮寨喂养的牛放养之后，牛全部跑到竹子坪歇息，都不上坡。牛在当地被视为一种有灵性的动物，既然牛都可以居住，那人肯定也能居住。于是他们便搬迁到了竹子坪。在小江社会，人们在解释很多历史事件时，都是从风水的角度进行论述的，认为是好风水所致。

---

① 竹子坪，顾名思义，就是一片长有很多竹子的地方。锦屏县志办的王主任以及文史办公室的林主任同笔者一起于 2007 年 7 月 29 日在瓮寨村办公室举行了一次座谈会，参加座谈会的主要是瓮寨村五位熟悉当地历史知识的老同志，包括龙姓的几个房支，他们都在 60 岁以上，进行交谈时以当地俗称的"汉话"为主，但这些老人讲到激动之处往往都用侗话，因此笔者通过两位主任的翻译以及自己的询问获得信息。关于瓮寨的很多资料都是在这次访谈中得到的。后文有关的瓮寨与天柱县的纠纷契约也是在这次座谈会的休息过程中从村委办公室里看到的，笔者将其拍摄下来。

    瓮寨的搬迁受到了木材采运制度变革的影响，它与小江集市搬迁之间又有着怎样的关系呢？对这一问题的透彻把握，有助于更深入地了解小江社会内部的权力结构演变。

    道光年间，不仅瓮寨从高坡搬到河边，小江集市也从场坝迁到小江河边的荒草坪。这片区域以前是个沙洲，长着一片荒草，因而俗称荒草坪，名义上属于坪地村所有。荒草坪紧邻小江，沿江形成一长条形状，地势很低而且没有任何遮挡，非常容易遭受洪水侵袭。每次洪水过后便留下一堆泥沙，导致杂草丛生，当地没有人去开垦利用。江西帮向坪地讨了荒草坪，每年缴纳一定数量的香给坪地作为地租。坪地在清代建有一座南岳庙，这些香则被拿来烧给南岳庙里的菩萨。

    不论是之前的场坝还是后来的荒草坪，在江西帮来开设集市之前，基本都是废弃之地，不被当地人所利用。参考学者对四川和贵州等地江西籍移民居住地的考察，再结合小江地区的场坝和荒草坪，笔者发现这些江西籍移民到达迁入地之后，最先往往居住在沿河的"夹滩"或沙洲。这些地方的共同特点就是地势相对较低，容易遭受洪水，所以是当地居民无法居住，种田又会遭遇水淹的废弃之地。但其优势在于靠近河边，交通便利，为水路运输提供歇息之地，因此开设集市的条件颇为成熟。正因为当地人对此种沙洲的废弃，这些移民才得以暂时有地方居住下来，并建立集市。

    当迁到荒草坪之后，地势更加平坦，地理空间更为广阔，不仅为集市贸易提供了更大的空间范围，而且促使交易的货物种类明显增加。在场坝赶场时，集市交易活动多来自江西帮群体所做的各种小生意，比如银匠、榨油、卖布、烧砖窑等，以及汉寨村民卖米、卖苞谷，高坡地区卖鸡、鸭等家禽。当集场迁到小江河边即荒草坪后，更多的人来到小江地区，交易的货物种类也丰富了很多。市场上开始出现店铺，人们建店经营，商品交易有了固定的场所，从而不为场期局限。此外，随着小江木材贸易的兴盛，大批从剑河、天柱放排下来的排夫在此停留歇息，带动了市场上经营歇客生意店铺的出现。开店歇客渐渐成为集市中重要的经济活动。排夫在当地停留，除住宿之外还需要餐饮服务，因此当地人也经营各种饮食，比如烧酒、炸粑粑、卖敲敲糖等。由此小江集市的规模愈发扩大，交易更加频繁。

集市的搬迁，客观上促成了交易规模的扩大，却并不能简单地将搬迁原因归结为规模扩大的要求。尤其是联系平秋集市搬迁的个案，以及瓮寨此时的搬迁，小江集市的搬迁原因就更加耐人寻味。前文曾提到，平秋集市是在清水江木材贸易兴盛背景下，由一群来自湖南的商贩自发建立的。当其建立之后，仍以个体商贩的面貌出现，缺乏强大的社会组织和团体力量的协调与支持，因此被周边村寨的头人加以利用，将集市重新组织并进行搬迁。这些村寨头人和大户承担了搬迁后集市的事务，获得了控制集市的权力。在搬迁的过程中，市场的控制权力明显发生了转移，由这些湖南商贩转换到本地寨子的头人中。平秋市场的建立和搬迁深刻反映了移民与当地群体之间权力关系的转换，体现出他们之间复杂的互动。

就小江地区而言，随着该流域木材贸易的兴盛，当地人获得了大量的银子，与此同时也增加了对商品种类和数量的需求。来小江赶场的人群规模渐趋扩大，市场上的交易活动更是频繁进行，整个市场处于活跃状态。瓮寨选择在这一时期从高坡搬迁到河边，而集市也同时进行了搬迁，这很难令人相信是巧合。

瓮寨从山上搬迁到河边，不仅交通更为便利，赶场和卖木头都方便很多，而且距离集市更近，尤其是集市从场坝迁到荒草坪，与瓮寨的距离缩短了很多。搬迁后的瓮寨与搬迁后的集市隔江相望，只有十几米宽的江面距离。

笔者猜测江西帮之所以将集市从场坝迁到荒草坪，主要是瓮寨势力的干预所致。就江西帮而言，场坝当时不仅赶场，还开设了陶器场和瓦窑场；而集市一旦搬迁，江西帮必须另外购买地基，陶器场和瓦窑场也都有可能被废弃掉，事实也的确如此。所以，小江集市的搬迁极有可能是瓮寨和江西帮之间的一种妥协，是"坐家"

与"来人"双方角力的结果。

对江西帮而言，市场搬迁后，原先的场坝完全归江西帮所有，[1] 场坝的权属发生了重要变化；而且荒草坪的获得并非通过购买的方式，只需要每年交点香即可，可见还是得到了一定的地权利益。对瓮寨而言，集市搬迁到荒草坪之后，他们获利颇多，不仅赶场方便，而且通过控制集市上的米牙职位极大干预了小江集市的运作。米牙是牙人的一种，牙人一般指的是靠在货物交易中收取一定费用维持生活的人，不同的行业有不同的牙人。清水江的木材交易中，也存在牙行制度。单就南方乡村社会中的集市而言，最多的牙人就是米牙。米牙有牙升和牙斗，每牙斗折合一市斗。乡民进行米豆交易时，米牙通过提供牙升、牙斗，收取一定的"服务费"。牙人控制了墟市上最大宗、最重要的交易，控制了度量衡等制度，因而通过牙人制度，牙人所属的宗族也就基本上控制了墟市。[2]

前文曾提到，小江地区山多田少、粮食缺乏，汉寨的村民便挑米来卖，稻米成为集市上的大宗交易货物。据江西街袁姓老人讲述，小江集市上也存在过米牙。这些人对卖稻米的商户进行验收，收取一定的服务费。卖米的商户每挑一担米到小江集市上出卖，米牙便在上面打个印记，表示合格，而商户则要拿出一筒米（约合现在的 7 两）给米牙。当笔者询问这些米牙都是什么人担任时，这位老人说是由坪地和江西街上的困难户充任，是为了照顾他们。

---

① 勒洞罗乔开于乾隆八年（1743）从瓮寨讨得屋地，契约特意表明屋地仍为瓮寨所有，不归勒洞，其具体内容是："立 讨字人勒洞罗乔开，今因无所居住，上门问到瓮寨龙培包、岩三、乔三弟兄名下屋地三间，以讨住，致遇年岁丰收搬出外地，过后子孙立造建仓之时自愿退离别处，若无立造建仓，屋地仍归培包、岩三、乔三子孙之业。今恐无凭，立此讨字是实。"可以看出，这一张虽为讨字，但地权并没有发生变化，与场坝的讨字完全不同，场坝由江西帮讨到后，直接归江西帮所有。

② 刘永华：《墟市、宗族与地方政治——以明代至民国时期闽西四保为中心》，《中国社会科学》2004 年第 6 期。

学者对华南地区的乡村集市加以研究之后发现，牙人主要是由出资开墟的各房支族人充任，因而都有一定的势力和背景。牙人的工作内容很简单，一般只要熟悉市场行情者，均可充任。这一职务有点类似于现在市场上的管理员，负责对交易的商户收取一定费用。就当时的乡村社会而言，不论是牙人所担当的任务，还是其工作的收益，都说明这是一个肥差。牙人的担任需要经过竞争，需要力量支持，而选出来之后，则每年须向本族支付一定的钱物，以答谢族人同意他充当此职。照此看来，由坪地和江西街的困难户来充当牙人的说法很值得怀疑。很有可能的情况是江西街街市上的米牙既非坪地也非江西街人担任，而是由瓮寨村民来充任，所以要求集市搬迁到瓮寨对岸，由此瓮寨通过米牙参与了集市运作，控制了集市的大宗货物交易，从而在一定程度上控制了小江集市，也向集市的开创者——江西帮显示了坐家力量的庞大。

姑且不论集市搬迁的原因，单就集市搬迁的影响来看，从场坝迁到小江河边，直接促成了"江西街"的形成。

前文曾提到，集市最先就是由场坝搬到荒草坪上，后来江西帮根据荒草坪的长条形特点，沿江建立了一条花街路。路面全是用一粒粒小石头铺成，下雨的时候可以防止泥泞，而且不怕被水冲击，集市也到这条新建的花街路上进行。所以，来小江地区赶场的人将这一花街路上的集市称为"江西街"。建立街市的江西帮和集市所在的花街路成为江西街的两大标志。可以看出，"江西街"最先指代的是江西帮在荒草坪建立的街市，是小江集市的名称。后来，集市上的卖家，主要是江西帮在街道两旁建造房屋，开设店铺，渐成规模，"江西街"才演变成村落的名称。至此，"江西街"既指代小江的集市，也指代街市两边人群所构成的村落。

"江西街"这一名称的由来也同江西帮一样，经历了一个从他称到自称的过程。从他称变为自称的过程，体现了江西帮移民群体对其身份意识的觉醒，更体现出其他群体对江西帮的认可以及与自身的区分。江西帮成为江西街的主体象征人群，即使在其之后又陆续迁徙来一批批人，尤以民国时期最为明显，在江西街形成另一帮派——湖南帮，但江西街这一名称却始终稳固如一，未曾改变。20 世纪 50 年代的农业合作化运动，在乡村社会建立了供销社，粮食和其他农主副产品开始实行统购统销，而小江集市则停赶。江西街作为实体街市的名称开始成为一个符号，此后主要作为村落的名称流传下来。现在江西街村落的人群不论是江西帮还是湖南帮抑或从其他地方迁徙而来的，都自称为"街上"，亦即江西街上。如今花街路已经被水泥路代替，但房屋仍然分布在街道两旁，依稀可见当年的影子。

江西街的形成，得益于集市的搬迁，当其形成后，又促使小江集市的规模渐趋扩大，最明显的体现就是街道两旁开始设立各种店铺。开店的不仅有江西帮，还有坪地人士。根据田野中见到的几纸坪地村民卖店基的契约，以及现在还有两三家坪地人住在街上的事实，笔者推测，花街路很有可能是江西帮与一部分坪地人共同出资修筑的，由此他们有权在街上开设店铺。可以看出，江西街与坪地在这一时期已经产生了密切的联系。

清末民初小江社会又迎来新一个移民高峰，即湖南帮移民群体。他们同集市开创者江西帮一样，都作为卖家参与到了小江集市中。这些后续移民群体的加入，带动街市上的服务和货物种类更为丰富多元，也增加了固定店铺，使江西街集市得到了更大的发展（见表 3–1）。

表 3–1　清末民国时期迁来的江西街移民经商概况

姓氏	刘	张	李	杨	刘	吴	龙	赵	吴
迁出地	湖南	湖南	天柱高酿	剑河	九寨	天柱攸洞	天柱	王寨	远口
谋生活动	漆匠	不详	织网造船	歇客店	杀猪	木材生意	歇客店	烧酒	卖盐

资料来源：笔者根据访谈资料统计所得。

具体来看，除了之前江家继续做银匠，市场上还出现了铁匠、漆匠、木匠等手工艺人。小江集市上的铁匠是天柱木杉人，他从木杉来到江西街，在集市上为当地人打造各种铁具。铁匠的出现，极大地便利了人们的日常生活。来自天柱的这位铁匠与江西街湖南帮结为姻亲，他的一位姐妹嫁给了江西街一刘姓男子，铁匠本人也留在小江地区，后面还参加了小江湖南帮的社会组织。据村民讲述，土改时他被认为打铁所得能够维持两三个人的生活，因此没有分给他任何土地，于是他又返回天柱居住了。

来自湖南的刘家在小江甚至九寨地区是有名的漆匠家庭，以专门漆棺木、做雕塑以及建筑物为生。刘家尤以刘老求最为出名。他是当地有名的手艺人，其雕塑技艺远近闻名，天柱石洞木杉的南岳庙、新寨海螺庵和江西街财神馆里面的菩萨皆出自他手。身为漆匠，他们一般自己种植漆树，方便提炼原料。现在刘老求的后裔仍种植少许漆树，但并不热衷管理，据他的说法是漆树味道太浓，而且要在恰当的时机去割漆，而他虽有技艺但很少使用，基本荒废了。除了自己种植，漆匠也可以购买别人所种的漆树：

> 立卖漆树字人栗木山龙金才情因要钱使用无处所出，自愿将壕记率所栽杉木二冲内有漆树约有六十余株，要钱将漆树出卖，先问迁邻无钱承买，请中上门问到小江街刘祚铭名下承买，当日凭中三面议定价钱式仟捌百文，其钱入手领足应用，其有漆树任凭买主薅修耕管成林，不居三团五载，漆树割死方休。自卖之后不得异言，恐口无凭立有卖字为据。
>
> 　　　　　　　　凭中刘蕃富　代笔龙石麟
> 　　　　　　　　宣统庚戌年三月二十二日立①

---

① 这份契约是笔者在 2007 年田野调查期间于江西街村民家中所见。

上述契约中的买主刘祚铭是当地非常有名的漆匠，小江地区现在仍有人在讲述他的故事，或许属于修阴积德的反面案例。田野中收集到有关他的故事，跟当地人们的信仰密切相关。该地历史上留下来的几座有名的建筑尤其是位于新寨的海螺庵，据村民描述，里面曾经有很多菩萨，其数量和规模都是小江地区庙宇里最多最大的。可惜在20世纪70年代，庵堂里的菩萨全部被丢到小江河里，现在没有留下一点痕迹。庵堂里所有的菩萨当时都是由刘老求负责雕刻的。当地的风俗是要在菩萨背后心脏的位置雕刻一个小洞，装金银进去，然后用木头封好，最后上漆。当主管修庵堂的人把装十几尊菩萨的金银交给漆匠后，他只装了一点点，其余的金银全都带回家了。彼时他已经有三个儿子，都没什么异样。之后，他的大儿子家生育七八个女婴，只成活三个，唯一的男婴一直长到三十多岁，都不会讲话，也没有成家，在三十多岁时去世。他的二儿子有四个女儿，诞下的男婴都成活不了。这其实是很偶然的，但当地村民却认为这与他当时修菩萨扣掉金银有关，并反问：菩萨的金银也敢吃？足可以看出小江人对鬼神的敬畏。

综观江西街的这些移民家庭，每个都有自己的生活故事，看起来平淡，却都为了生活而努力奋斗，这也是小江这个复合林业社会的包容所致。例如，来自九寨的刘家靠杀猪为生，李家经营织网、造船，为小江地区提供捕鱼的工具，直到现在还保留这门手艺。① 此外，从湖南搬来的刘家还有人做木匠。当时小江地区没有木匠，村落的房子基本都是请湖南人盖的。从远口迁来的吴

---

① 笔者在田野调查时，正逢李 DX 老人去瓮寨一户人家帮忙造木船，准备用来捕鱼。李 DX 70 多岁，平时负责敲锣，主要是每天傍晚巡视村落并敲锣，提醒人们防火防盗，每月有 30 元收入。他去瓮寨造船期间，则由他的孙子，一名初二学生暂替他敲锣。李 DX 老人每天清晨起床便去瓮寨做工，一直到晚上吃完饭才回家。一天的餐饮由瓮寨这户人家提供，每天还有 30 元钱的报酬。

家在集市上卖盐、敲敲糖等生活品，从王寨搬来的赵家则以卖烧酒为生。他们到汉寨挑米，然后烧成酒出卖，有时还挑酒到王寨去卖。

李家现在在江西街只有一户，最大的李姓老人是李 ZQ，出生于 20 世纪 30 年代。李 ZQ 的父亲开始从湖南邵阳来到小江，这里较容易讨生活，当时开设有市场，逢四、八赶场，天柱来卖米、卖肉的卖不完再去赶王寨场。李的父亲在小江集市上靠杀猪、捕鱼、织网为生。李 ZQ 本人也会织网，他还在青年时期拜江西街袁姓人士为师学习木匠技艺。回顾学艺过程，李提到其师傅脾气臭、爱骂人，在小江地区有几个徒弟，具体在江西街就是李本人，在坪地还有几个，数量最多，在瓮寨仅有的一个徒弟做棺木的技术很好，由于师傅自己的儿子早早死掉，所以这门技艺还是通过收别人做徒弟而得以流传的。李 ZQ 出师后自己会造船，用十来天的时间就可以造一艘。他认为搭房屋架子需要的技术最难。

此外江西街市场上还有两家开设店铺，专门从事歇客生意。一家是龙氏，他们在小江河边开了客栈，接待上游放排下来的排夫和下游的"水客"，为赶场和歇息的人群提供餐饮服务；龙氏还在集市上出售布匹。另一家是杨氏，据介绍也是专门经营落客生意。杨家之所以从剑河搬到江西街，主要是因为剑河一带的人群经常放排下来，他们需要一个在小江歇息的地方，杨家便搬到这里，开了客栈，为剑河排夫提供歇息之地。

可以看出，这些移民群体所从事的手工职业，诸如铁匠、漆匠、木匠等，完全不同于江西帮群体的集市活动，但同样贴近当地人的日常需求，满足了人们的生活和生产所需。铁匠的出现使得小江地区的人们购买铁器更为方便，极大地提高了劳动效率；漆匠为去世之人提供棺木，而木匠更是人们建房子所需要的。此外，烧酒、开歇客店等为排夫提供了住宿和餐饮服务，皆为当地人们需要而其他群体皆没有从事的生意。因此，他们的到来，一方面受到赶场人群的欢迎，另一方面也加速了小江集市的发展。不论是从货物规模还是从交易人数来看，集市贸易都呈现兴旺态势。

不同性别的移民在集市上是否有不同活动？看起来，小江集市上的手工匠都是男性担任的。大米和米酒也是小江市场上的大宗物品，大米需要到汉寨去挑，而酒又常常被挑到王寨去卖，这两种活都需要较为充沛的体力。某些访谈资料显示，小江也有部分女性挑柴到集市上出售。

人类学的田野过程有时充满了意外，或许也正因为如此，才令人愈加向往和期待。有时候，来到一个地方，也许只是看看，并不一定非要获得什么资料，却会有意想不到的收获。有时候，直奔目的地，却发现原来并没有。实在是对江西街这一名字的感受太强烈，所以 2010 年的田野中，在新化地区乍然听到"江西厂"这个名字，笔者首先想到的是"江西场"这三个字，并且下意识地希望那个地方至少曾经开过场市。为了去这个地方，笔者在太阳下走了两个小时的路程，而且当时周边的水渠都已干涸，顺着机耕道走了很久，后面终于赶到名为"江西厂"的村落，却发现是一个有二十多户人家的自然寨，但姓氏倒是很多。看了张家的族谱，发现与小江地区的江西街找不到任何联系。此"江西厂"非彼"江西场"。

集市的搬迁最终奠定了江西街移民村落及乡村集市的双重身份，为移民群体提供活动与经营的空间，同时为小江坐家的经济生活提供了诸多便利之处。以江西帮和湖南帮为主的移民群体，在经营生意、提供服务的同时，也不忘参加小江社会的地方性事务。同时，移民群体与小江龙姓频繁结亲，很快成为小江龙姓社会最重要且方便的通婚对象。婚姻的联系、对地方公益事务的积极参与，使移民商帮进入小江社会更加顺利，而且获得土地的赠予，为江西街的形成提供了空间。小江集市的形成，一方面得益于木材贸易所带来的大量客商与放排工人，另一方面客商在此短暂停留甚至定居，也影响了小江社会的商业发展。正是源于河流衍生出来的丰富的物产流动，小江地区在繁荣时期一度出现了除杉树外的大规模的商业生产，一段时间内出现了专业化的村落。

市场为小江的移民带来了什么？据《黔东南州农田志》记载："三江镇地小江三合场一户开客栈屠宰行业者，仅两年光景，就买田三百多石面积和圭球溪两岸大片杉山，成为新兴地主。"可以看出，市场的兴盛，不仅有利于移民的生活，带给他们可观的财富，也影响了小江社会内部移民与坐家的阶层划分。

第三节 专业化村落的形成与区域市场

一 专业化村落的形成

日益扩大的乡村集市与繁盛的木材贸易带动了越来越多的人的流动和物的流动。清道光年间亦是该流域贸易的兴盛期。小江地区的甘寨村落正是在此背景下大规模地生产蓝靛，其生产规模和参与人数以及获利之丰使得甘寨在一段时间内成为专业化的生产村落。

蓝靛，乃当地一种重要的染布的颜料。甘寨出产有红靛和蓝靛两种，红靛的价格相对要高，蓝靛的销售量则大很多。靛，一米多高，其高度类似当地的野麻，是一种野生植物，清末随着需求量的增大，人们也开始有意识地种植。每年开春后，村人选择潮湿阴凉及土质肥厚的地段种植靛这种植物，到八九月份即可收割浸泡，进行加工。制靛的流程大致是：将枝连同叶子捆成一捆，放进早已挖好的圆形靛塘里，用水浸泡。泡好后，将上面的水放掉，沉淀下来

149

的就是靛。制靛需要大量的水，所以靛塘一般都挖在大的溪边。清中后期，甘寨村民多以制蓝靛为主业，道光时该村落已有靛塘四十多口。至今甘寨的初怀溪、宁朝溪还有多个泡制蓝靛的靛塘遗迹。制好后的靛有时拿到锦屏去卖，更多时候则是由商帮来小江地区收购。

甘寨在清中后期成为盛产蓝靛的专业化村落，不仅与外来商帮有关，而且得益于九寨、天柱等高坡地区。为何有此关联？小江地区的人们虽为侗族，穿侗衣，但并不善于织侗布。魁胆、平秋等九寨高坡地区的女性则有熟练的织布技艺，她们所需的染料集中于此购买，将蓝靛用于侗布的浆染。由高坡嫁到小江的妇女或许将织布的技艺也带了过来，但总体比较，小江河边的妇女织布的人数和布匹数量都要少很多。可见区域社会内部这种看似无意识的分工亦深深影响了社会经济结构。

盛产蓝靛使得甘寨在清末成为周边的"富裕村"，并留下了诸多典故。据村民回忆，甘寨村落曾建有三头门，封有三重窨子屋，而且寨子里的制靛大户修有专门的金银库。甚至人们还流传一个富饶村落的故事。据年龄较长的村民讲述，甘寨曾经有一处名为"千家寨"的村落。千家寨位于甘寨到王寨的陆路上，距离甘寨的小寨平岩还有 1 里路。清代，九寨、天柱冷水、石洞、攸洞、圭求、勒洞以及小江地区的人们去王寨都要翻过大凉亭，之后就是千家寨，大凉亭即位于王寨后龙山上。从甘寨对门上去直到王寨，这一段路用细细岩石一排排铺成花街路。该村落据说居住者皆为吴姓，名字虽为千家寨，实则只有几十户，之所以取名为千家寨，实质并非指人口众多，而是在这一村寨中生活的人不论男女，一个人吃一个鸡蛋都吃不完，因此他们从来不用担心挨饿问题。这原本是一件幸事，但因为不饿，他们就请地理先生来看，想要吃得多一点。这个寨子的地形非常特别，处在龙的龙口上，并且有一个岩梁连接，可谓好风水。地理先生来后，把岩梁炸掉，破坏了风水，他们吃得多了，后来就败落，现在全部变为坟地。千家寨虽不复存在，但至今在小江地区一部分老人中还流传着该村寨的故事。小江村民龙 YC 向笔者讲述这一故事时，他深信这是真实的事情，而且感慨曾经的繁荣。

"亲好三代，桥好子孙万代。"向略太公到皇封后架了一座桥，名为"狮子桥"，也称"子孙桥"。这次架桥的主因并非出于修阴考量，而是出于风水考虑。地理先生认为甘寨的龙脉遭溪水冲断，便择址在皇封架桥，同时在地下埋了许多瓷碗，碗象征着龙骨。在甘寨人的回忆中，这座桥用石板铺就，而且两旁都用桅杆围起，在当时可谓壮观。架桥出于风水考虑，但桥的规模则与甘寨大规模制作蓝靛获取收益有很大关系。在当地民俗中，即使是架在外村的桥，其维护责任也属于架桥人及其后代。因此，虽然皇封、魁胆、平翁到锦屏赶场都要经过狮子桥，这些寨子的人们相较甘寨而言，对桥的利用率更高，但桥有所断裂后，维修仍由甘寨人负责。后来这一家族还去修过一回，虽然没有修好。每年七月半，该家族的后人都要去浪桥，皇封的人也会去浪，共同祈求保佑。

向略太公后人对祖先行为的评价，当然肯定了这是修阴积德，他用例子来说明："像现在大商人到我们这里建希望小学一样。"同时，他也认为，"那个桥造价相当于现在的十几万，不晓得他们怎么想的，拿那么多钱去外面投资，岂不做得更大"。这种认识对比突出了蓝靛带来的财富，以及修阴观念的盛行，也解释了小江甘寨并没有发展出大的商户的一个原因。

蓝靛的大量生产和销售或许真的为甘寨带来了许多财富。除了千家寨的故事，亦有其他方面的回忆。相传甘寨曾置办的山林田土涉及几十里外的偶里等地；他们亦在九寨中的桥问寨购买较大的田坝，被称为"甘寨坝"；他们在平翁这一村落修有一座桥，喊"甘寨桥"，买有田，用于桥的修缮等；他们也曾帮助新寨龙家争遗腹子，与平金吴家打官司，宣称可以用元宝一个个堆到平金去。这么多的故事也许真的说明甘寨在清中后期作为专门生产蓝靛的村落，积累了大量的财富。

从清道光年间至光绪年间，甘寨一直大规模地制造、出售蓝靛，间或还有红靛。专门生产蓝靛，后面已经不需要担心销路问题，有专门的收购商从王寨来到小江收购。"光绪末年，日本、美国、俄国、德国的钢材、煤油、毛毡、颜料等工业品倾销到黔东南各主要城镇，直接破坏了黔东南手工业生产的发展。锦屏县小江乡，道光年间开设有四十多个靛塘，年产蓝靛四万多斤，自十九世纪末德国洋靛输入后，蓝靛无法与之竞争，靛塘逐渐萧条停业。"① 光绪以后蓝靛业的衰落，导致甘寨的专业化生产也步入终结。随着鸦片的进入，寨人开始抽大烟，导致田产渐渐卖掉，早年积累的财富也被消耗掉了。

相比甘寨，坪地或可称为油桐种植村。同样自清道光年间，小江地区开始大范围种植桐树，尤以坪地村最多。坪地大量栽种油桐树，规模颇为可观，一直持续到民国时期。"与杉木相比，植桐周期短、收效快，三年即可小收，四年即可大收"，② 因此王寨商人开始到小江地区租地雇工、种植桐树。桐油亦是顺江而下流出的重要物产，也带动了一段时间内种植油桐树的热潮。

相比于盛产蓝靛的甘寨、大面积种植油桐树的坪地，龙姓集中的瓮寨村在小江地区除了栽杉和木材贸易以外仿佛并没有在繁盛的商贸活动刺激下发展出某种专门化的生产。瓮寨在小江地区拥有的山场面积最大，木材贸易刺激了商品专业化的生产，也产生了以木材贸易发家致富的一批人，地方社会出现了阶层的分化。笔者曾见

---

① 黔东南苗族侗族自治州概况编写组编《黔东南苗族侗族自治州概况》，第 31 页。

② 贵州省编辑组编《侗族社会历史调查》，第 21 页。

到一份档案，其内容如下：“我县的封建经济产生很早，发展也很快，例如石洞的龙家，17代均是地主，据说是明朝万历年间，到现在将近五百年。蓝田楞寨杨家，也是几代地主。石洞龙家出租田几千挑，有杉木很多，据说要走几天都走不完。有一次，下江客人向他买木，客人说，准你的木还是准我的钱买？龙家说，只能准你钱。后来引客人上山看了几天杉木，客人摆脑壳说，只能准我的钱了。在清代初年，科举时代，天柱李家、远口吴家、石洞龙家，他们互相问答自己的家财，石洞龙家说：‘我的谷子可以由家里一箩一箩地连接摆到城里来（从石洞到天柱有七十里）。’远口吴家的说：‘我的大宝银子可以由门口一个个地连接摆到衙门口来。’”①这份材料描述的是天柱县几个富裕的家族，这些家族或田土多、谷子多，或山场多、杉树多，或兼而有之。

　　总之，清代清水江流域开展的木材贸易和区域社会中其他的商贸活动，以及小江地区集市的形成，带动了该地区以生产某种商品为主的专业化村落出现，也促进了地方社会中一批富裕家族的出现，社会出现了不同的阶层。

二　米与酒的联系——区域市场的建构

　　小江集市的雏形——场坝，在当时颇具规模。首先是集赶场、陶器场、瓦窑场三场于一体，因此又被当地人称为“三合场”。其次，参加该集市的人群范围很广。除了江西帮这一批人活跃以外，小江周边地区的人群也参与到了集市当中。集市建立之后，小江内部的几个村落主要是以买家的身份出现，他们到市场上购买各种生活必需品。“高坡”是小江地区对周边坐落在山上的寨子的统称。小江六村沿江分布，靠近河边，地势较低，因而他们称周围的赖洞、摆洞、平翁、孟寨等坐落在山上的寨子为“高坡”。当时，生

---

① 锦屏县档案局藏，38-1-9，第7页。

活在这些村寨的侗胞都徒步来到小江地区赶场，他们以买家和卖家的双重身份参与其中，一方面可以出售自家所产的稻米、所养的鸡鸭猪等家禽家畜，另一方面也可以购买日常所需的盐、布匹等货物。这些寨子都毗邻小江的瓮寨。在清中后期和民国时期，瓮寨与这些寨子的关系非常复杂，既有婚姻联系，也曾有过山林田土方面的纠纷，而小江集市的开设在客观上加强了他们之间的经济交往与联系。

稻谷和由其加工成的酒成为联结小江集市与汉寨场和王寨场的重要纽带。汉寨隶属于天柱县，毗邻小江地区，是一个较大的村落，而且从地形来看实际上是一块很大的坝子，这在山区中是为数不多的。因此，汉寨开辟大量稻田，是重要的粮食产区，成为小江稻米的主要输入区。汉寨村民有可能将剩余的稻米挑到小江集市上出卖，但更为普遍的情形是小江的小商贩到汉寨买米，挑到小江集市上出售，或者将之烧成米酒，再来售卖，后者或许更为常见。清代小江稻米的需求非常依赖汉寨地区，当面临自然灾害导致的粮食减产时，天柱县往往会限制汉寨稻米的输出。由此可见汉寨作为稻米产区在区域社会中的重要地位。烧制成的米酒一部分在小江集市出售给村民或者由上游放排下来停留的排夫，还有的直接挑到王寨去卖。

关于汉寨场，现存有小江人关于生活对比的档案记录。"解放前，80%的贫雇农受着无穷无尽的痛苦，绝大多数群众都是砍柴卖，帮资本家拉木、放木排、挖芒等讨生活，同时每月在初三、十三、二十三、初九、十九、二十九日，不管哪样都跑到高酿公社汉寨管理区买着大米吃饭。"[①] 这份记录从侧面凸显汉寨场对小江地区的意义。在人们的记忆中，民国时期，九寨、小江的人还到洪江挑百货，到富禄挑盐。

---

① 锦屏县档案局藏，138-1-56-9。

小江与王寨场的联系也非常多。小江地区山多田少，以种杉为主，但自道光年间起也开始大范围种植桐树，尤以坪地村最多，一直持续到民国时期。"与杉木相比，植桐周期短、收效快，三年即可小收，四年即可大收"，[①] 因此吸引了王寨商人到小江地区租地雇工、种植桐树。此外，还有一部分王寨商人到小江地区做木材生意。道光年间整个清水江流域木材采运制度发生了重大变化，下游的客商被允许上河来买木。由于小江紧邻王寨，而且蓄有大量杉木，许多王寨临江帮商人跑到小江地区购买青山，雇工砍木，从山上运输到河边然后放排下去，这样要比在王寨买木获得更多的利润。不论是雇工种植桐树，还是雇工做木材生意，抑或躲避战乱，都需要在小江停留一段时间。这些王寨临江帮商人与小江江西帮商人趁此机遇产生了密切的联系，双方既有经济上的合作，也有婚姻上的联系，集市与万寿宫则成为他们联系与活动的舞台。

酒正是因为在侗胞的日常社会生活中占据了重要位置，才能将小江集市与汉寨场和王寨场联结起来。米酒不仅在节日和仪式中扮演了不可或缺的角色，甚至在某种程度上成为必需品，即使是在政策严格限制下酒的买卖也依旧存在。民国年间，为节约粮食，贵州省府下达酿酒、熬糖的禁令，但小江江西街商贩仍然在售卖，由此遭到查处：

> 特派李副主任、王户籍员前往小江两保挨户查禁，在小江十二保江西街查获吴元正、张文彬等尚敢故违禁令仍敢图利售酒，并将该等不报查封之酒查封于十二保办公处外，并将酒犯分别处罚以儆后效。窃思警备班早已遵令成立，驻于城区，耽负任务，但在此首善之区，如该警备班兵匪不分，有碍观瞻，

① 贵州省编辑组编《侗族社会历史调查》，第 21 页。

> 只得将该酒犯等分别处罚工作服十套，以看该兵等蔽体而重观瞻。兹将受处分之酒犯等每名处罚服装，计吴元正罚服装三套、张文彬罚服装四套、龙泽文罚服装三套、龙子元罚斗笠拾个。①

在小江市场建立以及它与周边市场联系的过程中，虽然是以客商与小商贩为主进行市场运作，但实际上他们不是仅有的受益者，市场的形成也为小江及其他村落的坐家提供了各种机会。坐家除了可以在市场上购买到必需或新奇的物品外，还可以作为商贩，直接参与到市场当中去，比如小江从汉寨购得大米酿造米酒，再拿到市场上销售出去。这样一来，移民和坐家之间通过市场产生了联系，并加强了彼此的合作。

市场的建立也为商人和小商贩入住小江提供了条件。如上文所述，在集市雏形期，客商所用的土地是向新寨讨来的，而后移民又出资参与了修渡口、井等公益性的事务，以此种形式的交换得到了土地并确立了自己对土地的所有权。随着市场规模的扩大，原来的市场和有限的空间不能满足需要，客商们又向坪地讨来荒草坪，正式建立起江西街，更进一步站稳了自己的脚跟，而这一次，他们又以为坪地的南岳庙提供香的方式得到土地。在这种来往的过程中，形成了移民与坐家灵活的交换方式。而这种灵活性，正是在于在市场建立过程中的种种互动与交换，这些都与地方社会的公共事务密切相关，而移民在处理地方事务的同时，也使自己参与到了坐家的生活之中。

另外，无论是市场建立的过程中还是市场建立之后，始终贯穿着权力问题。例如，坪地作为送给江西街土地的一方，虽然并无土地买卖的存在，然而坪地人仍然有权力参与市场的活动。除此以

---

① 锦屏档案馆藏，3-1-22，第106、111页。

外，到底是由移民还是坐家来担任牙商也颇为讲究。

因为市场的建立，外来的客商与流商来到小江后，经过婚姻和参与地方公共事务，最后在小江定居，对小江地方社会内部人口的流动和组成都产生了不可低估的影响。一个例子是小江前往汉寨进行稻米的贸易，通过市场，更加密切了小江与汉寨的村落关系。另一个例子是市场建立之后，为那些在小江河流中放排的人提供了便利，他们可以在小江停留甚至歇宿。移民的到来和市场的建立带来的不仅是货物和人群，地方社会原初的社会交往和关系网络也会随之改变。因此，当我们考虑移民对地方社会的影响时，不应简单地关注市场层面上与货物直接相关的活动，而应该看因货物的流动而流动的人，以及由此发生变化的各种要素。

第四节　小江地区的信贷文化与信仰市场

市场的活动也影响了区域社会内部的借贷关系。当地主要有借钱和借物两种。笔者田野中收集到的三江镇志做了如下记录：地主借钱给贫苦农民，一般月息 4 分至 7 分不等，有利倍于本，甚至数倍于本收取利息，到期有的还不起，连本带利一起计算，变成利生利，农民称为"马打滚""阎王债"。地主借物给农民，有的折款计息，有的"借物还物"，总的都是借少还多。地主放高利贷，无论是借谷还谷还是借谷还钱，无论是借钱还谷还是借钱还钱，年息都在 50% —70%。有这样一个个案，1943 年三江镇菜园村下料地主龙保吉借给平秋镇魁胆村贫农王源流 100 斤稻谷。至 1946 年，本加利、利加利，本利累计 800 斤。王源流无力偿还，只得典卖田产。至 1952 年土地改革，贫苦农民所欠地主、富农的租谷、银钱债务始废。

小江社会的民间借贷可以分为几种。第一种是出于日常生活所用而进行借贷。借贷的对象远近亲疏有所不同，一般先由房族和亲戚开始，但也有例外。以下是坪地龙姓因为买田而借钱，并用以前分家得到的田作抵押的契约，内容如下：

> 立清白字人龙玉怀情因为先年分房，今为买田得借洪佑母亲潘氏岩香银两。当年凭房祠亲友笈清玉怀名下，将下翠得买本房文海田大小七丘二股均分，今将玉怀一股作还，又将领洞得买王昌汉田二丘二均分，玉怀名下一股作还，先立在分关字上，又得典唐承科之田内将纹银三两六钱将还典玉忠亲领，恐口无凭，立清白存照。
>
> 外批父欠银两二人全还
>
> 亲房龙玉科、玉坤、玉明、金朋　代笔龙秀仁
>
> 咸丰伍年七月二十六日立清字①

从这一契约中，我们可以看到小江社会民间借贷行为相对活跃，山林田土之间所具有的明晰股权客观上为信贷行为提供了保障，使信贷更加方便和有效。即使如此，仍不能保障有借有还，当出现不能偿还的债务时，人们又是如何处理的呢？下面一纸契约为我们做了说明。

> 立卖仓屋字人小江街上张胡氏翠兰情，因夫松喜三四五月身染重病，亲手拨借用伊姐丈足银壹拾伍两零捌分整，不意夫至今病故，无处出银赔还，自愿将到街上后坎上共仓屋三间，以作四股均分，今将夫松喜名下之壹股作价出卖与伊姐丈吴先觉名下承买，当日凭中议定价足银壹拾伍两零捌分整，其银亲手领足应用，至松喜壹股之仓屋付于买主永管为业，自卖之后

---

① 契约存于坪地村。

不得异言，恐口无凭，立有卖字为据是实。外批此仓屋出地基
不卖。

凭中　请笔　胡国弼

民国八年岁次己未七月十二日立字①

该纸契约涉及的借贷双方有姻缘联系，是江西街张姓移民同
吴姓移间的借贷行为。当没有银两偿还时，拥有股份的房屋、
山林田土等"物"就会被转让。可见在地方所遵循的规则之中，
无论是借还是贷都保持着一种良性的秩序，即使是本房族或有姻
缘联系，人们仍然按照既定规矩办事，这保证了民间借贷的公
信力。

可以如此推测，在小江地区，伴随着木材和集市贸易等活动
的开展，以及专业化村落的出现，小江地区的股份制形式得到了
进一步的展现，而且信贷体系得到了很大发展。所以，生意人因
需要资金周转而借贷成为小江信贷体系的第二种形式。生意人的
借贷在江西街十分常见。在同治年间，有个叫刘洪顺的人，因为
从事木材生意需要资本，向江西街的另一位木商曾永茂借贷纹银
二百零六两四钱三分。在仍能看到的契约上，也许因为熟识的缘
故，归还的日期并未规定，但我们还是可以窥见商人之间的相互
帮衬与资金往来。

盐是人们生活的必需品，因此销路良好。1942 年，黔东南地
区对盐、糖、烟、酒、火柴等紧缺物品实行专卖，对棉纱布亦实行
"统制"。吴家面临严峻的境地，盐的来源成为重要的问题。为了
维持生活，吴元大以高价从王寨张典模处借得东砂盐，其具体过程
如下：

---

① 契约存于江西街村。

立借字人小江吴元大今因正用，借到张典模先生名下：东砂盐壹仟贰佰每力（老秤），其盐因一时难以筹还，自与母亲弟兄商得同意，情愿将母亲养老之田及祖遗之田共五丘地甲溪口大小叁丘号，东抵张文学之田，南抵吴元正、张文标之田，西抵吴元正、张文标，北抵沟，东抵吴元正、张文标，南抵吴元正、张文标之田，西抵吴代清之田，北抵刘继炳之田，东西北抵吴元正、张文标之田，南抵河坎高又之田，东抵吴元正，南抵吴元正，西抵龙文绍，北抵吴代清三合场之田，东抵荒坪，南抵吴元正之田，西抵龙文相，北抵龙便癸之田为作抵，计期于本（三十八）年古历前七月十五日还清。如有至期未付还清楚者，情愿将上项之田无条件断卖与张君管业。其田并经地方父老乡民代表员表人等证明确系实在，如有虚假或其他等情，员表人等并愿员完全责任，今恐口无凭，特立此借字为据。外批老契及管业直照，分弟兄共，现在吴元正手。

立借字人：吴元大　乡民代表：曾吉文

负责人：曾吉文　及证明人：吴代明

在场人：龙炳成　王泽英

代表人：王荣昌

民国三十八年古历四月十八日　立条①

这份借字很有代表性，内容相对详细，包含了几个方面的信息。首先，抵押物的数量非常大，以母亲养老之田和祖遗之田共五丘田作为抵押。其次，该借字与其他契约的明显不同之处是增加了乡民代表、在场人及证明人等，而且特别强调所押之田的真实性。这一方面说明小江地区人们的地权意识之强烈，另一方面则是因为

———————

① 契约存于江西街村。

张典模并非小江地区人氏，而是王寨临江帮人，因此增加了乡民代表、负责人及证明人，证明抵押田土真实存在并且属于吴元大所有。再次，该借字的条件非常苛刻。借字一般情形下会发展成断卖，因为人们往往无法在限期内还清。该借字也指明：若到期无法还清，其所押之田便"无条件断卖与张君管业"。吴家所押之物既包括母亲养老之田，也包括祖遗之田，而且一共是五丘田，数量非常大，限期却非常短，只有三个月的时间。① 一旦到期无法偿还，所押之田便会无条件地全部归张典模所有。最后，该借字所借之物是日常生活必需的盐，而盐当时已经成为国民政府的专卖品。吴元大在 1949 年，以五丘田作抵押借得这批盐，恐怕不是受到利润的吸引，而是为生活所迫，又找不到其他的生计所致。

瓮寨龙 ZQ 曾感叹，以前做木材生意的商人稍不注意就会倾家荡产。夜晚他们往往把木头堆在溪口或者河边，晚上下暴雨时有可能全部被冲走。有时这里并没有降雨，当上游三穗等地下雨时，他们并不知道，所以堆在河边的木头也会被冲走，这是常有的事情。木头被冲走，沿河两岸的人们就会下水去捞，即使捞上来的木头已经打有印记，木头主人若要寻回也必须出钱，有时是拿出一半的售价来赎回木头。遇到这种事情，有时也需要借贷。

第三种借贷形式极具地方特殊性，主要是当人们办丧事寻地下葬时，因为风水的考虑"讨阴地"而进行借贷。这是一种非常特殊的借贷形式，是只需要借而不需要还的行为。笔者在小江地区见

① 笔者在坪地村看到订立时间分别为道光二十年和道光三十年的两份典地土字，前一份所典之期是五年，具体内容为："立典地土人吴朝显兄弟二人，今因要钱使用，无从得出，自愿将到岑塘老屋平地土二团出典。请中问到龙玉忠承典，当中言定价钱一千二佰正。其大领亲，其地土典于钱主耕种，不得异言。外批限至五年相赎。"后一份典期更长："立典地土字人龙文辉，今因要钱用度，无从得出，自愿将到土名岑塘屋边路坎上，地土一团作典，问到岑塘龙王忠、龙王明二人承典钱六百文整。不论远近相赎，今恐无凭，立典字约是实。"这两份典字更加凸显了吴家所立典字的典期之短。

到几份有关这方面的契约，时间既有清朝和民国时期，也有下面这例发生在 20 世纪 80 年代前后的"讨"借行为。

> 立讨阴地字人龙宜先，因妻病逝无地葬埋，自己上门问到本寨龙远贵、远权、远辉兄弟三人名下，地名步西龙阴地一穴埋葬，余地由原主管理，宜先只管林氏长凤一坟，不得多管余地，恐口无凭立有讨字为据。
>
> 立讨字龙宜先　代笔龙占魁
>
> 公元一九八四年岁在甲子十二月初四日立①

可见，借贷以"讨阴地"的形式，已经深入了人们处理生死问题的精神层面，从而以一种由日常和市场产生的有关金钱的制度，参与到人们的文化生活之中。傅衣凌提出中国社会存在公和私两套系统，源于多元的经济基础和高度集权的国家政权，这二者是矛盾的存在。他所谓的私，本质上指乡族势力，既可以是血缘的，也可以是地缘的，是一种多层次的、多元的、错综复杂的网络系统，而且具有很强的适应性。② 小江社会内部的借贷体系即一种私系统的作用。

在小江地区，除了进行货物和服务买卖的市场，除了资金借贷以外，还有一种特殊的市场，主要表现在信仰层面，同人们的社会文化生活联系在一起。正如前文论述，小江的移民群体以商人、小商贩和手工艺者等身份，充当了乡村集市建立的主导力量，为小江集市的发展及区域市场的联系提供了重要纽带。小江本身由于地理位置和生态环境等因素，受清水江流域木材贸易制度和商贸活动的

---

① 笔者于 2009 年田野调查期间在坪地村龙姓村民家中所见。

② 傅衣凌：《中国传统社会：多元的结构》，《中国社会经济史研究》1988 年第 3 期。

影响程度较深，这一点从生产蓝靛的甘寨和栽种油桐树的坪地两个专业生产村落的兴衰即可看出端倪。小江市场的成形、市场买卖活动和木材贸易的开展，以及江西街移民的商人身份，这些因素刺激了小江地区商业化程度的加深，具体表现即社会内部信贷行为的活跃，以及多元化的信仰层面市场的存在。

小江地区的人在闲暇时常有的活动是吃酒和玩山。除前面曾提到过的几个重大节日如春节、端午、鬼节、重阳节等，小江地区还有其他一些休闲的日子，如米的生日、牛的生日等。对这些节日他们给出的解释是以前长工想休息而编出来的，但人们还是遵守，涉及一些生产禁忌，包括木日、土王日。在这些日子里人们不能挖土，否则"犯天地、犯自己"，即犯煞。总之，在这些日子里休息就好，同房族或有亲戚关系的妇女会聚集在某一家吃酒唱歌。"吃冬至"则以房族为单位，男子参加，活动大致包含两方面。首先大家一起来看谱，传递族谱知识给下一代，结束之后仍然是吃酒。未婚的男女则去玩山。玩山的地点是在山坡，未婚的少男少女相约在山坡唱歌，表达情意。小江地区有"吃旧年""吃新年"之说，合起来即"吃年"。农历腊月二十七、二十八的时候，姑娘们便拎着篮子，里面一般装着一双布鞋、一斤糖、十二个粑粑，相约去玩山，唱旧年歌。小伙子们则接去篮子。到正月初三、初四的时候，大家又相约去玩山，唱新年歌。此时，小伙子们便把过年之前从姑娘手中接来的篮子还回去，里面所装的物品一般是一斤糖、一卷侗衣裳布。布和糖等物品都是需要在市场上购买的。

小江市场从其在场坝地区的雏形，到搬迁至小江河边用岩石铺成花街路，建立店铺，最终形成了"江西街"集市。对这一过程进行深入描述和解释，本书提供了一个山区集市起源的个案。相比于施坚雅的市场体系分层，该集市既是一个乡村市场，又是通过米和酒两大物品构建的一个区域空间的市场。移民在市场中是主要卖家，也兼具买家的身份，需要购买稻米等物品。不同时期迁徙来的两大移民群体在市场中的角色和占据的份额是有所区别的。

市场的渐成规模，木材和集市贸易等活动的开展，尤其是更广阔市场的需求，促使小江地区在清道光年间出现了专业化村落。这些村落的专业化生产，所带来的财富客观上加强了人们的修阴积德观念和行为，也促使社会内部出现分层，部分富裕的家族出现在地方社会中。在此背景下，小江地区的股份制形式和人们的股权意识也得到了进一步巩固和提升，从而为小江社会中灵活的信贷体系提供了条件和保障。出于风水考量，在信仰层面的"讨阴地"和社会生活层面的"吃年"等文化行为也带有些许市场的色彩。除了有形的市场，小江地区甚至整个清水江流域还存在一种信仰层面的市场。生活在此处的人们将未知的危险抑或遭遇的不如意统称为"煞"，"煞"的形式非常多样化，如何"解煞"尤其是"解煞"所需的物与市场联系密切，这一文化行为使得信仰的"市场"产生。

市场的层次化和多元化，体现了这一社会中人们的社会文化行为与商业行为的紧密结合，亦体现了社会的整合。对于移民群体而言，市场不仅是他们的谋生手段和生存场所，也是他们融入迁徙之地、获取入住权的重要策略，亦是他们重要的有时甚至是唯一的活动空间。市场的建立不是一蹴而就的，是通过移民而建立成形的，成形过程中亦伴随着村落的建立。"江西街"在此意义上集集市与村落双重身份于一体。

第四章　会馆与"会"

——移民组织的建立与小江社会结构的整合

历史学家柯文的关于"打破'1949 年'的障碍，寻找内在连续性，而不仅仅是断裂"的观点，意在强调历史连续性，主张研究者挣脱时间的限制，寻找社会内部的延续性。[①] 吉登斯在《社会的构成》一书中强调结构的二重性，结构是不断地被卷入社会系统再生产过程中的规则和资源。[②] 麻国庆认为以家族为中心的中国社会文化并没有随着革命的话语而中断或断裂，相反，在今天也能看到社会和文化延续性的特点。[③] 上述论点皆围绕社会的连续性与结构化展开。无论是研究乡村社会还是都市社区，都应当观照到时间这一视角，但同时也要考虑到社会本身的内部连续性和文化延续性。早在两三百年前，小江这个位于偏远贵州山区的乡村社区已经发展出了股份制的经营形式。不论是建立有形的会馆，还是出于各种具体目的而组织的多样化的"会"；不论是佃山栽杉还是买卖青山木材，都可以凭借资本或者劳动力入股，成为股东——当然，房族是首选，其次才会询问到其他姓氏或者其他村落。小江地区的移民从迁入到入住，在过程中——包括两大帮派的形成、两大会馆组织的形成，形成了鲜明的特点。作为移民在迁入地的社会组织，会馆在某种

---

① 〔美〕弗里曼、毕克伟、塞尔登：《中国乡村，社会主义国家》，陶鹤山译，社会科学文献出版社，2002，第 7 页。

② 〔英〕安东尼·吉登斯：《社会的构成》，李康等译，三联书店，1998。

③ 麻国庆：《家族化公民社会的基础：家族伦理与延续的纵式社会》，《学术研究》2007 年第 8 期。

程度上同清水江流域存在的形式繁杂的"会"有着异曲同工之处。会馆与"会"在小江地区不仅组织起了不同的人群，为小江社会增加了多样化和复杂性，同时，会馆与"会"作为一种可追溯的社会组织，也让我们发现小江社会的延续性及其内部的整合。

第一节　移民与移民会馆

　　吾等万寿宫数姓为不受异姓寨头恶棍之欺凌，示嘱后人务须奉公守法、团结一致，发扬祖宗忠厚老实良民作风。故我辈念其江西之根本，自愿组合，筹措资金创业，以备后人祭扫之用。协议规章定为：万寿宫会馆内人的百年仙逝后的一切财产，有房归房，无房归馆，在生应视同骨肉，互相帮助解决困难。违背诺言者，群起而责之，弃也！万寿宫创始于道光二十八年。现将各户姓名及股金开列附后：

　　戴国森一千八百文　王喜来一千六百文　江日顺一千六百文　江三顺一千六百文　江七顺一千五百文　张双贵一千六百文　张双奎一千六百文　张双吉一千五百文　曾天德一千五百文　曾天祥一千六百文　熊启珍一千五百文

　　高岑的杨天轩、天敏两兄弟没垫股金，每年祭扫临时捐献。吾馆应一视同仁看待。

腾抄人　老毛　手笔①

---

① 这是笔者在田野调查中发现的一份家谱中关于万寿宫的资料，家谱全文见文后附录第一篇。

这份谱本是线装本，16 开，封面
是灰色纸，里面是红色纸张。封皮上
书写"草谱 民国十九年七月吉日立"
（见图4－1）。谱本是手写本，字体有
繁体也有简体，后面描述家族内部的
谱系一直延续到现在。这是一份出现
在江西街江姓家族草谱中的记录，记
录了小江江西会馆建立的来龙去脉。
该谱本可谓短小精悍，虽是短短几页，
却令后人窥见不少东西。根据谱本的
记载，万寿宫的建立是在道光二十八
年（1848），参加者包含江、张、曾、

图4－1 江氏草谱

戴、王、熊、杨七大姓氏。这些人参加的形式既有出资也有临时
捐献，而参加者所标明的居住地除小江之外明显还包括九寨的高
岑，并非同一个村落。在这份理所应当记录江家诸位瓜瓞谱系的
家谱中，首先呈现的并非江家家长或族长，而是戴森玉的出生与
死亡时间。

这份文献的存在和被发现，对于田野的深入展开有着异常重要
的意义。这样一份"草谱"，不足一千五百字，比起江苏、浙江以
及珠三角地区精细美观的族谱，甚至比起小江地区几卷本的龙家族
谱、江西街吴家的全国通谱，从外观上显得"寒酸"许多，但
"麻雀虽小，五脏俱全"，最重要的是这份文献对于我们了解地方
社会的具体运作意义很大。这本写于1930年的手抄本（后面又增
写了后世人的生卒年月日）中，很可能是抄录的人摘抄了认为对
自己及家族最有用的信息。换言之，出现在这份短小家谱中的所有
内容，都是他们认为最重要的，需要记录下来留作证明或者以防后
人遗忘的。该谱本在篇首书写两句话作为谱序，简单介绍了修谱的
缘由，即追根溯源，并确立了二十字字派。此举的目的一方面在于

确保后人按字派排序，确立尊卑长幼之序，另一方面则辨别其他姓氏改姓而夹杂其中，亦即所谓的"识辨真伪"。之后点明老家乃是"济阳郡，具体是江西抚州府金鸡县第八都孔坊里。家祭总源：江西佛主许仙真君。太洋洲得道肖晏二公"。笔者在田野访谈中发现，上述家谱中出现的张家也有一份手抄的草谱，上面追溯的老家同这份族谱是完全一致的，而上述家谱中出现的现在仍居住在小江地区的其他姓氏目前并没有家谱。通过在田野中发现的张家家谱以及访谈资料可看出，江家同其他江西帮家户将"江西抚州府金鸡县第八都孔坊里"作为共同的老家，而且有共同的祭祀对象，即许仙真君和肖晏二公，这三人皆是地方上的水神。

万寿宫这一移民会馆的建立缘由和股份被慎重地记录其中，成为这份家谱极其重要的内容，所记载的股金数额亦非常有意思。从谱本记载的内容看，江家有三人缴纳，其中两人缴纳一千六百文，剩下一人缴纳一千五百文；张家的情形与此完全相同。此外，其他姓氏的人除戴国森外，所缴纳的金额也只有两个数字，分别是一千六百文和一千五百文。戴国森缴纳的股金数目最多，但相比较而言，也只多出两三百文。

万寿宫这些股金的数额到底能够说明什么问题，是否暗示了这些人内部的权力分配与制衡？为何江家的草谱记录万寿宫的内容，而且是由戴国森（即草谱中的老毛）所写，戴国森在小江的移民中扮演了怎样的角色？关于戴国森的出现及其所在的位置又是否表明戴家和江家存在婚姻方面的联系？究竟万寿宫这一移民会馆在小江地区中有着怎样的地位，对移民群体有着怎样的作用，对小江社会产生怎样的影响？这些问题促使我们更加深入地了解小江社会的移民与移民组织。

一 江西帮与湖南帮——小江移民商帮的形成

正如第三章叙述的，江西街是小江地区随着清代区域商贸活动的开展和兴盛而形成的一个移民村落。江西街这一移民村落的人群构成主体是来自江西的一群人,迁来的时间约在清初。清末和民国时期,小江地区又陆续迎来一批人,他们自称祖籍湖南。这样两大不同祖籍地的人群共同构成了江西街移民村落。这些移民以商人和小手工业者的身份在小江地区谋生。恰如上一章所述,移民作为主体成为乡村集市的主要建构力量,而且将区域社会中不同地区的不同物资有效调动起来,带动小江集市成为区域社会市场体系中必不可少的一部分。移民群体在小江的市场中扮演着多样化的角色,亦影响了小江地区的社会公共生活,加速了该区域灵活的信贷体系的出现,而且促使人们在信仰层面产生了多样化的"物"的酬谢形式。

简单而言,江西街的两大不同祖籍地的移民群体构成了两大帮派,分别是"江西帮"和"湖南帮"。江西帮指代大约自清雍正乾隆年间从江西迁来贵州清水江流域的一批移民群体,在小江支流包括江、张、曾、王、戴、肖、熊七大姓氏。这群自称祖籍江西的移民主要迁徙来此进行木材贸易,也有人逃荒而来或者开展其他生意,总之他们自清初迁徙而来之后,就以商人和小手工业者的身份活跃在小江和王寨等地。之所以得到"江西帮"这一称呼,一方面缘于他们自称祖籍江西,而且迁徙到小江地区的时间很集中;另一方面则缘于他们在小江坐家自觉不自觉的协助下建立了一个市场,而且他们在小江或王寨等地或经营木材贸易,或以小手艺谋生,都以经商为业,因此被小江及周边地区的坐家称为"江西帮",后来"江西帮"渐渐演变成他们的自称。"江西帮"名称的获得既与移民群体本身的活动有关,也与他们所建立的群体组织即万寿宫密不可分。

江西帮这个群体是集商人与移民双重身份于一体的存在,自清雍乾时期起繁盛的木材贸易为这些移民来到此地提供了巨大的吸引力，为移民的入住提供了广阔的劳动力需求空间，同时也刺激了百货业和手工业的兴旺。

迁徙到小江的这七大姓氏之江西籍移民，各有其独特的经商活动。江家最先是做屠户的，以杀猪为业，来到小江地区之后以做银器为生，为当地人打银子，制作各种银饰，直到现在其后人仍保存有打制银饰的工具。江家的银匠生意在当地有很大的市场空间，一方面是因为小江只此一家银匠，另一方面则缘于自乾隆年间开始兴盛的木材贸易使银子由下游流通进入清水江流域。出于保命或信仰层面的需求，当地人通过卖木材所获得的银子，有相当一部分被用来为家庭中的女性打造银饰，这也是一种财富的象征。张家最先在王寨经营木材生意，并且入股王寨的江西会馆，后又至少于清中期搬到小江地区继续进行木材的买卖活动，同样加入了小江的万寿宫。曾家同样在较长一段时间内经营木材生意，这三大姓氏直到现在仍留在小江地区。熊家和王家购置打油的机器，为人们打菜籽油，这是当时小江地区最早而且是唯一的榨油作坊，生意亦非常兴旺。熊家同时还卖布，据说很快便发财了，后来为躲避小江地区的匪患，连夜坐船离开了小江。关于肖家，江西帮后人所知道的极少，通过田野访谈可以发现他们对肖家的记忆已经慢慢淡忘，而且肖家留在小江地区的痕迹可谓微乎其微。可以肯定的是，肖姓的确同江西帮其他人群一起早在迁徙初期已经来到小江地区，而且是江西帮的组成之一，但他们是否参加过万寿宫的创建则有待考证。至于肖家来到小江后做何生计，现在江西帮后人没有谁明确记得，只有部分人依稀听老人家讲过，肖家和熊家一起在小江开设榨油作坊，主要是榨菜籽油，还开设布铺，贩卖布匹，生意红火，利润可观。但一段时间后，肖家怕强盗来抢，同熊家一样趁夜间坐船离开了小江。

此外，戴家亦是江西帮的重要组成姓氏之一。现在已绝嗣的戴家，在清末出现过一个举足轻重的人物，直接影响到了江西帮后人对戴姓的记忆。这个人即江家草谱中出现的"老毛"，真正的名字即戴国森。戴国森在江西街甚至在小江瓮寨、坪地等村落都留下了不少故事。村民们的回忆所展现出来的是这样一个形象的戴国森：能言善辩、能说会写，热衷于参与地方性事务；同时也要得到其他人的"孝敬"，村落内部哪家办酒请客，一定要请他，否则会有麻烦。他被戏称为"靠嘴吃饭"。在一段时间内，戴国森不仅充当万寿宫的馆首，参与江西街村落事务的解决，而且在地方团练中占有一席之地，更是作为地方户经常参与小江同周边其他地区的纠纷的解决。总之，戴国森在江西街村民眼中尤其是江西帮后人眼中是一个很大的"人物"。

相比于江西帮，湖南帮迁徙到小江的时间较晚，而且在小江地区社会公共生活中的影响不如江西帮大，其团结程度也要逊色一些。这些移民的迁入原因，既有来此做木材生意和开设店铺等考量，也有逃避抓壮丁等因素。清末民初，小江地区再一次出现了频繁迁徙的现象，有少数人迁出，更多的人迁入该地。

民国初期，地方局势动荡，流民迁徙频繁，小江地区涌入新的移民群体，此次迁徙主要是受战乱影响。国民政府在黔东南地区大规模抓捕壮丁，"三丁抽一，五丁抽二"，家里只要男丁人数多，就需要出男丁去参加军队，因此很多人为逃避抓壮丁而逃了出来，即当地俗称的"跑兵由"。之所以选择小江作为停留地，主要得益于它本身独特的地理位置与繁盛的商贸活动。小江地区紧邻王寨，却在地理上自成一体，蜿蜒流淌的小江和茂密的青山共同将该地区环绕起来，几个村落便处在由小江与青山构筑的单元内，相对来说既独立又灵秀，而且水路便利。周边剑河、天柱等地的群体皆选择小江地区作为逃生地。

此外，繁盛的集市贸易与木材采运活动也吸引了大批人群的到来。

概括来看，清末从天柱汉寨搬迁到江西街的袁姓，是这批移民群体的带头人。民国年间，从王寨、天柱、剑河、湖南等周边地区陆续迁来以小家庭为单位的人群，包括杨姓、吴姓、李姓、赵姓、张姓、刘姓等。这些姓氏来到江西街之后，仿照江西帮而自称祖籍湖南，因此被小江社会其他人群称为"湖南帮"。"湖南帮"之名很快转化为这群人的自称，他们以此为纽带，于民国十几年仿照江西帮建立了社会组织。湖南帮之名明显体现出从自称变为他称再变为自称的过程。这群从湖南或天柱搬来的人想仿照江西帮成为一个整体，因此以祖籍湖南作为联结点，这是一个暗含的自称过程，当他们在小江地区获得"湖南帮"之称时则是一个他称的阶段，他们也乐意接受这一称呼，最终将其变为自称，完成了这一过程。湖南帮由此也得到了整合。

新迁来的这批移民与之前的江西帮有着明显的不同。相对于江西帮而言，这批人迁来的时间最晚、最为分散，其活动区域和范围主要局限在江西街内部，而且他们在当地的入住很大程度上受到了土改的影响。此外，湖南帮的势力范围相对于江西帮而言，狭小很多。江西帮与王寨"三帮客"之一的临江帮有着千丝万缕的联系，而湖南帮只是与天柱王家有姻亲联系。这一不同点对两个群体日后的发展及互相之间的接触都产生了极大的影响。

江西帮与湖南帮的先后到来，为小江地区的人群增添了新的元素。小江是侗族聚居区，乡民着侗衣、操侗语，以龙姓作为主要姓氏。它所包含的几个子寨如瓮寨、坪地、新寨和甘寨，龙姓是毋庸置疑的大姓，村民之间以房族关系为主，因此互相很少通婚。来自江西的这些移民，不仅讲"客话"，而且姓氏多样，被称为"客家"。"同姓不婚"的这一原则在客观上加速了移民的入住，成为江西街移民群体进入小江社会的前提。江西帮移民迁移到小江地区之后，立刻成为当地龙姓坐家重要的通婚对象。瓮寨、新寨和甘寨三个村落是由同一龙氏先祖分出去的，其亲缘关系异常密切，而坪地村仍以龙姓为主，所以这几个寨子在清代基本很少通婚。当时他们的通婚对象主要固定在周边的天柱县村落、邻近的九寨和王寨以及小江上游的剑河等地。当这些移民迁入后，一方面由于其来自异地，姓氏复杂多样，另一方面他们内部之间结为兄弟，原则上亦无法通婚，因此江西街和小江其他村落尤其是坪地村开始频繁联姻。仅以江西帮后人张 AJ 为例，他已有 60 多岁，从他本人算起，往上追溯到其祖父辈，一家三代有四位是从坪地嫁过来的女性（见图 4 - 2）。

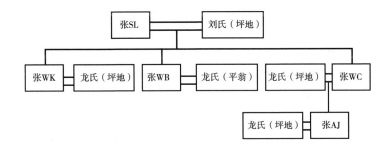

图 4 - 2 张 AJ 家通婚情况一览

图 4 - 2 是张家男性的婚姻状况，同样，张家的女性例如张 AJ 的姐妹也嫁到坪地。总之，20 世纪 50 年代以前，江西街人群是小江地区其他村落主要的通婚对象。婚姻无疑成为江西帮移民入住小江、融入小江地方社会生活的一种重要的文化策略。

婚姻的意义的确得以凸显，但在日常生活尤其是当房族与姻亲的利益相碰撞之时，血缘联系悄然占了上风。这些移民所面临的客观现实是：其他几个村落皆有大大小小的房族存在，红白喜事之时皆有房族众人帮忙。这一现实加速了江西帮移民内部以兄弟相称并开始尝试建立拟制的血缘团体。"清明会"的倡立即他们迈出的第一步。清水江流域的"清明会"的构成普遍以房族为单位，以房族众人凑钱作为经费，以清明时节为逝去的祖先扫墓挂清作为使命，其主要活动则是挂清结束后房族众人集合起来进行一次聚餐，同时议事、解决纠纷。清明会虽有内容但并无实体的存在，鉴于此，江西帮移民在清明会的基础之上组建了江西会馆，首先建构出小江移民的股份制共同体。随后迁来的湖南帮亦仿效江西帮建立了财神馆，由此形成江西街的两大股份制移民共同体。

二 江西街股份制移民共同体的创建

江西会馆亦称万寿宫，曾经是广泛存在于云贵川地区由自称祖籍江西的人士所建立的一种地缘团体。目前在某些地方仍留存美轮美奂的建筑，包括为唱戏等娱乐活动而搭建的戏台。而在小江地区，江西会馆早已被撤掉，只留下地基，但令人欣喜的是民间留下了有关江西会馆的些许文字资料，尤其是前面引述的江家家谱中有关万寿宫的建立资料，这是目前为止发现的描述文字最多的文献资料。

江西帮移民群体组成的万寿宫以许真君与肖晏二公为祭祀祖先。这三者皆为水神，作为移民的家祭总源被追溯并被供奉在会馆中接受祭拜。由此，他们想象中的祖先得以产生。之后，他们根据共同的祖籍，运用地域观念将小江地区的移民整合在一起。与此同时，这些移民还身兼商人的身份，由此组建出了一个独特的共同体。当然，创建的直接契机是避免受欺负。

小江地区的万寿宫是在清明会的基础上创建而成的，并首先承担了祠堂等血缘团体的功能。通过入馆人员筹措资金，万寿宫首事购买了馆田、馆山以及坟地，作为整个万寿宫的公共财产。因此，缴纳股金或者在清明祭扫时临时捐献，成为江西籍之外的另一加入会馆的资格，抑或成为他们的义务。同时，他们也享有互相帮助以及享用万寿宫财产的权利。参加万寿宫的诸姓移民，不仅结为异姓兄弟，而且拥有共同的阴宅，清明时节共同祭祀祖先。上述资料中提到的杨天轩、杨天敏两兄弟虽然没有居住在小江，也没有缴纳固定股金，但同样参加了万寿宫的清明祭扫，以期获得帮助。从这里可以看出这一移民团体组织形式的灵活性。

这些移民所建立的会馆不仅具有血缘祭祀性，而且带有明显的商业性质。缴纳股金的这 11 个人，成为万寿宫最为固定的股东，他们共同拥有处理万寿宫公共财产及事务的权力，在较长时间内承担起会馆首事的职责。此外，居住在高岑的杨氏兄弟，由于是临时捐献资金，并没有成为万寿宫的首事，对万寿宫的事务亦缺乏发言权，但其最大的益处是遇到困难时可以向小江万寿宫求助并得到帮助。从资料中可以看出，戴国森缴纳的股金最多，结合在当地所见到的买卖山林田土的契约文书以及村民关于戴国森故事的传诵，大致可以推测戴国森在很长一段时间内担任了江西会馆的馆首。馆内很多事务包括接收离开的熊家和肖家遗留的一切财产、买卖会馆的山林田土，以及发出江西街在小江地方事务中的"声音"，等等，都是由戴国森出面和其他首人共同处理的。此外，戴国森还多次以中人、代笔人的身份参与了江西街其他家户财产的买卖。至于余下的 10 位股东，并无明显的实例可以证明其股金数额的多少与他们在会馆事务方面的权力成正比。即便如此，万寿宫的诸位首人所出的股金数额依然非常耐人寻味。第一，一共有 11 位股东，而股金数额只有三种，分别是 1800 文/人、1600 文/人和 1500 文/人。其股金数额可谓相当整齐。第二，戴国森作为最大的股东，相比于最小的股东，亦只多出 300 文，相差不大。第三，江家和张家不仅各有三位首人，而且分别有两位缴纳 1600

文，一位缴纳 1500 文，非常有可能是为了平衡其在江西会馆内的力量。因此，很有可能诸位参加江西会馆的移民，为了均衡会馆内的力量分布，抑或为了传达出其本身对会馆事务的支配权，对股金数额做了分配。

关于万寿宫的建立，还有几个值得注意的问题。第一，肖家作为江西帮七大姓氏之一，并没有出现在上述缴纳股金的人员名单中。其原因或许是在万寿宫建立时肖家已经离开小江地区。不过不管肖家有没有加入万寿宫，在他们离开小江地区后，所剩下的财产仍然归万寿宫所有。第二，小江以外的地区有人加入万寿宫，即高岑的杨姓。高岑这一村寨在九寨高坡，与小江的距离并不算很远。不知杨氏这两兄弟是从小江迁徙到高岑还是同小江江西帮有别的联系，但可以确定的一点是，他们通过临时捐献的方式加入万寿宫，壮大了小江江西帮移民群体的力量。

"人有股，众拍手；人有份，众高兴。"凭借灵活、多样化的股份制形式，代表江西帮移民的万寿宫得以成功组建，并自有其内部的一套运行机制。具体而言，日常事务由各位股东共同协商解决；对于去世和离开之人的财产归属，奉行"有房归房，无房归馆"的原则。仅举一例，王姓股东于民国初期已无后人在小江居住，但仍留有清明祭扫地基三间。1941 年，这三间地基由万寿宫江姓、曾姓和张姓首人共七人做主卖予其他村民，这一买卖行为亦获得当地社会的认可。小江地区的万寿宫，其运行并无规定的值年等，但也并不是杂乱无章的，毋宁说它是相当灵活的，充满了弹性空间。由于其明显的商业性，缴纳股金成为加入会馆的关键，在建立之后股东亦增加了其他姓氏，并非固定不变。

建立于道光年间的万寿宫，开始是三间两进木质建筑，到民国初年，得到了大规模修整，变为带有砖墙的窨子屋。现在仍保留下来的民间文书显示，至少从 1918 年开始，江西帮移民已经为重新修整万寿宫而筹措资金：

　　立卖屋地基字人小江街万寿宫首事人张松喜、代老毛、江福昌等今因为馆上烧砖要钱开销，无所出处，自愿将到地名三合场地基出卖。先问本馆人等无钱承买，请中问到三合场吴源泰二人名下承买，当日凭中言定价钱拾千零捌拾文，其钱众人领足不欠分文，自卖之后不得异言。恐口无凭，立有卖字据。

　　外批界字上抵田，下抵大路，左抵买主地土，右抵田为界，四至分明

　　首事代老毛　江福昌　　代笔张松喜　凭中陈喜二
　　　　　　　　　　　　民国柒年拾月拾二日立①

　　这份文书显示了万寿宫首人通过卖地基的形式筹资烧砖。小江地区包括瓮寨、甘寨等村落皆曾修有窨子屋，而其所需的砖乃当地群众自己烧制。万寿宫在增设砖墙时，同样是由江西帮移民自己烧制。1918 年卖三合场得到的资金显然不够烧砖所需，万寿宫首人又于 1920 年再次卖出一片地基：

　　立卖地基字人小江西帮万寿宫首人张松寿、江福昌、张文魁、张文彬、曾吉文、曾吉厚、周邦城等，今因修造万寿宫馆缺少钱用无所得出，自愿将到中街屋门并中堂外边众等一概出卖。其界凭中街大路一半管业，又有下边屋基一间出卖一丈，易求发门口地基，右抵买主房屋，左抵万寿宫地基，上抵中街大路一半，下抵河边沙坝，其界限四至分明。馆内要钱出卖，先问本馆内无人承受，请首馆人等自愿登门卖到本街吴经文名下承买，当日言定元钱价银叁拾陆千贰佰八十文正。其馆首人领清，应用其地基付于买主修砌造屋，永远管业发达为业。自卖之后不得异言，倘有未厘不清，馆首上前理落，不干买主之

_____

　　① 该文契存于江西街村江西帮后人家中。

事。恐口无凭，立有卖字为据。

凭中　周邦城　张文魁　　代笔　张松寿

中华民国九年二月二十日立卖①

总之，民国年间万寿宫的重修，其规模可谓庞大，由木房子变为窨子屋，由此所耗的资金也十分可观，从万寿宫首人所卖地基的数量即可推断一二。值得推敲的是，为何江西帮移民会在民国年间对万寿宫进行如此大规模的修整呢？

在民国年间万寿宫的大肆重修之时，以湖南帮为主的移民群体也开始建立起属于他们的社会组织。换言之，湖南会馆——财神馆，在民国年间也得以组建。民间契约告诉我们，湖南帮至少曾在1922年通过卖田筹资建馆。访谈资料则告诉我们，参加财神馆的同样不只有小江的移民，还有邻县天柱地区的人士。

作为小江地区又一个移民组织的财神馆，是在"财神会"的基础上建立起来的。湖南帮在迁徙到小江地区之后，首先在当地组织了"财神会"，参加该会的有刘、李、张、夏、王、袁等姓氏。以"财神会"的名义而非以祖籍"湖南"的名号组建会馆，无疑有助于联络更广阔范围的人群。财神会的成员在入会之时缴纳一定的钱财作为会费，用来向江西帮以及坪地等村落购买田土作为会田，会田的产出则用于公共活动的支出。

实际上，"财神会"的组建，是湖南帮移民群体为建立文化网络所做的一种努力。首先，就名称来看，"财神"之名客观上对商人群体形成吸引力，而江西街村落的人皆以经商为生，因此具有很强的适应性。其次，湖南帮群体将地缘与姻亲关系结合在一起，因此天柱县也有人士加入，扩大了地域范围。最后，湖南帮群体以"财神"之名，将一群自称祖籍湖南的人士整合在一起，既增强了

---

① 该文契存于江西街村江西帮后人家中。

他们的力量，又削弱了与江西帮对立的意味。总之，财神会的组建，反映了湖南帮在迁入地所进行的群体整合的努力，也体现出他们为入住所采取的策略性手段。

财神会毕竟缺乏有形的建筑，在后来迁徙而来的移民群体在同江西帮以及小江坐家的接触过程中，他们才深刻体会到了一个有形建筑的重要性和必要性。随着万寿宫大规模重修，湖南帮也开始考虑建立会馆组织。1922年，财神会成员张仁贵、王云祥、夏福昌和袁玉喜四人为置办财神地基，卖掉半丘会田，有契约为证：

> 立卖会田地字人张仁贵、王云祥、夏福昌、袁玉喜等，情因置办财神地基，钱无所出，自愿将先年与本会刘祚铭共买圭蒝溪半冲田一丘，上抵龙发干田，下抵龙奠干田，左抵路，右抵溪为界，四至分明。要元钱出卖壹半，本会刘祚铭名下承买。当日凭中议定价钱叁拾弍封零捌拾文整，其钱付与众等领足，其田交与买主管业。自卖之后不得异言，恐口无凭，立有卖字为据。
>
> 凭中请笔：吴灿源
>
> 民国壬戌年五月二十五日 立卖①

张仁贵是民国年间从湖南搬迁来的，与江西帮之一张家并无交往，其关系正好印证了当地的俗语"黄牛角与水牛角"，亦即毫无关联、差别很大。买主刘祚铭（刘老求），前文曾提及他精通建筑和雕刻。凭借这一手艺，刘老求积累了一定的财富，并先后购置了几处田土，成为湖南帮中较富裕的家户。这一契约说明湖南帮至少从1922年已经开始筹资，积极准备建立财神馆的各项事宜。湖南帮的

---

① 笔者在田野调查中发现。

后人已记不清楚财神馆具体建立是哪一年，但他们清楚记得该建筑的外观是三进屋，即三间木房子，里面还供奉着一座小小的菩萨。

湖南帮内部李姓成员的后裔对财神馆的印象是：木房子，防止外姓欺负，馆里面可以出面解决，有刘、李、张、袁以及地良姓王的一家。这一王姓在地良只有一家，他们加入湖南帮，有事情就通知湖南帮去帮助解决。财神馆1957—1958年关闭，木头被拿去做庵堂的学校，后来学校建在坪地，又将庵堂学校拆去盖"三八"林场的灶房，20世纪80年代被卖掉。

财神馆是湖南帮刘家、李家、袁家、张家以及天柱姓王的两家共同出资建造的。值得一提的是，小江集市的铁匠来自天柱木杉，即这一王姓家户，他们与街上刘老求有姻亲联系。当时刘老求的一个姐妹嫁到天柱王家，而王家颇有钱财，主要是他们出资建立了财神馆并成为最大的股东。刘老求作为王家的姻亲，变成王家在财神馆的代言人，所以该馆日常事务主要由刘老求负责。由此可以看出，财神馆建立所依据的原则不单是地缘纽带，它不仅是湖南帮的移民会馆，还包含了姻缘联系，自其建立之初就有天柱姻亲的加入，而且入馆一定要缴纳股金，所以其本质同万寿宫一样，皆为股份制组织。

至此，民国年间小江地区的两大移民群体组织完全建成，而且参加的人员都超出小江村寨范围。小江社会的两大移民群体，皆通过股份制的形式建立了共同体。祖籍地是他们建立共同体的基本依据，但事实证明，参加会馆的关键在于缴纳股金或临时捐献。共同体建立之时，其成员以兄弟相称，却并不排除互相之间通婚现象的存在。万寿宫与财神馆的组建，一方面是基于移民群体的籍贯观念与地域联系，另一方面是结为异姓兄弟、承担清明祭扫的义务，同时也基于商业性的考量，是一种兼具地缘与血缘的股份制商业性共同体。

股份制共同体，相比严格由血缘纽带所组织建立的家族、祠堂，其内部的联系相对松散，个体的行为更为灵活，个体的意志更能得到显现；相对的，这一共同体的联系没有家族组织那般牢固。小江移民所建立的万寿宫与财神馆皆已被拆掉，在原地基上没有留下任何痕迹。会馆的消失、人们对馆的追忆、对卖馆先人的"唾弃"，背后更多的是利益因素。20世纪90年代曾有三人共同书写了一份关于江西馆权属问题的请示报告，其中有此言语：

> 我村江西馆大概建于清末时代，是由江西省人到这里定居后集资所建造（该会馆原有六七姓人家，有的于解放前已返原籍，现尚存三姓即江张曾氏）。其馆会的用途是什么我们年青一代不太了解。解放后，在共产党的英明领导下，在四大财产属集体所有的原则指导下，纳入集体作为大队粮仓。在执行生产责任制的近年方才搁下暂时不用，现原江西馆会里某些人不知出自什么心才擅自倒退变卖……①

这则有关历史遗产权属问题的追问，既透露了江西帮后人对会馆的淡忘，也从侧面显示出会馆内部联系的松散，同时暗示了在20世纪50年代后江西帮后人内部关系又有所变化。表面上是人们开始质疑卖馆先人所作所为的合理性，实际上是这些后人在目前联系松散甚至互相关系紧张的状态下，对曾经江西帮紧密联系的一种美好追忆和想象。

第二节　小江坐家与龙氏祠堂

清代与民国时期，小江的移民群体建立了会馆组织。与此同时，小江地区的龙姓坐家也建立了有形的建筑——龙氏祠堂。现在

---

① 锦屏县档案馆藏，138-1-520。

所能见到的龙氏祠堂，只留下正门所在的一面墙壁，墙壁上还留有一副对联，但字迹已经模糊了。祠堂蠢立在小江河边，位于瓮寨（见图4-3）。

图4-3　龙氏祠堂现存外观

小江村民对于这一祠堂是何时修建、由哪些人出资修建等说不清道不明。小江龙氏族谱的版本，其修谱时间既有清光绪年间，也有民国时期，还有20世纪80年代；小江甘寨、新寨、坪地和瓮寨的龙姓都保存有族谱，奇怪的一点是，所有这些谱本上都没有关于小江龙氏祠堂的任何资料。目前也没有任何的碑刻资料可以佐证。关于修建该祠堂的原因，小江的一些老人给出了自己的解释，最多的说法是出于风水的考虑。龙氏祠堂之所以修建在河边，是为了挡住小江狼路溪面向瓮寨的山脉。那座山脉被认为是像一把剑直插入瓮寨所在的位置，所以需要修建祠堂来进行保障。

龙氏祠堂到底于何时由哪些人修建？要回答这一问题，需要先回顾小江瓮寨地区的窨子屋。前文提及，瓮寨作为小江地区的坐家村寨，含有瓮寨、苗江坡和沙玛三个自然寨。苗江坡在高坡，只有20户左右；沙玛在小江去往摆洞的路边，分散有二三十户；瓮寨则是主体村寨，位于寨岑坡所在的山脉。在这一主体村寨中，按居住区域可以划分为四部分，靠近沙玛的区域主要分布的是麻公后裔，其他区域主要为旺公后裔。按关系远近，瓮寨办公室周围的区域是旺公一支，顺着村寨的道路往里走又是旺公一支，这两支在大事上也作为同一个房族出现；最后一部分即沿着龙氏祠堂方向，面向小江河边的区域，这一支主要是耕读第主人的后裔，其身份甚为微妙。

瓮寨现在留存下来的稍稍完整的耕读第只能算两座。据村民回忆，清光绪年间，瓮寨有一个名叫龙彦章的人，投入所有的资金购买了一片山场。他雇工将木头砍伐拖运到小江河边后，自己同雇的排夫一起顺小江河放排到王寨，又顺清水江一直到湖南洪江、常德等地。他出外三年未归，家人都以为他在外面出事了，谁知三年后，他带着三大船银子回到小江。还有另一种说法是龙彦章当时将木头卖给从王寨上来的木商，三年都没有音信，大家都以为这次的生意泡汤了，没戏了，谁知三年后从大河下来三条装满银子的船，别人喊他们去卸银子，他们开始还不相信，来到小江河边亲眼见到装银子的木船时才敢相信。总之，龙彦章通过一次卖木头得到大量的银子，他一共有四个儿子，在得到这笔财富后，便分别为四个儿子修建了四幢窨子屋，并提名为"耕读第"（见图4-4）。此外，他们还利用这笔银子同另外两支旺公的后裔共同修建了龙氏祠堂。

祖先修建耕读第的这一支龙氏，族谱同小江其他旺公家族的族谱不太一样，是20世纪80年代编写的手抄本。由于远口电站的修建，清水江沿岸的部分村落搬迁，在这种情况下，2010年湖南大龙地区的龙姓开始联系旺公后裔，重修族谱，于族谱中增加新的人员。小江的旺公后裔主要是由甘寨派出的代表参与这一活动。他们在瓮寨讨论旺公后裔组成时，即面临龙彦章这一支是不是真正的旺

图 4 - 4 瓮寨耕读第

公后裔的问题。

笔者依据在瓮寨所得到的访谈资料，佐以小江其他村落尤其是龙姓人士的叙述，再加上重修族谱时所遇到的上述问题，推测龙氏祠堂很可能是龙彦章这一支同瓮寨另外两支旺公后裔共同修建的，而且龙彦章一脉出资最多。总之，小江的坐家在清代修建的龙氏祠堂，亦成为小江社会内部整合的重要策略。但就坐家而言，"会"相较于祠堂而言，在他们的社会生活中起着更为重要的作用。

第三节　民间"会"的存在及其对社会结构的影响

关于黔东南地区的民间组织——"会"，《黔记》中有所描述："市人醵银钱为会。每月籧之。团饮为乐，曰上会。妇人亦多为之。其始盖皆各省流寓之民，鲜土著者。固醵银寖以成俗，轻去其乡，随地迁异。上古淳质之世所不为也。"①"会"与迁徙之间的关系，"会"与移民、坐家的关系，可谓不道不明。

相较于祭祀圈、信仰圈与市场圈，清水江下游地区的"会"承担了区域社会生活的联系纽带功能，为乡民提供了活动空间，甚至突破村落单位的限制，但也并非任意涵盖无限广阔的地域空间。由血缘纽带联系起来的清明会只问同宗不限村落，拟制血缘而扩大的财神会同样突破了单一村落的限制，而具有公益和信仰性质的"路会""渡船会""老人会"等其参与者则可能是村落内部某一范围的人群。清水江流域存在的"会"，其灵活性及在地方社会中的意义由此可见。该区域的"会"向我们展现出另一番样貌，其特点的形成与明清该地的开发与经营过程是分不开的。

概括而言，明清两代对清水江流域的开发为移民的到来及商贸活动的开展奠定了基础。清代整个清水江下游地区被卷入木材贸易的洪流中，乡村社会生活与木材贸易结下了丝丝缕缕的联系，为各种"会"的孕育提供了温床，尤以血缘纽带的"会"最为突出。

一　血缘祭祀型的"会"

清水江下游以苗族和侗族为主要聚居民族。根据族谱记载和人们的口传记忆，至少自明代开始，苗族和侗族的先人陆续迁徙到这里，奠定了基本的居住格局，并且形成了一整套的行为规范。"孝"的观念深深刻在这些先人的脑海里，各种大大小小的节日都要祭拜祖先，有的村落天天烧香祭祀，祭拜逝去的祖先。堂屋的神龛、房屋外面为"不祥"死者而设的缩小无数倍的简单神龛等，这些都表明祭祀祖先在他们生活中的重要性。此外，编修与续修族谱和清明时节挂清也是当地极其重要的两项"孝举"。

---

① 李宗昉：《黔记》，第 11 页。

"挂清"即清明时节为祖先扫墓，在其坟头悬挂纸扎的坟标，这是清明时节的重要事项。每到此时，远在外乡的游子也都尽量返回，为祖先打扫祭祀阴宅（见图4-5）。清明会一般以血缘为联系纽带，同一房族的人都参加。较大规模的清明会，每家出钱合资购买山林田地，成为本房族公共的会田、会山，之后将这些山林和田地出租给别人，其收入便拿来作为本会公共财产，成为聚餐或者其他活动的经费。清明会的形式比较灵活，除购买固定的会山、会田外，也有村落每逢挂清时节，房族内每一小家庭临时出钱、出米，挂清回来后，房族成员则在一起会餐。聚餐的费用临时凑、即时花费，到明年重复如此即可。此外，在九寨侗乡的某些房族内部，每年会有特定一家负责提供一头喂养长大的猪，在清明当天杀来作为聚餐之用。这头猪是轮流由各家提供的，今年由甲家负责，明年轮到乙家，一家家轮流下去，非常公平合理。一般而言，如果有祠堂，清明会聚餐的地点即在祠堂内，没有祠堂则在房族长家里，也有的房族采用临时的聚居地点。房族正是通过相似形式的聚会，增强内部成员的凝聚感与认同感，也传达出本房族在区域社会中的团结与力量。

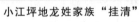

小江坪地龙姓家族"挂清"　　　　坪地龙姓老人"挂清"

图4-5　清明节"挂清"

在整个清水江下游地区，清明会的存在极为普遍，其组织形式也特别灵活。直到现在，清水江沿岸一些村落仍然将此种组织保留下来，而且很多村落里同一姓氏往往有几个清明会，只是没有了共同的会山、会田，全部改为临时凑钱。清明会的成立，一方面祭祀祖先祈求保佑，表达子孙源远流长之意；另一方面也为房族提供活动空间。每逢清明时节，大家纷纷聚合而来，挂清后聚在一起，就本房族内部的事务展开讨论，小家庭趁此时机也寻求房族的庇护与帮助。之后的聚餐更是受到大家的喜爱，人们在享受美食的同时也在联络感情，为接下来一年的忙碌拉开美好的序幕。

相较于清明会，财神会的存在则建立在拟制的扩大化血缘基础之上。以小江地区的财神会为例，财神会的成员是由清末民初先后从湖南迁徙来的手工业者组成，包括从湖南来到小江的张家、袁家、刘家、李家、夏家以及天柱地良王姓一家。小江地区的财神会，内部成员的组成非常富有特色。首先，"夏"这一姓氏现在在整个小江地区已找不到，乡民们关于夏家的记忆也不复存在，值得庆幸的是通过残留的一张文书可以推定小江夏家的存在及其作为财神会成员的资格。其次，该会的王姓成员并非在小江居住，他们来自毗邻的天柱县地良，在小江集市以打铁为生，并同小江的刘家结为姻亲。据财神会成员介绍，王姓当时在地良只有一家，为避免遭人欺负，便出股加入小江的财神会，有事情则通知小江地区；还有一个版本则是王家小有钱财，而刘家的刘老求是远近有名的漆匠，雕得一手好菩萨，在小江财神会及财神馆的修建过程中，王家出了较多的钱财，作为大股东授意刘老求成为财神会的会首与后来财神馆的馆首。最后，财神会的成员以小商贩为主，他们或多或少经营手工业或以小手艺为生，除上述提到的王家是铁匠、刘家是漆匠外，李家先后做过杀猪、织网造船等买卖，此外还有的家户烧酒来卖。

三三两两姓氏多样的移民以股份制形式共同出资建立了财神会。财神会具体的入股名单已无法得知，从现有的零星资料中至少可以知道，财神会购置有会田，而且后来在民国时期置办地基，建

187

立了财神馆。财神会自成立后，通过组织各种公共活动将以湖南籍为主的移民整合在一起。据后人回忆，财神会在清代主要的公共活动有两项，一是挂清，二是六月十九祭菩萨。每逢清明时节，财神会的股东们祭扫祖坟之后，便聚集起来，各家出份子，一起会餐；每年的六月十九被他们视为菩萨的生日，全会的人集中起来烧香、烧纸、拜祭菩萨，之后免不了也要会餐。

财神会非常有趣的一点在于，它的成立所依据的看似是地缘纽带和姻缘联系，加入财神会的不仅有湖南籍移民，也有自愿出资入股的其他地方的乡民，但追溯实质，则是一种拟制的扩大化的血缘联系。因为挂清与祭菩萨是财神会的主要活动事项，满足了成员们寻求祖先保佑和获取当下支持的情感需求。这些曾经来自异地的小商贩们定期聚集在一起，既商量事情、增进情感，又在小江地区至少在江西街村落标识其社会身份，显示他们作为整体的力量所在。在清末民初，财神会对于小江及周边的湖南籍移民入住当地、从事商业活动、参与社会生活，起到了无比重要的作用。就财神会的功能而言，本质上它是清明会这种血缘祭祀型组织的变体。

二　社会公益型与信仰型的"会"

清明会在清代整个清水江下游成为一种普遍的存在，即使是现在仍然看得到踪迹，其代表的是乡村社会内部的血缘联系。此外，该区域还存在或许可概括为社会公益兼信仰型的"会"。相比前面所述，这类"会"的形式不但最为多样，而且与人们的生产和生活息息相关，既具有公益性，又具有信仰性，可谓清水江流域富有地方性特色的存在。

伴随王朝开发及商贸活动的开展，加上特殊的地理环境，清水江沿岸及其腹地孕育出了"渡船会""路会""土地会""老人会""岩神会"等非常特殊却在当地普遍存在的民间组织。清水江沿岸大小支流交汇融合，葱郁山林间遍布无数条小溪，此种地理环境促使人们架桥、修路、开渡。在整个清水江流域渡船会最为普遍，现在留存下来的碑文也以渡口为多。正如大同锦所渡碑所言："尝思阴功之说。一架桥，一修路，一义渡，只三者实济人利，大开方便之门也。"义渡的设立，不仅便利了人们的生产生活，而且是重要的修阴功之举。已有的资料显示，乾隆年间在清水江下游各村落纷纷建立义渡。雍正乾隆时期开辟河道，促使木材贸易迅速兴旺繁盛起来，其结果是周边聚居者以及商人有资金可以开设义渡。与此同时，木材的采伐和运输以及人们的生产和生活都需要义渡。咸丰和同治年间张秀眉、姜应芳等率众起义，其所到之处当地生产生活诸多方面都被迫中断或陷入停滞状态。"咸同兵燹"过后，地方首人重新倡议组织，延续了民间"会"的存在。

值得一提的是，清水江渡船的基本形式皆为义渡。综观清水江下游有关渡船的文献及访谈资料，从码头的设立到渡船的修造，再到日常的摆渡，这一系列的流程往往经由地方户老倡议，诸多人员出资购买山林田土，作为公共财产出租，出租所得用于打造船只，雇用专门人员摆渡，以及聚会等。摆渡的船工其伙食和劳力投入都由这些公共财产来承担，过河的人则不需要缴纳费用，此即义渡。维持这一运作的组织即渡船会。

渡船会于清代的清水江流域可谓普遍存在。在小江地区，从历经数次火灾仍然幸运留存下来的资料中笔者发现了一份有趣的文书，较为详细地记载了小江瓮寨渡船会的组织运行情况。该渡船会一共分为三十二股，每家占一股，所以称为"三十二家渡船会"。渡船会的建立乃是延续前人的作为，其中颇有缘由：

　　盖闻舡以利济以济不通，我等瓮寨乃通卫之大道，山径溪间农商去来之区，终难外出而他往。前蒙众公捐囊内之余金，修造航船置买田产度子仍备餐食。讵料船经久造已颓坏而无遗，田从苗乱概荒芜而莫耕，奈往来者涉水之□□效临流返驾涉波之承莫□□□□。龙志成、安太、龙均魁、年祥、吴老荣、杨清□、龙太吉、仁化、宏恩、应伍、启荣、龙代贵、安模、振官、清仁、老晚、龙成恩、龙海夕目击心伤，各发廪中红粟，复继前人之志共勷可成，约盟值年均管船钱谷等。①

　　上述资料描述了小江瓮寨渡船会在"咸同兵燹"之前已经由众公捐金而成，田产、航船与舟一应俱全。可惜船只毁坏，而田产历经"苗乱"变得荒芜，导致河流两岸往来不便。目睹此情，龙志成等人接替前人之志，复建渡船会并约定值年均管。乌龙坡上有渡船山，是30家凑钱买来的，众人雇人栽杉，所得用于渡船会日常开支。

　　小江的三十二家渡船会，其运作机制亦非常独特。三十二家共包含三十二股，每股均分，一共分为八个小会，每一小会由四家组成。每年由一个小会值年，具体职责包括管理谷仓和钱财、保存田土买卖契约、记录会里收支情况、付给船工伙食及其他费用等，在当年全体人员吃会的时候核对账簿，并交由下一个小会值年。这一运作机制通过下述记录得到了很好的体现：

　　　　一会：龙发生　龙安泰　龙显宗　龙之洲；

　　　　二会：龙均魁　龙求保　吴荣华　杨清见；

　　　　三会：龙引旺　龙松德　龙应伍　龙云兴；

　　　　四会：龙均禄　龙振官　龙全会　杨全贵。

　　　　阳历元年壬子岁二月初二日交会记有行江簿一本，锁钥一套，同付五会四人手领管理，不可失落。如其失落至六会不领

① 这份资料为笔者于2010年9月在小江瓮寨龙姓村民家中发现。关于三十二家渡船会，至今人们都还有记忆，但民间文献资料甚少，目前只发现这一份。

管理任来年孰会首值年均管，如此照斯旧章，不惟不领交卸，全要贯串钱谷不得朽滥。此本生簿存在均魁首管，行簿存于众会，轮流交领以记出入以免慌塘。

五会：龙荣恩　龙之球　龙生泰　龙成恩；

六会：龙云辉　龙发庆　龙发珠　龙海玖；

七会：龙仁风　龙发田　龙云标　龙求恩；

八会：龙求祥　龙树本　龙清大　龙宏恩。

阳历元年壬子岁二月初五日仓内存谷六百二十三斤，存钱一百八十文，付与五会均管。①

每四家组成的一个小会，这四家是有机组成还是依据地缘或者其他联系已不可知。但资料亦表明，全会至少有两本账簿，一本固定由会员龙均魁管理，另一本则在值年的会与会之间轮流记录，两本之间可做比较。三十二家渡船会组成后，其活动甚为频繁，在小江社会生活中发挥了积极作用。会内的存谷与存钱皆可出借，但以会中人为首选，已有的资料未能说明其出借范围扩大到了会外。由这三十二家组成的渡船会，一般在每年的二月初二众会首聚集在一起，核定一年内的账目收支情况，并在这一天收回出借钱谷的本与利。有关该渡船会的记录显示，会里较早举行的活动大致可追溯至光绪二十二年的二月会首面结，之后则是光绪二十三年打造船只。

造船是渡船会的使命所在，是会内的大事与盛事，其流程亦甚为仔细。首先船只交由王姓包工打造，渡船下水前要请先生择定吉日良辰。船只打造完毕，渡船会最重要的任务可谓完成。在这之后，渡船会进入日常运作。当然，这主要是指每年众会首聚集一次，就相关事项做出决策，同时交由下一会值年。资料亦记录了参加渡船会的成员每次集合吃会的情形。具体记录有光绪二十四年二月初二

---

① 这份资料为笔者于 2010 年 9 月在小江瓮寨龙姓村民家中发现。

众会首面结，以及光绪二十九年二月初二会首面结，并于当年七月对船只进行了修整，之后则是光绪三十年二月初二众人食会，同一年的八月十九日会首面结。最后的记录显示宣统二年卯月初二合会吃会，并详细描述了相关活动的花费。渡船会的存在确实与当地的自然和经济环境密不可分，但同时也是当地人们日常生活中的重要联系方式。各会首的集合，更是男性参与社区生活的一种方式。

大大小小的渡船会在清代遍布于清水江干支流。从上述光绪年间较为详尽的记载来看，民间"会"的流程大致包括：地方诸位人士出资，利用募集到的资金购买山林田土，将其出租给会内或会外人士，收入所得作为日常开支经费。"吃会"是非常普遍的活动。会内诸人于约定的日子里，利用会里的经费采买肉食、酒类以及炮仗之类的东西，众人聚在一起吃饭，联络感情。

如果说渡船会较多出于现实的考量，是为应对自然环境而做出的举措，体现的是公益性，那么位于清水江与乌下江交汇处的瑶光寨，其所存在的"岩神会"则更多是出于信仰层面的需求，反映了瑶光民众对神灵的敬仰与渴求庇佑之心。瑶光民众作为苗胞对枫树有一种强烈的崇敬心理，现在瑶光寨留存有两座祭拜枫树的石碑，分别撰有碑文。较早的石碑立于光绪五年三月，记载了岩神会的成立："迄今合村共享升平，虽叨上天之庇，而要莫非枫木岩神之灵所致也。用是志切酬功捐资约会，祀义不一，以岩神会统之。会期无常，以三月朔定之。"① 枫树在瑶光民众看来是"神树"，是地脉所在，遇有天灾人祸会提前通过异象显现出来，被视为全村安宁的保障。人们出资成立"会"，祭祀有灵气的枫树、岩石诸物，统之以"岩神会"。第二座石碑立于 1941 年，亦对岩神会的缘由有所交代："然观音成形，后龙有古树，大小列空，实称至灵，历

---

① 碑文来源于未出版的瑶光村志，为笔者在田野调查中收集所得，撰写时间是 2010 年。

为吾乡保障。凡乡中遭变乱，均显神威佑，为正者逢凶化吉，为邪者神不相拥助。先人创会于前，吾人既沾其泽，又当此国危寇深，人心离乱，应当继会于后。一系酬神魏德，二可团结我地人心，作相应准备自卫地方。"①

瑶光的岩神会，是对物的崇拜。从建会之初，即约定以三月朔作为聚会的日期。岩神会开始以信仰组织的形貌出现，但后来演变为村寨的自治组织，甚至在战乱年代承担起了号召民众保卫安全的任务，变为一种地方自治武装。因此，在相当长的一段时间内，岩神会既体现了瑶光民众赋予特殊的物以灵气并加以祭拜的信仰，又反映其作为民间自治组织的存在，集信仰需求与现实社会的运行于一体。

在清水江区域社会的运行中，还产生了"土地会""老人会"等具有社会保障与社会福利意义的民间组织。所谓"老人会"，其关照范围并非健在的老年人群体，而是刚刚逝去的老人，主要是为贫穷人家的老人补助丧葬之费，协助主人家办理丧事。这与通常意义尤其是当今社会的"老人会"还是有很大区别的。

小江地区刻于道光年间的一份碑文中留下了土地会与老人会的记载："至于村内送终之费，各家之贫富不一，则约以老人之会以助其不给者焉。尔我集项之资，每岁之丰歉不齐，则抖以土地之会，以勷其窘急者焉。"② 上文所引乃是道光十五年生员刘必锐为龙昌明撰写的墓碑碑文片段，表述了龙公约集众人为村落公共事务出钱出力的举动。该文显示，土地会乃是针对农业歉收致使生活陷入窘境的家户所做出的公益性举措，以土地会之名对其进行救济补助。同时，土地会与老人会都带有临时性的特征，遇有无力送终之家户，以老人会之名临时约集众人出资帮忙；遇有歉收导致生活窘迫之

---

① 碑文来源于未出版的瑶光村志，为笔者在田野调查中收集所得，撰写时间是 2010 年。
② 此乃小江甘寨的碑文记载，笔者于 2010 年田野调查中将墓碑全文抄录。

家户，则以土地会之名临时募集钱粮进行帮助。

纵览前文所述的清明会、财神会、渡船会、岩神会等，再来看土地会与老人会，可以发现二者存在很大的区别。第一，前者相对固定，有会期，有吃会等活动；后者则是临时性举措，遇有需要帮忙之家庭才会组"会"，所以没有固定会期，也无所谓吃会。第二，相比前者而言，后者具有非常大的社会公益性质，是从整个村落的层面出发，这或许也可以从某种程度上解释清水江流域诸多单姓村以及改姓现象的存在。总体而言，类似土地会与老人会这种临时性与公益性兼具的民间组织，是清代清水江流域又一类耐人寻味的地方性知识。

"会"在清代整个清水江下游已经成为一种非常广泛而又非常有特色的地方团体，其领域涵盖了社会生活的方方面面：从作为个体的人之出生与死亡，到作为小家庭面临的生活窘境；从日常进行生产所需的走路、渡船，到心理层面所需的物的崇拜；从家族联系的血缘纽带，到个体移民联系的业缘纽带。种种形式交织在一起，奠定了清水江下游区域社会运行的重要机制。

对清水江下游的"会"加以考察，可以发现其深刻体现了当地社会的特点。自然的迁徙以及繁盛木材贸易吸引来的群体，促使移民成为社会的重要现象。人们在迁徙之路上留下了诸多痕迹，重要的莫过于祖先坟墓。当地的清明会之所以突破村落之单位，往往缘于此。此外，大批商人和手工业者受木材贸易吸引来到此地，停驻河边经营商贸活动，并纷纷以地缘和业缘为纽带，组建地域团体和同业公会。正因为移民的时间前后不一、祖籍地不同，后来的个体寻求拟制的血缘来建构组织，财神会即一例。移民的多样化促使该地区联系纽带的多元化，血缘、地缘和业缘的考量都在其中得以体现，甚至包含了社会福利和社会保障因素。

清代清水江流域所存在的如此多元化的"会"，亦体现出一种多元的社会结构。傅衣凌先生指出，中国传统社会自原始社会末期开始逐渐形成一套多元的社会结构，不仅包括经济基础的多元、社会控制体系的多元（"公"和"私"两大控制系统）、财产所有形态和财产法权观念的多元化，甚至包括司法权和思想文化领域的多元。① 以清水江流域的"会"为例，渡船会以义渡的形式出现，其捐钱出股者并没有涵盖每一家户，往往是家中稍有资产者或者有威望者。清水江流域在清代展开的繁盛的木材贸易不仅使贩运商人获得了丰厚的利润，也创造了当地一批颇有财势的家族，正如瑶光民谣："姚百万，李三千，姜家占了大半边。"与此同时，仍有相当一部分家庭艰难维生，财富和地位的分化悄然产生。由木材贸易衍生的租佃关系与合伙及买卖关系亦相当复杂，其中关于纠纷的解决方式也是多样化的，在此无法一一展开。无疑，这一历史进程充满了多元化与复杂的色彩。与此同时，当地社会在私的层面创造出土地会、老人会等极具公益性的团体，为无力生活的群体提供了帮助。

正是在清代存在的多种形式的"会"，将地处西南边陲的清水江下游的群众整合在一起，不仅维持和保障了日常生活的开展，而且促使区域社会良性运转。各种形式的"会"充分体现了清代清水江流域的乡村社会生活及蕴含其内的社会结构。

第四节 会馆与"会"：区域社会中的移民与坐家

蜿蜒流淌的小江河连同周边的山脉将几个寨子自然地包容在一起，形成了以龙姓为主的居住格局，以及以林业和农业为主的经营方式。异姓移民的进入，不但增添了多元化的生计方式，也悄然改变了小江区域社会内部的运行。

会馆与"会"，其参与成员是不同的群体，分别是移民与坐

① 傅衣凌：《中国传统社会：多元的结构》，《中国社会经济史研究》1988 年第 3 期。

家。相比于"会"，会馆有具体的建筑，是移民自发出资建立的社会组织。在小江，不同的会馆将来自不同祖籍地的移民组织起来。而"会"作为一种民间组织，形式多种多样，有的以血缘关系为准，有的则主要是作为社会保障的组织；"会"所涵盖的人群也不同，会与会之间甚至会出现成员交叉的情况。从空间上来说，"会"可以是村落内部的，也可以包括村外。因此，"会"作为一种整合当地人群的重要机制，对人与人之间的联系起着十分显著的作用，直到现在，人们还保留着清明会这一组织。必须注意的是，会馆和"会"这两种不同的组织，并非在小江社会相互隔绝，虽然看起来移民的会馆与坐家的"会"有着明显的界限，但是会馆和"会"也会共同参与到地方事务之中。

大大小小的山脉孕育了葱郁的树林，由此又带来了无数条小溪。生活在山与水之间的人们，自有其独特的生存理念。清水江流域诸人群，不仅为了现实生活的需要，而且出于修阴积德的考虑，广泛架桥、修渡、修井，这些活动成为清代人们最主要也是最乐于做的行为。为了达到修阴积德之目的，小有钱财的人甚至有可能到几十里外的地方去架一座桥，或者出资参与修渡、修井等。在小江社会中，以江西帮为主体的移民群体同样积极参与周边村落修桥、修渡口等地方性事务，此种行为加快了他们融入小江社会的步伐。目前所能见到最早的资料当数乾隆五十五年小江新寨修井的一块碑，此碑现已被用来垫路面，上面铺了一层水泥，幸好还留有一些字迹，记载了捐钱人的名字。此外，一块立于嘉庆十九年的新寨修渡碑也记载了江西帮的参与行为。巧合的是这两块碑所出现的捐银者的名单非常相似，尤其是小江移民诸姓。该碑文在小江地区可算记载姓氏最为多样的一则了。碑中共记载捐银人43位，虽以龙姓为主，有25位，但很重要的是出现了戴、曾、江、王、李、夏、何、陈等姓氏，相比于吴姓和龙姓，这几个姓氏可谓外来姓氏，很有可能既含有小江江西帮移民，也包含从王寨转来的移民。

总之，目前已知的资料显示，至少从乾隆五十五年的修井开始，以江西帮为主体的小江移民已经参与到地方社会事务中。不论是修井、修渡口还是其他公益性事业，不论是出于修阴功还是融入地方社会的目的，小江移民通过此种行为使自身进入区域社会运行的轨迹中，与当地的龙氏居民产生密切的互动，此乃移民进入区域社会的一方面；另一方面，万寿宫馆首亦参与到了地方团练甚至是小江与其他地区纠纷的解决中。

小江地区的瓮寨与天柱县的勒洞毗邻，两个寨子自清代山林纠纷不断，曾在道光年间诉讼到官府，也曾在 20 世纪 40 年代诉至法院，其他时间大小纠纷亦不断。诉至官府既需要钱财来打官司，又需要时间来等待，其成本相对较高，因此更多的纠纷还是通过民间的力量来解决。光绪年间的两份字约即民间力量解决两个寨子山林纠纷的证明。一份是光绪二十五年，勒洞罗姓伪造契约与小江瓮寨渡船会争田，万寿宫馆首戴国森以及陈万才等作为小江代表与勒洞代表共五人一起出面而得以解决。三年后，又有纠纷产生。

　　　　立戒约字人勒洞罗永芳，因在我小江孟龙坡头五股共山，发□木于在今年九月盗砍杉木八株，当时被龙应伍拿□，经评地方团体处理，赔还木价壹拾贰仟文钱，然后永远不得从犯再砍，特立有戒约壹纸，本地方为据是实。

　　经凭小江总理：龙内魁

　　凭地户老：戴国森、龙仁丰、龙作章、龙包元、龙之尧、龙善田、龙先代

　　请笔　　担保人：龙发珠

　　　　　　　　　　立戒约人勒洞罗永芳

　　　　　　光绪二十八年九月二十三日立①

---

① 该文契是笔者于 2007 年田野调查期间在瓮寨村办公室见到并拍摄。

这是一纸戒约，因勒洞罗姓盗砍小江杉木，勒令其赔偿并不准再犯而写。值得注意的是，万寿宫馆首戴国森此时以户老的身份出现在两地的纠纷解决中，其前一个身份则是团中人。"咸同兵燹"前后，清水江下游地方团练兴起，就小江地区而言，戴国森作为万寿宫馆首在光绪年间基本成为团练首领之一，身为移民代表将触角延伸到了小江几个寨子以及更广阔的区域社会中，对地方社会的运行产生影响。

概括而言，小江地区移民会馆的建立并不是一蹴而就的，而是经过了一个阶梯式的逐步形成过程。首先是江西帮的形成，或者更确切地说是他者眼中的江西帮形成。其次是清明会的成立，细思量之，应当是区域社会中普遍存在清明会这一组织，清明时节挂清、聚餐亦已成常态，对江西帮组建清明会产生了外在刺激作用。最后，亦最关键的，是诸姓移民出于现实需要筹措资金建立会馆。由此在小江地区产生了移民团体与组织，为区域社会结构增添了新的元素。

小江地区的移民会馆，虽然同样与籍贯观念密不可分，但仍有鲜明的地方性。相比于江西境内以及其他地区，小江移民所建立的万寿宫并不具有强烈的信仰色彩，换言之，它不是为人们提供朝拜的场所，更多的是为移民提供活动空间，其现实性远远大于信仰性。万寿宫的创建和重修，代表着宗教性的信仰让位于世俗特征，现实的需要凌驾于其他需求之上。此外，会馆的成立，既借助于信仰层面，将许真君与肖晏二公等地方神作为家祭总源；也依靠现实的地缘联系，以祖籍地作为选择成员的依据；又体现出更多的商业性因素，尤其在清末民初，只要缴纳股金即可作为股东行使某些权利。同时，不论是万寿宫还是财神馆，其成员不仅包括小江地区的移民，还包含其他地区自愿加入的人群；其成员不仅是移民，而且兼有商人或小手工业者的身份。位于小江地区的万寿宫还有一个明显的特点，即它的股份制组织形式。加入会馆的人员通过缴纳银两成为股东，由此奠定其在会馆内的基本地位。

想象的共同体强调主观的心理认同。民族被想象为一个共同体，因为尽管在每个民族内部可能存在普遍的不平等与剥削，民族总是被设想为一种深刻的、平等的同志爱。[①] 由此来看移民群体成立的万寿宫，他们以江西为根本，被称为江西帮，内心同样认同这一身份，开始加入万寿宫的诸姓结为兄弟，"在生应视同骨肉"，而在实际的运作过程中，并非每一位股东都享有同样的权力。至少在很长一段时间内，戴国森作为万寿宫馆首扮演了"发言人"与"大家长"的角色，从其后人对会馆权属问题的追问也可略见一二。就此看来，万寿宫的确是一个想象的股份制的共同体。

何炳棣认为会馆加强小群观念，削弱大群意识。他强调会馆是地缘组织，与同一地方的其他地缘、业缘组织接触，发生关系，谋求共存共荣，但这一接触的结果，未尝不有助于窄狭畛域观念的融消和大群意识的产生。[②] 全汉升研究中国行会制度时发现某些行会统治市场。[③] 就小江而言，其移民建立了市场，移民所建立的会馆既加强了内部的小群意识，同时促进了小群与大群的接触与联系，而且进一步促进小群融入大群之中。正如小江的流动性，源于剑河，流经天柱，于锦屏汇入清水江，中间也接纳无数条小溪，移民商人所建立的股份制共同体同样充满了流动性与包容性。正是这一特点，使其自建立后不仅包含小江的江西籍移民，也容纳了从王寨以及其他地方转来的移民。这些不同时期的移民之到来，借助万寿宫这一共同体，进入区域社会生活当中，并对社会结构以及社会运行产生了微妙的影响。

如此多的"会"表明了在清水江流域生活的人们存在诸多的联系方式，也透露了乡村社会人群的基本行为方式。分类现象普遍

① 〔美〕本尼迪克特·安德森：《想象的共同体：民族主义的起源与散布》，第6—7页。
② 何炳棣：《中国会馆史论》，第1—10页。
③ 全汉升：《中国行会制度史》。

存在，"关系"与"类别"是认识中国传统社会的两个关键概念。据潘光旦先生分析，"伦"字表示条理、类别、秩序。① 费孝通先生认为乡村的社会关系类似于水的波纹，愈推愈薄，是"一根根私人联系所构成的网络"。② 乡村社会中的人们通过对不同群体的划分，建立了特定空间范围内的关系格局，通过远近与亲疏的划分，确立不同的关系网络，进而分别加以对待。这种行为方式潜移默化地进入了乡村社会生活的细微层面。清明会更是成为清水江下游联系最基本的民间"会"，血统成为其唯一资格，大小不一的清明会体现了家族成员人数的多寡。对于迁徙到清水江地区的移民而言，这些人至多以小家庭为单位，他们无法仅以血缘作为组织原则，退而求其次选择地缘、业缘这种深层次其实是拟制化的血缘组建财神会，其功能相当于清明会。

会馆及与之相关的行会、公所曾经广泛存在于城乡社会中，并因其独特的组织和职能等引起学者的关注。血缘和地缘成为这些组织最为常见的联合方式。血缘的重要性在中国乡土社会已经不言自明，成为人们的常识。对土地的重视使得村落定居成为可能，使地缘成为联系人们的又一纽带。因此，表述社会中个体之间的关系时，血缘与地缘因其更多的"先天性联系"使用频率居高，并且常常被用来形容乡土社会的特征。此外，姻缘与业缘等也成为指称人们后天联系的代名词，为各种团体的组合提供了理由。但是，通过前面所述不难发现，清水江流域尤其是小江地区自清代以来一直到现在，曾经存在的移民群体组织——会馆，用于组建的纽带并非简单的地缘联系，即使称之为拟制的血缘联系，也不能忽视它的股份制形式。这些移民组织既使移民群体能够有效地生活在小江社会中，也使其本身具有明显的商业性质。因此在组建过程中，可以发

---

① 潘光旦：《说伦字》，《社会研究》第 19 期。
② 费孝通：《乡土中国　生育制度》，第 27—30 页。

现其组成人员的地域范围已经超出了"祖籍地"这一概念。同时，各种形式的"会"以民间组织的形式遍布于清水江流域，其功能既有血源祭祀方面，也有现如今所强调的社会保障的意义，同时某些特定的"会"也发挥了商业组织的作用。

纵览小江和清水江所在的广阔区域社会，深入考察移民与坐家各具特色的社会组织——移民会馆、祠堂和民间"会"，本书发现，这个区域社会呈现了它自身在历史过程和文化交融中的某些特点。第一，区域社会中的人在不同人群的接触与互动过程中，发展出了非常有特色的联系纽带。不论是移民群体还是坐家人群，他们在社会公共生活层面灵活运用血缘、地缘和业缘等联系——包括拟制的血缘联系，尤为重要的是发展出了完善的股份和股权意识。移民会馆还有民间"会"等组织，如此和谐地将社会性与商业性集聚在一起。第二，区域社会中的移民和坐家在感知互相的关系时，既有明确的分类观念，亲戚和房族分得很清楚，血缘和姻缘亲疏远近不同；又具有整合的意识，出于不同的需求将各种群体以不同的名义联系在一起。这种行为方式一方面是为适应生产和生活的需要，另一方面也出于其他的考量，例如信仰层面和社会公益层面。修阴功是清代清水江下游群众很重要的一种思想观念。阴阳在其心中区分得很清楚，而且同样占有重要比例。他们认为通过捐献钱财修路、架桥、设渡口，大量积聚功德，不但保佑现世子孙，而且积累的功德有助于日后阴间的生活。第三，修阴功这一"本土"观念不仅有效解释了侗族和苗族同胞在商贸活动的带动下，对财富所形成的特殊处理方式，也能够从一定角度解答为何会出现如此形式多样、数量众多的具有公益性质的"会"，被迁入该区域的移民迅速而有效地体认到，并很快运用到日常的公共生活中，深刻影响了移民群体的行为以及他们与坐家的共处。

可见，会馆与"会"的并存，为小江社会带来了丰富性，不同的人群通过不同的组织整合在一起，以会馆和"会"赋予的身份参与社会交往，移民和坐家也通过不同的组织在区域社会中参与事务，加强两个人群的互动。不可否认的是，在这种互动过程中既有利益的交叉，也不可避免地有冲突，但通过会馆与"会"，二者又同时维持着一定程度上的平衡。总的来说，会馆和"会"用不同的规则和标准，把不同人群联结起来，不仅在群体内部进行整合，而且对小江社会在整体上进行联系与整合。多元化形式的"会"有效联结了区域社会内不同层次的人群。

乡村社会存在的多样化的"会"反映了乡民之间联系的复杂性与灵活性。血统往往首先成为判断成员资格的标准，因此有了拟制化的血缘关系。同时，婚姻和地域联系亦是重要标志。此外，业缘也成为特定社会组织的联系纽带。清代的清水江流域，上述纽带被人们灵活运用于各种不同的社会组织。尤为重要的是，出资入股这一形式得到了有效而普遍的运用，"股东"这一名词早在清代已被乡民创造出来，社会组织的商业性味道凸显。具有社会公益和保障性质的组织明显体现出"义"的色彩，股权的划分则体现出"利"的因素。"义"与"利"非常微妙地融合在一起，你中有我，我中有你，恰如其分互补性地维持了社会的运行。

第五章　水资源与移民
——移民村落的搬迁与移民身份的转化

　　水是重要资源，在很长一段时间内作为农业灌溉资源极具重要性，围绕水资源的研究成果也蔚为可观。[①] 弗里德曼以东南"边陲地区"为例，从侧面展示支撑该地稻作经济的密集的水利网络是家族之间争夺的资源。[②] 杜赞奇通过对 19 世纪一个水利组织的研究说明文化网络将国家政权与地方社会融合进一个权威系统中。[③] 魏特夫提出对水的控制是社会控制的关键手段，但其所谓的"包括中国在内的东方国家专制主义制度起源于水利灌溉需要一体化协作，需要强有力的管理和控制"观点则受到批判。[④] 日本学界在"水利属共同体所有，而土地私有"的基础上提出水利共同体理论。赵世瑜认为水资源所有权公有与使用权私有是争水根源所在，并在一个区域性空间里揭示人们利用公共资源过程中权力和象征的

---

① 在水利社会史方面，有行龙等关于山西水利社会史的研究（《以水为中心的晋水流域》，山西人民出版社，2007），蓝克利、魏丕信等法国学者对中国山陕民间水利问题的研究（《陕山地区水资源与民间社会调查资料集》，中华书局，2003），王铭铭关于水利社会类型的论述（《"水利社会"的类型》，《读书》2005 年第 8 期）等。

② 〔美〕莫里斯·弗里德曼：《中国东南的宗族组织》，刘晓春译，上海人民出版社，2000。

③ 〔美〕杜赞奇：《文化、权力与国家：1900—1942 年的华北农村》，王福明译，江苏人民出版社，1994，第 17 页。

④ 〔美〕卡尔·A. 魏特夫：《东方专制主义：对于极权力量的比较研究》，徐式谷译，中国社会科学出版社，1989。

作用。① 上述研究基本上有一个共同的前提条件，即水的灌溉和饮用功能，或者可以说立足于"水利"这一关键词，其考虑到的水作为一种资源所涉及的权属问题及权力等方面可以为本书提供借鉴。本章论述的是作为资源和利益的水，通过阐释作为资源的河流被人为分段的过程，指出其中移民和坐家分别扮演的角色。此外，通过考察区域社会中人们划分河流的机制，深入解析区域社会内部的自我协调机制以及乡村社会的规范等问题。

第一节　水之利：不同人群及村落间的合作与冲突

近几年，清水江文书引起国内外学界越来越多的关注，越来越多从事人类学、生态学、民间法和农林业等方面研究的学人开始利用清水江文书，在这一趋势中政府层面也适时加强了相关的政策保护和支持。通过清水江文书，人们触摸到地方社会中的一个个侧面并努力鲜活勾勒。明清以降的清水江流域就这样以日益丰满的形象呈现于世人面前。皇木的采办、木材的流动、侗族的稻—鱼—鸭系统、传统的人工营林业、契约透射出的民间法、银饰与侗族大歌，如一张张名片彰显着地方社会的独特身份，同时也成为一枚枚标签，加深了大众对这一区域的认知。

虽然竭力避免给人以自明代尤其是清代以后，清水江地区骤然有了翻天覆地的变化并成为学者所描述之"清水江"的"刻板印象"，但透过目前的正史和民间文献以及传说故事，我们所能看到的仍然是明清以降，国家与地方互动过程中民间力量有意识地借助国家权力以"操控"地方社会运行之影像，由此成为地方社会型构中的重要力量，也促使清水江地区呈现鲜明的地方性与特殊性。

---

① 赵世瑜：《小历史与大历史：区域社会史的理念、方法与实践》，三联书店，2006，第126页。

以家庭和家族为单位保存的清水江文书无疑是一大亮点，其背后的支撑——侗族和苗族传统的人工营林业及与之相伴随的诸种产业同样也书写了地方性。挖山栽杉、伐木放排、人口迁徙、集市贸易、会馆建造、功德信仰等活动共同建构出当时当地的清水江社会。保存至今的清水江文书向我们展示了这段历史中山林田土的买卖转让规则，涉及阳宅与阴地、树木与山地以及公共资源的分配使用乃至占有问题。

本书所讨论的正是这一背景下清水江地区水资源的分配使用问题。相比于山西晋水、汾水流域，相比于笔者到过的湘西古丈断龙地区，清水江流域实在算不上缺水地区，甚至可谓水资源充沛，现在矗立于清水江及小江等干支流上的一座座电站充分说明了这一点。笔者做田野调查的过程中时常听到当地民众用"八山一水一分田"形容自己所处的生态环境，这样的地貌影响了人们的生计活动：农业用水需求有限，导致该地区人们的用水方式明显不同于平原等地。换言之，在清水江流域，自明清以来，人们对水资源的利用更多的不是基于农业灌溉用水的需求，而是利用河流进行土特产的输出和贸易。因此，沿河的村落和高山上的村落对河流的管控和利用明显不同。也因此，义渡经常出现在历史文献和当地苗族、侗族同胞的记忆中。当然，当地的粮食需求也通过诸多方式得到满足，非常典型的是林粮间作、"栽杉种粟"，即在杉木幼林中种植小米等作物。对此清道光年间的《黔南识略》和稍晚些光绪年间的《黎平府志》等文献中都有记载。

"山多戴土，树宜杉。土人云，种杉之地必预种麦及苞谷一二年，以松土性，欲其易植也。""种杉之地必预种麦及苞谷一二年，以松土性，欲易其植也。"由上述两则文献不难看出，栽杉种粟等方式的林粮间作，在满足粮食需求的同时，本质目的还是谋取杉树之利。此外，正如当地一首世代流传的歌谣中所讲述的："小江河水长又长，山多田少不收粮。子孙代代当柴汉，不到五月就挖芒。"这首歌谣通俗易懂地展示出祖祖辈辈的谋生方式——砍柴和挖芒。芒粑仍然是现在节日生活中的一种重要食物。生活在山水之间的这些人，在历史的积淀中创造出了独特的水资源利用方式，水为他们的生活带来了丰富的面向与可能。

《黔语》中提到"黔诸郡之富最黎平，实唯杉之利"。水利在清水江流域最主要是以河流的形式为杉木的运输提供航道。人们在贵州清水江干支流扎排和放排，通过湖南沅水、酉水流域将杉木运到洞庭湖，再到全国各地。因此，对水的利用，具有极强的灵活性与调控性，对水的使用与争夺紧紧围绕利而展开。但在某些特定时空下又会暂时推翻这一原则，例如后文提到的"洗江"。水资源的作用和重要性对人类社会不言而喻，是人类生存和发展所必需的因素，其控制和使用权便尤为关键。扎根于乡土社会中的家族、伦理、社会组织等因素深刻影响了不同地区人们对水的利用，由此造就了复杂的围绕水而产生的实践活动体系。套用"理性""经济人"等概念未必能很好地解释乡土社会中人们的生存活动与伦理，即使是"水权"这一概念也有着不同的地方性解释。张小军提出了"复合产权"的概念，分析了产权权属的经济、社会、文化、政治和象征五个维度的属性。① 深入观察清水江流域的地方性知识，可以发现影响人们用水实践的关键性因素一方面是营林—伐木—放排的种植与贸易体系，另一方面是地方社会的内生组织，类似村寨联盟的"款"组织等，此外也有对于鱼塘等的利用方式等。

水之利在清水江流域最显著的表现是当江的权利。何谓当江？张应强描述了这一制度："在清水江流域的木材采运活动中，有一套由卦治、王寨、茅坪三个村寨轮流值年'当江'、开店歇客、执掌市易的制度。""当江之年为送夫之年"，由此产生了当江制度与

① 张小军：《复合产权：一个实质论和资本体系的视角——山西介休洪山泉的历史水权个案研究》，《社会学研究》2007 年第 4 期。

当江送夫的惯例。作为一种市场制度，当江为村寨带来厚利，其交易内容主要有两方面，一是为下游来的外地客商提供食宿，赚取费用；二是有权利以中介的身份帮助客商到苗疆腹地购买木材，从中抽取利润。不是每个村寨都享有这个权利，在清水江流域只有卦治、王寨、茅坪三个沿河村寨每三年轮流一次值江，充当山客与水客的中介，享有"一江厚利"，这也是后人所谓的"内三江"。开辟"新疆"与疏浚清水江干支流河道，为周边生活的人带来的最大影响即开通了清江之利，包括随之而来陆续进行的木材输出与白银输入，以及土特产的输出与铁器洋货的输入等。当江之利是水之大利，关涉木材贸易的重要环节，官府派出的赋役更是由当江的村寨全权承担。即使如此，当江还是不断引起村寨的争夺。为争夺当江权利还引发了大范围和长时间以及推卸赋役责任的诉讼案件，即有名的"争江案"：锦屏县的茅坪、王寨、卦治三寨（内三江）和下游天柱县的坌处、清浪、三门塘三寨（外三江）展开长达二百年的诉讼。与此同时，清水江下游沿江的其他村寨亦采取各种活动以分得沿江之利。康熙年间的"抽江"即下游村寨联合于村寨沿江处设置关卡，抽取过江木排银两，后因木商联合去府衙控告才遭拆除。

　　水之利的第二个层面即让生活在清水江流域的人们得以从事放排活动。如果说当江是人们以提供服务和贸易场所获取水之大利，而且主要集中在上述三寨，那么放排则不受地域范围的限制，沿江或高坡村寨更多的普通民众通过提供劳动力而在江上谋生。"篙子下水，婆娘夸嘴。篙子上水，婆娘饿饭。"这是该地区广泛流传的俗谚，生动体现出放排这一生计方式对一个家庭的重要性。笔者在清水江流域访谈期间，听到了各种充满艰辛与智慧的排工的故事。排工承担的主要是河道上的任务，杉木经过砍伐、晾晒、剥皮后，经洪道运至江边，然后由排工扎成排，一排排通过水路运输。不同河段水势不同，有的河段滩险水急，已经扎好的排往往会被打散，排工还需下河捞回杉木重新扎排，其中蕴含的艰辛和凶险只有放排人才能体会。因此在这一过程中也形成了诸多禁忌，以及人们对杨公庙的信仰和祭祀。一路放排，到常德、洞庭湖等地，排工这一趟任务结束，带着收获返回家中，等待下一次放排。清水江沿岸有许多流传下来的故事，讲述先人过险滩、闯河道的历史。虽然凶险，却是重要的谋生方式，为普通民众提供了生计来源，是当地人得到的又一水之利。

水之利的第三个层面即为清水江流域的人们提供了鱼类和岩石等资源，借助当地人的生态智慧，这同样成为他们重要的物质生活资源。水带来的恩赐，点缀了他们的物质生活和社会实践活动。水作为一种资源，其用途因应地理环境的不同而略有侧重。依山傍水的人在生活中早已摸索出各种利用水的方式。正如乾隆十三年（1748），湖北巡抚彭树奏言所道："荆襄一带，江湖亥延千余里，一遇异涨，必借余地容纳。宋孟琪于知江陵时，曾修三海八柜以潴水。无如水浊易淤，小民趋利者，因于岸脚湖心，多方截流以成淤，随借水量鱼课，四围筑堤以成垸，人与水争地为利，以致水与人争地为殃。"从中看出，在湖北，人们截流成淤，筑堤成垸，既增加了田地面积也获得了鱼类资源，但客观上削减了水域面积。而在清水江地区，包括小江在内的清水江干支流成为当地人物质生活的重要资源场所和活动空间，人们在有效利用资源的同时也尽量减少对生态环境的改变，有时还大规模疏浚河道。

笔者每次到清水江，都能享受到各种鱼的美味，虽然在人们的记忆中，可食用的鲜鱼已经减少了很多。鱼类资源作为河流所带来的重要之利，不仅是侗族地区餐桌上的常见食品，而且是节日祭祀的重要祭品之一，"腌鱼"也是黔东南地区的特色食物。即使是在今天，鱼在清水江流域社会中仍是侗族和苗族同胞不可或缺的日常生活甚至仪式所需的物资。在人们的记忆中，清水江干支流域自清代到水电站修建前，江里的各种鱼类数量非常多，足够满足人们日

常所需，甚至有因养鸬鹚捕鱼而发家致富的案例。在很长一段时间
内，是否独享或者共享捕鱼的权利成为各村寨之间社会关系的明显
表征。由此当地人也发展出了娴熟的捕鱼技艺。

　　在长时间的摸索中，人们依据不同的地形发展出各种各样的捕
鱼方法，例如毒捕、网捕、转捕、筛捕、捞捕和鱼梁捕等，都是当
地较为常用的方法。首先是网捕，利用人工编织的网络进行围捕。
捕鱼的网有很多种，比如手网、拦网、漂网、刮网、渔网等。现在
小江地区留传下来的为数不多的几种捕鱼方式中就包括网捕。人们
一般在傍晚或吃完晚饭后就驾驶小船开始撒网，第二天清早即去收
网。小江江西街的李姓人家即会织网，这门手艺成为在当地谋生的
重要手段。其次是转捕，这一捕鱼的方式缘于山区多样化的溪流，
因此主要在山沟小溪中使用。转相较于网，也是一种工具，常见的
是用竹子编成，由具体的不同的地形可以分为塘转、滩转，另外还
有放在水田中捕泥鳅的泥鳅转。筛捕用的工具是鱼筛，形状为扁圆
形，口开于上，口小肚大，鱼进而不知出。转捕和筛捕这两种方式
现在都不太见得到了。

　　毒捕，当地习惯称之为"闹鱼"，是当地生态智慧的一种体
现。捕鱼时间一般都在农历六月至八月的农闲枯水季节，而春冬两
季则很少进行。当地人结合自己对生态环境的认知，利用山坡上自
然生长的药草，包括八角叶、劲冈藤、腊料草、化香叶、葛薯籽、
墨药叶、茶油枯等（偶尔也用石灰）药鱼，待鱼晕后捞取。这是
一项大范围、村寨联盟之间所进行的活动。规模以及所涉及的人群
范围大小不一，规模小的仅有几个或十数人，药毒小溪或江河的某
一塘；规模大的则以村落为单位，由几个、十几个村寨联合药毒江
河的某一河段，例如清水江支流——小江地区的"洗江"。"洗江"
可谓大规模的集中毒捕。这种捕鱼方式在清代的小江地区一度成为
九寨这一款组织的重要娱乐活动。访谈中，人们回忆清末至民国时
期，每年的六月六前后，九寨中的高坝、皮所、平秋、魁胆等寨以

及毗邻的天柱县之水洞、摆洞、悠洞等寨在尝新节过后，往往会联合起来凑药下小江闹鱼，他们称之为"洗江"。其场面之大、氛围之热闹，人们现在谈起来还是兴高采烈、回味无穷。笔者截取了由当地文人撰写的小江村志中的一段，希望能够给读者一种现场感：

> 届时，寨子中的青壮年甚至是老人和孩童全部出动，携带闹兜、竹箕、萝、筐、篓、网、叉，刀等所能利用的全部工具，聚集到小江中，利用药物将鱼毒翻，老人和孩童则忙着捡鱼。洗江之时，沿河一带，人头攒动，熙熙攘攘，人声喧哗，甚至不分昼夜，热闹非凡。凡是参加闹鱼的人群，各尽其能，得多得少虽凭个人能力，但保证人人不至于空回，即使有人捡不到，捡鱼多者亦会分给其部分鱼，可谓集体狂欢。

在"洗江"的过程中，已经不存在河流的分段或者管辖权利等的问题，即使是迁徙来的移民，平时对小江没有管辖权的村落，或者是偶然路过的商人，也都可以任意参加和捡拾药翻的鱼，没有限制，亦无人责问。

"洗江"之时，即小江与九寨其他的寨子以及周边天柱县的某些寨子共同运用水所带来的"利"之时，在这一过程中社会关系得到了简化，或许其状态类似于"阈限"，当然前提是"阈限被看作是从正常状态下的社会行为模式之中分立出来的一段时间和空间"。① "洗江"这一过程，也可以用特纳所谓的"交融"来指代。交融是关系的一种形式，是有具体性、历史性、特异性的个体之间的关系。在这一过程中，社会有着同一性、没有结构的交融，它的

---

① 〔英〕维克多·特纳：《仪式过程：结构与反结构》，黄剑波等译，中国人民大学出版社，2006，第167页。

界限在理想状态下是与人类的界限相一致的。① 可以看出，"洗江"模糊了日常时间内不同人群和村落对小江的管辖权，移民群体平时是没有权利在小江捕鱼的，参加"洗江"的部分村落也是无权管辖小江的，但在"洗江"的时候，权利的界限被自动忽视，人群的划分亦有所模糊，只要作为个体的身份是"人"，在此时皆享有在小江河流捕鱼的权利。

此外，鱼梁捕也是包括小江在内的清水江流域极富特色的捕鱼方式。这是一种较早的捕鱼方式，方法是在河滩头用木（竹）连成上大下小的排，上端扎入水底，下端翘离水面，排下安以支架，即所谓的鱼梁。将鱼梁安装好后，尤其在涨水季节，从上游冲下来的鱼很容易被水冲上木排，人们去捞即可。

鱼梁捕亦是小江村民记忆中常常运用的捕鱼方法。小江河在流经江西街与瓮寨两个村落之间的转弯处形成一个三面封闭的空间，像一个潭的形状。当地人利用这一天然优势，用石头将两边砌好，上面用木头一排排撑起，形成一个半天然半人为的鱼梁。水流过来时自然会从根根木头之间的缝隙流下去，而鱼则会搁浅在木头上面。小江的人称这一转弯处为"鱼梁潭"。瓮寨早已经在此地建立，因此鱼梁潭的权属一直归瓮寨所有。一直以来，只有瓮寨的人有权在此捉鱼，而周边包括临近的坪地寨平时都没有在此捕鱼的权利。当集市迁到小江河边后，因为距离鱼梁潭很近，江西街村落少数移民也会跑来捉鱼，由此与瓮寨产生纠纷，这些在后文会有所叙述。

总结这几种捕鱼方式，不难发现人们的生存智慧。时间与空间成为他们灵活运用不同捕鱼方式的参考坐标。具体而言，在枯水季节，较为可行而且拥有巨大收获的捕鱼方式是毒捕；而在涨水季节，鱼梁捕则成为非常恰当的捕鱼方法。在宽阔的江河之中，网捕

---

① 〔英〕维克多·特纳：《仪式过程：结构与反结构》，第 132 页。

无疑是合适的捕鱼方式；而在小沟小溪中，转捕和筛捕则要可行得多。如此多的捕鱼方式，不仅提供了人们日常生活所需的食物，同时也为流域内的移民提供了生存机会。围绕捕鱼所进行的织网和造船成为小江部分移民非常重要的生存手段。江西街祖籍湖南的李姓就是在小江地区通过织网和造船而慢慢定居下来的，这一手艺一直传承到现在。在小江地区，当有人家需要造船时，往往就近来找江西街的李家。除了船造好后雇主会给一定的金钱报酬，在造船期间雇主还要提供一天内的所有伙食，当离家稍远时，雇主还要提供歇息之所。

水之利不仅包括捕鱼，也包括大大小小分布在黔东南地区的石碑之原料——岩石。岩石是清水江干支流拥有的非常重要的资源，也为区域社会中留存数量众多的碑刻提供了便利条件。

打岩塘是清水江流域自清代以来非常有名的出产岩石的地方，位于锦屏县平略镇。打岩塘上至大官滩，下至偶洞滩，是一段长约3公里的水域，并形成一段温驯静谧、波光粼粼的河床。关于打岩塘，流传有一个趣味盎然的故事，反映了早期人们对河流的管辖和争夺：

> 相传明永乐年间，黎平府一官员乘轿去卦治、王寨体察民情。行经讲略河边大枫树下乘凉，突然听到下面河湾处有人大喊救命，官员派人下去一看，原来是一艘装大米的船在河湾处翻了。颇有点民情的官员找来当地一个农民问："这河滩属哪村管辖？"原来这急湾河滩正处在平略、偶里、南堆、留纪交界处，个个怕担风险而推卸责任。问到平略，平略说是"偶里管辖"，问到偶里，偶里说是"南堆管辖"，这段河滩本就属于留纪地盘，当问到留纪时，留纪人只好承认了。于是，黎平府官员责令留纪寨人在一个月内把急转弯河滩修直修好。这下难倒了留纪人，只会种田的他们哪会凿石修河呢？留纪人只

好到湖南宝庆请来谢、罗、刘、唐等姓三十余人，用当田的办法让他们来修理河滩。宝庆石工为了信用，成立了一个"财神会"，在每丘留纪人当给他们的田角里都深插一块上刻"宝庆财神会"的石碑为记。他们发现这里的石头易开采，纹路好，板面宽，于是在修河滩的同时，加工一些石磨、石碓、石碑、石桅出售而赚了大钱，为了养家糊口，宝庆人与留纪人签订了十年在"老塘孔"地方一面修河滩一面加工石材的合同。尝到了甜头的宝庆人为了长久占有"老塘孔"打岩营生，便心怀鬼胎地在合同上将十年的十字上面加了一撇成了"千年"。岂料合同是一式两份，十年期满留纪人知道此事后，一怒之下把宝庆人赶出了"老塘孔"。留恋这里石头易开采易赚钱的宝庆人没有返家，而是偷偷地搬到对岸崇山峻岭下的河边零星地采石加工为生。慢慢的，他们精湛的工艺产品，越来越红火。星移斗转，这地方就成了闻名的"打岩塘"。①

上文虽然是个传说，却包含几个非常值得注意的地方。第一，该传说所指涉的时间是明永乐年间，而黎平府的设置是在永乐十一年（1413），这则传说追溯的时间可谓是早得恰当，非常有意思。第二，从"颇有点民情的官员找来当地一个农民问：'这河滩属哪村管辖？'"一句，结合疏浚清水江河道的时间是在清代以及留纪、平略、偶里等几个寨子互相推诿河段管辖责任等情形，可以推测，未经官府正式疏浚的清水江流域的河道至少在明代已经被沿岸周边村落自觉划分并管辖，哪段河道由哪个村落管辖已经慢慢成为默而不宣的事实。这个时间可能没有展开木材贸易，但居住于其间的人们过着渡河砍柴种田、捕鱼等生活，依然早已对蜿蜒流淌在身边的水资源展开了利用与争夺，对河道的

---

① 《平秋镇志》（未刊稿），2010年撰写，笔者田野调查中所得。

管辖也有了最初的约定。这一点明显有助于我们加深对小江河段的比较与认识。

第三，亦是最重要的，该传说展示了明代的移民行为个案。通过留存下来的碑刻我们发现，宝庆府石工在明清时期广泛活跃在黔东南地区。小江瓮寨目前发现留存下来较早的是一块乾隆四十八年的架桥石碑，碑文中记载的石匠即来自湖南宝庆府。在锦屏的其他乡镇地区，包括新化、敦寨等地留存下来的清代石碑中，也记载着宝庆府的石匠。虽然宝庆府石匠的足迹遍及黔东南地区，但很少有具体的个案表明这些石匠在某个地方定居下来，看似他们是处于流动的状态。这个关于平略打岩塘的传说却为我们提供了鲜活的移民个案：当地出产的数量丰厚、质量精良的岩石，吸引了宝庆府石匠的停留。作为移民，他们对蕴含岩石的河段缺少管辖权，因此在合同到期而他们又无法在当地继续开采的情况下，这些宝庆府石匠便迁徙到离此最近的无人居住的地方定居下来，从而继续开采岩石。

在清代的清水江干支流，岩石是非常有用的材料。不论是墓碑还是记事的碑刻都需要岩石，修路架桥有时也需要岩石。小江瓮寨曾经在开寨之初修有"八十四腾街"，即用八十四块青石板铺成的道路，主要是便于从瓮寨到新寨的行走。"八十四腾街"广为流传，在清代成为小江的一个标志。铺就这些台阶所使用的岩石，其来源地恰恰是打岩塘。这些青石板的质量非常好，一直延续到 20 世纪五六十年代，小江地区为修建电站，将这些青石板拆卸搬到小江河边，然而这个电站后面没有投入使用，"八十四腾街"也消失了。

不论是享有"一江厚利"的当江村寨，还是各个村寨广泛存在的排工群体，不论是作为食物的鱼类，还是作为材料的岩石，都是清水江及干支流带来的特殊资源。

清水江流域自明清以来，皇木采办、开辟"新疆"、疏浚河

214

道、木材贸易等促进了传统人工营林业的发展。沿江以及高坡的民众纷纷参与其中，他们的物质生活实践由此展开。徜徉在清水江流域，听老人们讲各个村寨的开寨和后续搬迁故事，会发现村寨的空间格局与江上的贸易密切相关。现在清水江江面上存在的一个个网箱，仿佛是从前鱼塘、鱼梁的演化；留存在小江甘寨村落的一口口大靛塘，是往昔人们种植和制作蓝靛的历史印迹，向后人展示了那段辉煌的专业化生产过程；每逢七月半，当地人虔诚地祭拜各种桥梁、古树，还有"岩石会"等组织的存在，不同程度地体现了清水江的地方性特色。

清水江为当地民众带来了物质生活的资源和空间，人们对它也进行了有效的利用和维护。河段和江步的划分背后是权利与责任的框定，享有这一河段放排的权利，亦须承担起维护河道的责任。当江、值江、放排、"洗江"等都是清水江及其支流小江、亮江所带来的资源，显示出人们对河流的有效利用。资源的属性间接导致人们在享受水之利的同时，也产生了各种纷争。至于处理纷争的方式，人们的普遍做法是明确权属问题，即使是公共资源，在公与私之间、所有权与使用权之间，也存在平衡点。保存下来的各种江规即寻找这种平衡点的尝试，是人们因应山水的地理环境所展现出来的生存智慧。权属的明确在社会中也会受到挑战，"洗江"即人们暂时冲破权属的桎梏而进行的实践，是社会生活和生态智慧的体现。留存下来的一块块护林碑、指路碑，村寨里的"后龙坡"和"风水林"，都是人们生态智慧最鲜明的体现。

第二节 水之争与江上之规

民间因水而产生的纠纷，有的地区是用水分配不均、对水资源的争夺所致，尤其在农田灌溉地区；有的地区是百姓害怕兴修水利之后会增派赋税；还有的地区是争夺当江权利，争夺水域带来的各项资源。

清水江地区围绕水的争夺最为典型的莫过于"争江案"，相关的资料见于《黎平府志》，民间唱本《争江记》也将这一过程以唱词的形式记录下来，诸多学者从各自视角展开了详细的分析和解释。争江案是清代清水江下游地区的村寨为争夺当江权利而产生的纠纷，集中发生在嘉庆三年（1798）至十一年（1806），是下游全处寨与上游卦治、王寨、茅坪三江之间发生的数起争江事件，倘若再加上康熙年间的"抽江"，则整个争江的过程断断续续延续了两百多年。争江案涉及行户、客商、山客，以及沿江的诸多村寨，案件状告到黎平府、古州厅、贵州布政使司、湖南布政使司等，最终促成了"内三江"与"外三江"共同"当江"享利的格局。争江案非常典型，争夺的是河段的管辖权，凸显了水之利。目前关于这一案例的研究较多，也较为详细，笔者在此不赘述。

争河段的另一表现缘于河流提供的资源。清水江流域广泛存在的各式台阶、碑刻、桥梁都需要岩石。打岩塘故事的开始看起来是人们对河段管辖的推诿而非争夺，其实质上透露的信息是清水江河流由沿江村寨分段管辖，已经形成了社会的惯例。转折部分则是宝庆府人的介入。介入原因显然是当代人的附会，用农业社会的思路来理解古人的职业分工。故事的结局是用契约书写规范，移民入住当地，对资源的利用和争夺造就了打岩塘。

如前所述，水为沿河生活的人们带来了众多资源。小江河所带来的利主要体现在放排所带来的人流量以及丰富的鱼量。小江村民回忆，直到20世纪50年代，小江河里的鱼都非常多，瓮寨在清代有村民专门喂养鸬鹚捉鱼，具体所得有多少我们并不知道，但这一家庭已经有能力雇长工和短工为其干活。

也正因为水之利的存在，围绕着资源的占有与利用，移民与坐家之间、不同的村落之间产生了各种纠纷。在小江地区，移民与坐家围绕水之利而产生的纠纷有三大案例。

第一个移民与坐家争夺资源的个案是关于鱼梁潭。瓮寨是小江地区的坐家，看起来鱼梁潭的归属权毫无争议之处。时至光绪年间，小江江西街移民群体中出现了一个特别的人物——戴国森。关于戴国森其人其事，上一章中已有专门的论述。戴国森在当地崛起，以官和盗的双重身份出现在小江社会中。此时，瓮寨的村民要砌鱼梁捉鱼，经常被戴国森阻止。偶尔戴氏不允许他们在此处砌鱼梁，但更多时候是不允许他们在此处捉鱼。江西街村民是这样讲述的：当时瓮寨的人好言好语跟他讲，允诺砌好后捉到的鱼随他拿，他想吃多少鱼就可以拿多少，但戴国森就是不同意。瓮寨的人见他不答应，不敢违逆他，便只好放弃。在他们看来，当时瓮寨的人想要砌鱼梁捉鱼，必须经过戴国森的同意。这不单是鱼的问题，更反映了一段时间内移民与坐家的微妙关系。

对鱼塘的争夺是移民与坐家争夺资源的另一例个案，发生时间在清末民初。鱼塘处于坪地与江西街相接的地方，其具体的地理位置即现在的小江学校坐落之地，距离江西街很近，但同坪地的距离更近。因此，在坪地村民看来，这毫无疑问是一个属于坪地村落的水塘。据坪地村民讲，该村的龙姓先祖来到小江之后，发现当地有一个塘，塘太深，栽不起谷子，所以就在里面养鱼，即后来的鱼塘。坪地龙家保存的 20 世纪 80 年代修的族谱中，也有关于鱼塘的记载："生殁未详，溯公由大龙迁居小江平地寨仍步村置买寨背鱼塘，子孙永远耕管，此系迁小江始祖之遗业。"明白鱼塘的来源很重要，有助于更好地把握其权属问题。坪地的地理先生认为这个鱼塘对坪地村落的风水有影响，所以其祖先栽了一片枫树来遮塘，保护坪地。因为鱼塘处于坪地靠近江西街的位置，而且从小江流进去的鱼非常多，所以江西街移民便背竹筐去鱼塘捉鱼。江西街移民认为，鱼塘里面的鱼是从小江流下来的，而非有专人喂养，因此并不属于坪地；坪地村民认为江西街村民抢他们的鱼，就骂江西街村民为"来人"，并拿泥石巴打，不准他们背鱼。双方各持己见，常常为争鱼而发生口角，甚至有时动手打架。由于双方纠纷不断，后来坪地人干脆把鱼塘填平，开辟成稻田。至此鱼塘纠纷终告结束。清水江文书中不乏鱼塘的买卖契约。为了避免鱼塘产权的混淆和纠纷，人们通过契约文书的形式进行约定，鱼塘的流转正是清水江规则的一种。

在坪地和江西街争夺鱼塘的过程中，坪地村民认为鱼塘属于坪地所有，而江西街是后面才搬去的，因而经常使用"来人"称呼江西街移民群体，以此将江西街移民与他们自身相区别，从而指明鱼塘的归属权。"来人"身份在这一争夺的过程中凸显。小江其他村落尤其是坪地和瓮寨普遍称呼江西街村民为"来人"，认为这些外来户到小江之后就开始抢占他们的地方，争夺他们的资源，除了鱼塘，还有枫树坪。

枫树坪的纠纷是移民与坐家之间争夺资源的第三例个案。这一纠纷的发生缘于旅游的开展，其发生时间是在 2006 年。所谓枫树坪，其实是指小江转弯处的一片枫树林。这片枫树林大约有 60 株枫树，每一株的树龄最起码有一百年。枫树坪位于小江流经江西街村的转弯处，这一弯道又构成一个天然的鱼梁潭，每逢涨水，从上游下来的鱼便会流进这个潭里。弯道对面恰好是坪地村的一片稻田，因此，枫树坪同鱼塘一样，都处于江西街与坪地两个村落的交界处。

枫树坪在当地已经存在了几百年，它是抑制小江洪水泛滥、防止洪水冲毁稻田和沿江房屋的屏障，因此对于坪地和江西街两个寨子都具有极大的价值。正因为如此，枫树坪一直受到当地人的保护，并且将其上升到村规民约的高度。当地村民告诉笔者，这片林子不准任何人砍伐，不准在那里开荒，不准在其周围砌牛圈，否则会遭到江西街和坪地的集体惩罚。枫树坪是两个寨子共同的财富，直至 2006 年这种局面才被打破，江西街、坪地甚至瓮寨也参与其中，三个村落为了枫树坪的权属展开了激烈的争夺。

2006年，旅游部门想在小江地区搞漂流，枫树坪和旁边的鱼梁潭成为重要的旅游点。这引发了江西街、坪地和瓮寨三个村落关于枫树坪和鱼梁潭权属的争夺。他们其中的任何一方都拿不出有力证据，却又相互争论不止，谁都不肯妥协。锦屏县三江镇建议坪地与江西街两个寨子共同占有枫树坪，但坪地村民认为，江西街才来两三百年，而他们来了有六七百年，所以"为哪样要共?"对于鱼梁潭的归属也是争执不下。笔者曾在前文论及戴国森与瓮寨争鱼梁，即指这一鱼梁潭。可以看出，由于村落力量的不同，各种公共资源的权属也是变化多样的。小江地区的这三个村落争夺枫树坪和鱼梁潭，哪个村落都不愿退让，也不想与别的村落共同占有，因此漂流的设想只能不了了之。

虽然这件事情搁浅，却激发了当地人对枫树坪的占有意识。坪地和江西街两个村落开始为了枫树坪的归属而争论不休，原先的相安无事局面被彻底打破。当笔者于2007年暑期在小江做田野调查，同坪地和瓮寨村民聊到江西街人群时，发现他们常常不自觉地流露出气愤之情，并说："江西街的人太狡猾，总是同我们争枫树坪。"当笔者询问枫树坪是哪个村子栽种时，坪地和江西街都争说是自己村的祖先所栽，其解释基本都是从枫树坪的功用来讲的。

坪地人将枫树坪视为他们的祖业，其理由有三点：第一，坪地住户来到小江已经有七八百年，而江西街人才来了两三百年；第二，坪地人的祖先为了保护田不被水冲走而栽种了这片枫树，枫树坪面向小江，位于小江的转弯处，背后是一条街道，然后就是坪地的一片田，每逢小江涨水，洪水就会冲向街道，冲毁那一大片稻田，所以坪地人培育了那片枫树；第三，现在政府在枫树坪旁边建起一幢两层高的小楼，坪地村民认为这是该村办公室，之所以建在那里，是因为枫树坪归他们所有。江西街村落则认为是江西街村的祖先栽了这片枫树林，来保护这条街免受洪水的侵袭。以前小江地区每逢涨洪水，河里的木材便会被冲下来，由于江西街村地势很低，流下来的木材常常会将河边的房子冲走，所以街上就栽了这片枫树来保护寨子。

枫树坪的历史就这样被当地人建构起来，现在他们依然在为其权属而争论不休。也许枫树坪最初就是一片风水林，小江地区常栽种风水林，以求得寨子和人群的平安。新寨在村子里栽种了一片竹子，不准任何人去砍伐，他们认为这片竹子会保护村落平安。瓮寨寨子背后有几株上百年的老树，被人们视为风水树，村民遇到难题往往到树前焚香祈福，一段时间后再来还愿。枫树坪最开始也许也是一片风水林，但由于找不到任何能够佐证的文字资料，各个村也没有令人信服的证据，所以其权属只能暂置不论。

江西街移民群体与坪地争夺鱼塘和枫树坪等纠纷，客观原因是这两个村落相距最近，而主观原因则是经济利益的驱使。由于开发旅游有利可图，双方都想将其占为己有。在这一争夺的过程中，群体差异被夸大，身份区分被强调，直接导致了"坐家"与"来人"两种身份意识愈加明显和强烈之势。江西街的"来人"身份被坪地和瓮寨等村落夸大甚至反复强调，以此限制江西街村民对小江地区公共资源的使用和占有。笔者由此想到王明珂关于族群边界的论述。他认为，族群边界的形成与维持，是人们在特定的资源竞争关系中，为了维护共同资源而产生的。而族群边缘环绕中的人群，则以共同的祖缘记忆来凝聚。① 这启发笔者更加深入地认识小江地区的身份区分。江西街移民群体最初入住小江，主要得益于他们自身所拥有的手工艺，以及他们对小江地方性事务的积极参与。当时的江西街移民被小江其他村落称为"客家"。当牵涉到当地公共资源的占有问题时，江西街移民的"来人"称呼明显增多，对其"来

---

① 王明珂：《华夏边缘：历史记忆与族群认同》，第4页。

人"身份的强调愈发突出。小江其他村落的人们都开始拒绝与江西街共享资源，认为他们是"来人"。

关于规则，清水江地区第一个规则即用契约书写产权的流转，大量留存的清水江文书就是最好的证明。以鱼塘为例，其管辖权往往属于一个村寨或者一个家族，是地方社会的共有财产，伴随着产权的明晰，清水江文书显示，其权属往往从村寨集体转移到个体。举一纸契约为例：

> 立卖清河塘约人本寨众上人等，因为红苗作反，老爷派我寨火绳八盘，众人无处出处，众上自愿将河边地名塘叫做顽列，出卖与亦本寨姜廷德名下承买为业。当日议定价银四千整。银契两交，不欠一厘。自今以后任凭廷德下塘毒鱼管业，而寨内人等不得异言，争论塞塘之事。今欲有凭，立此卖字存照。
>
> 成俞字　中人姜文德　文献
> 乾隆六十年九月十日书
> 外批此塘上以假陋而下下以顽列而上皆归廷德名下承买是实。

这是在清水江加池寨发现的一纸乾隆年间的文书。书写的背景是乾嘉苗民起义，加池寨民为缴纳镇压"红苗作反"的火绳将清河塘集体出卖于寨民姜廷德。鱼塘的产权由集体流转到个体，并且以契约的形式规定了塘的范围和管业内容，严令不得塞塘。

江上之规，其载体便是大量的清水江文书、碑刻等民间文献资料。类似鱼塘等资源主要通过契约文书来约定规矩，而清水江及其支流的分段则往往竖立碑刻来进行规范。这就是所谓的"江规"，其背后折射的是地方社会的物质生活，是三江充当买卖双方的中介，提供开店歇客的服务，是其他村寨放排运木材的生计活动，是人们对于生态环境的积极适应。

清水江的分水之规，一种是山客与水客之间，另一种是村落与村落之间，亦即江步的划分。清水江河道的开阔、流经范围的宽广，由此产生的江河之利甚为可观，关于它的河道的划分也较早，并且较为详细和谨慎。

具体来看，山客与水客的划分以卦治的《奕世永遵》石刻最为突出。卦治是当江三寨中最上游的一个村寨，地处清水江南岸，下距王寨水程十余里。该石刻刊于清水江对岸所仡立的一块巨石上，文曰：

> 徽临西三帮协同主家公议，此处界牌以上，永为山贩湾泊木植，下河买客不得停簰。谨为永遵，毋得紊占。
>
> 　　　　　　　　　　　　　　嘉庆二年季春月谷旦立①

这一碑刻立于嘉庆二年，当时已经形成了清水江木材贸易中的客商主体"三帮五勳"中的安徽、江西、陕西三帮。立碑的目的在于确认卦治以上是山贩放木之地，下河客商不能停排。卦治是分界，其上游是山客活动范围，外来木商必须在卦治止步，不能深入上游和腹地地区。这一石刻内容是购木的商帮同当江寨子共同制定的关于山客与水客的界限问题，看似是要防止某些下游来的水客深入清水江流域腹地买木，涉及的是买木而非放排的河道划分。

江规除存在于山客和水客之间，也体现在村寨放排权利的分布上，当地人称之为"江步"。"江步"的划分与其说体现出权利与义务的统一，不如说是地方社会运行中所采取的调控手段。获得江步的权利意味着获得放排的权利。江步的取得看似取决于人们对河

———————

① 张应强：《木材之流动——清代清水江下游地区的市场、权力与社会》，第145页。

道的疏浚，进而决定在这一河段可以放排的人群范围。在主干流域，放排恰如接力赛一般，到了一定的河段要换当地的人来接着放排，并由此享有放排的收益。

关于具体的江步划分，从目前掌握的资料看，最早涉及放排权利从而清楚划分江步的，是一块现存于锦屏县高柳村下寨的嘉庆十六年（1811）刊刻的《永定江规》石碑。兹录碑文如下：

> ……至乾隆九年，前府徐任内奉宪檄饬近河居民开修河道。高柳之龙、向二姓及鬼鹅向姓，合理开自鬼鹅寨门首起至难标止共一十五里。工竣之后，河道顺流，遂与上下沿河民分段放运客木，以取微利，江步之所由来也。……今年春，高柳民以烟户繁，思欲自运，执有胡耳土司盖印分江议约，谓"伊等与鬼鹅分为九爪，高柳得八爪，应运八年，鬼鹅只得一爪，应运一年；遂申明各木客，毋令鬼鹅揽放"等语。……今酌断：高柳、鬼鹅二处二百四十八户，着分为六股，鬼鹅运一年之后，高柳接运二年，周而复始，永定章程。……
>
> 嘉庆十六年闰三月二十七日判立①

《永定江规》中关于江步的分配体现了参与河道疏浚的义务与享有河道放排权利二者之间的关联性。高、柳两大姓氏与鬼鹅共同开修河道，所以可以分段放运客木，获取利润。随着人口的繁衍，又或许是放排利润的增加，高、柳一方意图改变规则，因利益的分配产生了纠纷，《永定江规》的产生暂时解决了这一问题。

江步的划分不仅存在于清水江，在其支流也有所体现。现存于锦屏县飞山宫中光绪年间的断碑《八步江规》，记录的正是清水江

---

① 张应强：《木材之流动——清代清水江下游地区的市场、权力与社会》，第148—149页。

支流亮江的放排规则，其内涵不单是对水域河段的划分。八步江规，顾名思义，一共八条，第一条议八步交接水界，将亮江河道具体划分为八段，分别由不同村寨延续接木放排；第二条议木商排式，规定不同规格、不同数量的木排其相应价格是多少；第三条议各步放木期限；第四条议八步规费；第七条议各步接放排木不得随水乱搁等，明确责任权属；第八条议沿途行排如有打岩并散排，考虑到了特例。由此可见，八步江规不仅包含对江步的划分，而且对放排的具体细节、放排过程中的意外情形都做了安排，是从实践中探寻出的适宜制度与规则，是集体智慧的体现。此外，新编地方志亦记载了从亮江的主要支流钟灵河开始划段分运的"八步江"："钟灵河至亮江口公有'八步江'，木材到一个地点后交与第二个地点人接运，共有 8 个地点交材，这 8 个地点是：洞湳、娄江、八洞口、稳江、塞地、下高、银洞、亮江，亮江人把木材运至亮江口后，交由茅坪人运至茅坪木行木坞。"钟灵河在八洞口（或八河）汇入亮江之后，尚有五步，或当与亮江干流之各步一致，但是《八步江规》所载之"平金"并不在其中。从地理位置上看，平金上接银洞、下流亮江，处于钟灵河"八步江"末尾两步之间。① 但这一江步具体涉及的是什么时间则不得而知。

相比于清水江河道的《永定江规》及亮江的《八步江规》，清水江的支流——小江的河道并没有流传下来具体的资料可以佐证其是否划分过江步。笔者在小江地区的访谈资料也显示，小江没有针对放排权利而明确规定过江步，但的确存在河段的划分。村民的记忆中关于河段的内容已经微乎其微了，在他们的认知和记忆中，负责的河道除了捕鱼，没有什么别的优点。当河道上漂浮垃圾物品时，还要负责捕捞上来，不能任其污染河水。所谓划分河段，由具

---

① 张应强：《木材之流动——清代清水江下游地区的市场、权力与社会》，第 152 页。

体村寨主管，不许任意侵占，其具体界限有村界记载。九寨之中的小江、平秋、石引、魁胆和高坝皮所等寨都有独立的管辖江域。河段的划分在小江地区基本限于捕鱼方面，其中瓮寨、新寨和甘寨三个寨子拥有对河道的管辖权。小江的江规不涉及当江，看似也没有排夫放排权利的争夺。人们可以由剑河经小江一直放排到王寨，汇入清水江。

前文所述主要是有关江步的划分，是不同村落关于放排权限的规定。从上述传说中还可以看出，某些河段，尤其是没有经过疏浚的河段，并没有引起足够的重视，其管辖权往往自然属于流经的村寨。

作为清水江下游的主要支流之一，小江又名邛水、八卦河、大步河，发源于贵州镇远县，流经三穗、剑河、天柱等县，然后由锦屏县西北部平秋镇入境，依次流过平秋、魁胆、小江，在王寨汇入清水江。流经四县的这一条河流，在不同地域范围内被赋予了不同的名称："邛水，治今三穗县八弓镇。邛水，又为河流名。源于镇远县南高曜坡、五爪坡东麓，在镇远县境称邛水，东到泸洞称泸洞河，至剑河县大洋称大洋河，入天柱县称八卦河，在锦屏县称小江，在锦屏县城注入清水江。"[①] 天柱县志中记载有"北门江：发源于新溪城北百余里达城而下三十余里至小江与清江合"。所以，小江河的范围，上至摆洞，下至赤溪坪的小江口。作为一个区域的统称，小江自上游开始依次包括瓮寨、江西街、坪地、新寨、甘寨和皇封六个村落。

小江流经之地，上游从皮所、柳寨等开始，下游经过小江六村直到于锦屏县城汇入清水江。其中，位于河流南岸的皮所与周边的高岑以及下游的小江同属于九寨，而地处河流北岸的柳寨则属于天柱县城管辖。虽然从行政划分来看，皮所和柳寨属于不同县城，但

---

① 徐家干：《苗疆闻见录》，第67页。

这两个寨子之间产生了密切而有趣的关系，人们将流经的这段河流称为"高车河"。

柳寨位于河边，相比于皮所、高岑等寨，其村民的水上技术明显好很多，并且负责起了高车河的摆渡。清代，皮所寨子据说出资购买几百担的田作为渡船田，田地的收益归柳寨摆渡所有。皮所的村民也因此可以自由过河，不需要支付渡资。柳寨与皮所所谓的"高车河"，其涵盖的流域范围非常小，也不存在放排权利问题，但有一点，他们享有这一河段的捕鱼权。

小江负责的河段自上游开始，是一个名为孟霭的地方，位于孟寨等处，一直到名为峀修之处。这段河道，自上游开始分别由小江的瓮寨、新寨、甘寨和皇封进行分段管辖。孟霭到上游的摆洞，过去这段江域也划分河段，由哪些村寨主管，不许任意侵占，其具体界限有村界记载。九寨之中的小江、平秋、石引、魁胆和高坝、皮所都有独立的管辖江域。

对于河段的划分，在小江河流域是否类似于清水江河道，对区域空间内人们的社会生活究竟有什么意义？从前面所述清水江主干道存在的各种江规中不难发现一个特点，即所针对和限定的内容主要侧重于放排的权利问题。有权管辖某段河道，相应表明有权利在这段河道放排。放排也是该流域内人们的一项重要谋生手段。换言之，在清水江河道，到了某个村寨管辖的地方，流经此段河道的木排要由管江的村民承担。

小江村民的记忆中关于河段的内容已经微乎其微了。不过，有一点很重要，即当河道上漂浮着被大水冲下来的木头时，他们可以进行捕捞，即使后来被失主赎回去，也可以获得一定报酬。关于赎木的规定，在长期的木材采运影响下，已经发展得较为完善。倘若放排冲毁田地或者桥梁，管江的村落则有权要求赔偿。茅坪曾发生过停放在桥边的木头因为洪水的原因压垮桥梁的事情，即使如此，依然需要赔偿。

茅坪镇第三闾父老等呈请：先人建筑石桥于乌头溪口以利交通，殊商民周冠三、陈寿堂等在溪内砍伐木植壹仟肆百余株，搬停桥边后经洪水，该木乘浪将桥压断固为天灾，然数见黎剑湘西诸境，凡木植冲毁其桥者俱问该木修建而榜等，复以环境维艰无力修建，今该木已售，请饬周氏等修建。经预计该桥修建费约需洋四十元左右，而木植千余元。民国二十年十二月①

赎木具体如何操作？木头的主人要支付雇人的费用，也要支付从捡拾木头者手里赎回的费用。下面提供一份民国时期的赎木账单，从中可以看到当时赎木的行价：

计抄夫赎费用单

付　旧岁代替夫洋陆百零五元

付　点兜旅费　　　共洋七元二角正

　　斫招人工

付　涨水茅坪

　　移木人工　　　共洋六元正

付　买缆子

　　川条索子　　　共洋三十二元五角

付　上缆子

　　人工　　　　　共洋七元五角

付　滥龙滩

　　拉木下河　　　洋五十六元

付　史恒如加夫子工　洋一十元

付　请船清木人工

---

① 锦屏县档案局藏，3-1-415，第10页。

227

　　　　　船力共七天　　　　洋二十八元
　付　茅坪送木进坞团码　　洋一十三元
　付　茅坪清浪一带赎木川条索子　洋八十六元二角
　付　拉木下河夫工　　　　洋九元六角
　　　　共付伕赎各费洋八百六十一元①

谨按照现时生活状况规定赎木价值开呈如后：
计开：一　壹尺至五尺每根赎价元钱壹千文
　　　一　尺六至式尺每根赎价元钱贰千文
　　　一　式尺至式尺五每根赎价元钱肆千文
　　　一　式尺六寸以上每根赎价元钱捌千文
一　桩木尺码与条木大小同样者赎价照条木规定减一半
一　桐木三根算桩木一根赎价与桩木同一办法②

　　关于分界，界碑、分水岭等可能只是象征，人们互相的来往仍有很多，并不会因为多了一块界碑而停止，而且界碑等东西在一段时间过后会发生变化，分界是一个动态的过程。倘若界限不清，纠纷容易不断，不过有了清楚的分界，仍然阻断不了纠纷的产生，这缘于人们渴望拥有资源的所有权。

　　清水江、亮江与小江在分水、分河段方面呈现明显的差异。探究缘由，一方面与河流是否需要疏浚、河道的水流量与河床的宽广度有关，另一方面也与地方社会的组织有关。小江与周边村寨共同被称为九寨，是一个较大的款组织，其内部的亲缘关系相对而言更加密切。相较清水江，其支流小江的江规看似更倾向于内部的调节，是在私的层面由村落间做出协调。这种私的控制系统亦体现在

①　锦屏县档案局藏，3 - 1 - 152，第 54 页。
②　锦屏县档案局藏，3 - 1 - 373，第 5 页。

小江社会内部的其他规范上，例如对山林纠纷的处理，下面以瓮寨和勒洞为例说明。

瓮寨与天柱的分界，前后经过寨老、团练首领、官府确认，但瓮寨与勒洞两个村寨仍为资源产生长达百年的纠纷。两个寨子毗邻，联系亦多，直到现在勒洞的人还多到锦屏赶场。在打官司时，由于隶属两个县，行政上的界限便有了很大影响，现在稍有纠纷，村干部往往会以涉及县的缘由而不出面干涉。

勒洞同瓮寨的山林纠纷有多次，民国时有几次，1974—1977年有一次，并签订了"七七协议"。据笔者田野访谈对象描述，每到砍木头下河时，两个寨子的民众都去抢木头，由此纠纷产生。往往木头砍伐出售的时候就是产生纠纷的时候。另一位老人这样告诉笔者：我们让了几个坡，包括枫木坡，现在两地的界限是 biaxiu（地名）。勒洞最先给瓮寨做长工，立有讨字，讨田去种粮，维持生活。瓮寨以前都留有这些单据，纳粮几百斤。后来勒洞的人开始告状、扯皮，争辩说田土是他们的。实际上瓮寨以前的管辖范围很大。瓮寨与勒洞的纠纷直至现在仍未得到彻底的解决。两个寨子毗邻，而且寨中群众有许多结为姻亲。在矛盾激化时，互相之间嫁出去的妇女都不被允许回娘家。

立合同字人龙内牛、龙正照、杨秀辉、杨昌辉、龙必第、龙彦海、龙正能、龙必举、龙朝赞、龙宗盛、吴光照、吴内昌、杨显七甲半人，情因地名圭勒溪有公地一所，有本寨龙必彦、才秀、彦敏、贵林、凤林、隆海六人同去此地挖砂栽种，有勒洞罗姓霸占其地，道光二年，二比与讼。适至四年六月内，蒙上宪委黎属，过主住属，于主会同塔勘，缺少搬费，请中与七甲半人公议，龙才秀六人自言愿丢先前费用之银，不要七甲半人填补，六人自愿领还即依，过主出府以来在于七甲半人出银费用，当凭中人众上亲领，以后需费银两概在众招其地

后得收，于七甲半人收租，不与谁来强收。今人不古，立此合
同为据。

  杨显领半甲

  凭中：龙昌谟、龙河书、龙必魁、唐承连

  保长：艾有林

  此系抄白，老合同存彦敏收一张，昌辉存一张

                              道光四年七月二十九①

  民国年间的纠纷涉及范围很广，包括小江几个村落和天柱勒洞
村。小江地区的瓮寨、新寨和甘寨等村落全部参与其中，他们聚集
在一起写状纸、打官司，整个小江地区的龙姓群体出现了前所未有
的团结。小江与天柱的争山纠纷由于牵涉到双方之间复杂的利益纠
葛，而且他们的山场缺乏清晰明确的边界划分，地方团体也无力调
解，最终诉诸法院机关才得以解决。

  这次纠纷的起因是 1940 年，天柱县勒洞村村民将小江地区岑
孟坡山场上的杉木偷偷卖给天柱木商砍伐。当小江地区的人们获悉
后，便将山场上的树木砍伐殆尽，悉数出售。这一举动惹怒了勒洞
村村民，他们便向天柱县司法属提起诉讼，而天柱县司法属则判决
岑孟坡归属勒洞村。小江地区的人认为岑孟坡是他们数百年的祖
业，现在却被划归为天柱勒洞所有，因此心有不甘，他们随后又向
锦屏县司法属提起诉讼。在这一次判决中，锦屏县与天柱县共同勘
测并划界，划定了小江瓮寨与天柱勒洞的界限，并且判定岑孟坡归
小江所有。

  这次争地官司的判决文书被瓮寨村保留，笔者在瓮寨村委办公
室见到，现将其中涉及纠纷的内容摘录如下：

————————————

  ①　笔者于 2007 年田野调查期间在小江办公室所见。

上诉人龙作卿住锦屏县小江，龙相彬住同上，龙文远同上，龙作秀同上，龙文□同上，龙向宝同上；被上诉人罗源藻住天柱县南平乡勒洞，罗正乾住同上，罗渊福住同上，罗渊建住同上，右二人诉讼、代理人罗润住天柱南和乡。右当事人间因山场及杉木事件，上诉人对于中华民国三十二年三月二十七日天柱县司法属第一审判决提提起上诉。上诉人声明请求：为如主文之判决，其陈述由上称，上诉人等所有祖遗圭求溪岑孟坡沙皮冲一带山场，历管数百余年无异。民国二十九年十二月，闻被上诉人罗源藻等霸将上诉人等之杉木偷卖与天柱城内势绅王天敏砍伐，上诉人等具控于锦屏县司法属判决。被上诉人等霸心未遂，乃控词控诉于天柱县司法属，重行判决为被□□历管数百年之业。一旦判归为伊所有，心实难甘，为此上诉请求判决如上述云云。被上诉人及其代理人声明请求驳回上诉，并负担第二审诉讼费用，其陈述晷称被上诉人等祖遗山场土名圭求溪岑孟坡、圭勒溪花皮冲等属周围十余里，无如锦屏县属之小江村龙作卿等越河强争，所有审禁杉木尽行砍伐出售，民等具讼于天柱县司法处。上诉人等蛮不讲理，查小江系天柱地段，数千年来划界别疆，上诉人等敢更动旦古迄千之县界民等业，确岂非之而丧失。为此答辩，请求驳回上诉云云。

前文曾提到，光绪年间勒洞村民曾偷砍小江瓮寨的杉木，被瓮寨村民抓到后，经过小江地方团练组织以及戴国森等地方户老的从中调解，勒洞村民立了戒约，并赔还木价，事件得以平息。清末小江与天柱勒洞发生的几次地权纠纷，都是通过双方团练组织从中调解，得以解决的。但上述20世纪40年代的纠纷，却是通过官府力量，通过天柱县与锦屏县两个司法处进行判定并做出边界的划分才告一段落。

小江与天柱县勒洞村的这一争地纠纷看似是小江取得了胜利，获得岑孟坡的归属权，但这当中可能还牵涉到小江与天柱的私下调解。地方利益与整体意识在这一过程中得到了很好的体现。争地官司中的被诉人罗源藻于1943年亲自上门问到小江新寨和甘寨，向他们讨了一块山地，用来开垦栽杉，有契约为证。[①] 契约上提及的原因是勒洞村民罗源藻等人缺少栽杉的土地，看似是个借口。而且，该讨字并没有订立任何合同，也无利益分配的说明，内容很模糊。据此推测，很有可能是小江地区送给勒洞村民一块山地，以此换得岑孟坡的永久归属权，也获得官司的胜利。在小江瓮寨与天柱勒洞的山林纠纷中，公、私两套系统都得到了运用。

第三节　由汉变侗：小江移民身份的转化

"其地有汉民变苗者，大约多江楚之人。愍迁熟习，渐结亲串，日久相沿，浸成异俗，清江南北岸皆有之，所称'熟苗'，半多此类。"[②] 这是由汉变苗的案例。"我验洞寨，虽与清台连界，实为黎郡之边肇。自开国以来，先人补守于此。迄今约数百年矣。其寨本呼为洞寨，其人亦相类汉人。"[③] 这讲的是九寨虽为侗寨，但与汉人有许多相似之处。九寨之瑶白作为侗寨，曾经是苗族人居住的地方。明代即有人在此定居，据说有两支，其中一支属苗族，另一支为剑河上边下来的苗族，故得前名。龚姓是汉族，苗、汉居

---

① 笔者在瓮寨村委办公室见到的勒洞罗源藻、罗源福二人于1943年亲自跑到小江讨得一块山地的契约全文为："立讨字人勒洞罗源藻、罗渊福二人，今因缺少土地开垦栽杉，亲自上门问到锦屏县小江乡新寨龙作礼，甘寨龙之尧、龙之现、龙宜所等父子所共之山，坐落地名孟龙坡粪田冲田坎上山地一块，讨此地以便开垦栽杉，到三至五年成林之后再另写合同与契，恐口无凭，立此讨字为据。"

② 徐家干：《苗疆闻见录》，第163页。

③ 姚炽昌选辑点校《锦屏碑文选辑》，第5页。

久，入乡随俗成侗家。小江的"苗江坡"是龙姓侗族寨子，其名称的获得据村民讲述也是苗族人在此停留的缘故。

锦屏敦寨地区则提供了由汉变苗的例子，当然，这是在民族政策下当地人集体修改的结果。明代前期，官府在今锦屏、黎平等地推行军屯制，敦寨地区设有者寨、雷寨、江口、山洞等军屯，军户均是从江西、安徽、山西等地调过来的汉人。此后至民国后期的数百年间，湖南、江西等地的部分汉族人因经商、逃难等相继落户境内。1980年以后，因国家的政策优惠，相当一部分村寨的汉族人成为苗、侗族，汉族人口所占的比例于是大幅下降。

小江地区移民由汉变侗，其转变过程自清代迁来之时已经开始，这是长期渐变的过程，是在与坐家共享社会文化经济生活的氛围里缓慢演变的，双方互有影响。侗家有这样一种财富观：在他们看来，有了财富，第一是购置山林田土和不动产，修建房子，例如瓮寨的窨子屋和耕读第；第二是捐钱买个官职，送子弟读书，例如甘寨的蓝靛生产大户；第三是尤为重要和特殊的一点，就是风水观念及修阴功，比如建桥建渡口、修井铺路以及建立庵堂庙宇。修阴积德观念促使坐家内部、移民与坐家之间的互助有所增加，而且将行为目的的功利性隐藏在文化因素之中。吃酒送礼是他们生活中的重要休闲娱乐。稻谷收割后的时节，天气转凉，农活主要是种点菜，尤其是油菜，相对来说要清闲很多。这时候大家就开始互相送礼喝酒。酒可以喝上一天，兴致来时便开始唱歌，属于对歌的形式。歌词是随机的，像说话一样娓娓道来。还有一样，即修谱。正如甘寨一位退休教师所言："十年不修，乃为不孝，三十年不修谱，乃为不忠。"这些习俗也渐渐由江西街移民共享。

移民身份的转化，或者说现在我们所见到的侗族，排除自然变迁的因素，也很有可能已经与移民刚迁徙进入时的侗族有所不同。移民迁徙到小江地区，与坐家之间展开了频繁的互动。双方在语言、节日、服饰、经济活动、信仰层面都有所交流。随着不同历史时期发生的不同事件，其身份在自然过程中逐渐改变。

1934 年 10 月 30 日，贵州省政府令锦屏县政府进行民族历史调查，起因是"蒙藏委员会咨开，查我西南各省苗夷杂处，种类甚多，生活习惯各有不同。为团结国内各种民族为防止帝国主义者之利用，对于苗夷民族各项情况实有深切明了之必要。因此制定表格认真调查填载以作施政之参考"。[①]

表 5 - 1　贵州省锦屏县苗夷民族调查

种类	户口	住处	语言	宗教	生活习尚	教育状况	组织	备考
苗族	2800 户	随	苗语，兼操汉语	道教	生活简单，习尚朴素	近市进学校，边远设私塾	寨中寨长管理	
侗族	1500 户		侗语，兼操汉语	道教	生活简单，习尚朴素	近市进学校，边远设私塾	寨中寨长管理	

原注：1. 本县苗夷民族与汉人杂居混处，近年每旧汉人同化，除语言而外与汉人等无差别。2. 本县苗夷民族除苗侗民族而外系无其他列种合并声明。

资料来源：锦屏县档案局藏，3 - 1 - 266。

表 5 - 1 至少说明民族身份强调与否与政策密切相关，同时展开的调查也在某种程度上加强了人们对自身身份的认同。移民由汉变侗在内容上是一个互相影响、逐渐转变的过程，而在质的变化方面，则是新中国成立后进行的民族识别和少数民族社会历史大调查后，从政策上确定移民的侗族身份。

总之，江西街移民自清代开始生活在小江社会，与坐家之间展开了长时间的多方面的互动。他们参与区域社会公共生活，在一定程度上获得了小江坐家的认同，小江社会的修阴功和信仰层面的观念以及财富观等也深深影响了这些移民，成为移民与坐家共

---

① 锦屏县档案局藏，3 - 1 - 266，第2—6 页。

同的文化直觉。此外，特殊的事件和时刻刺激了移民的民族身份意识。比如民国时期的民族调查，促使人们直接面对民族身份的确认。如果说之前长时间的互动是移民由汉变侗的转化过程，那么 20 世纪 50 年代的民族识别则是对这一过程的确定，移民由汉变侗水到渠成。

结　语

　　本书以清代直至民国时期的移民作为研究对象，既观照制度层面如户籍、赋役、信仰、地方行政等因素，也结合生态、环境、区域开发等内容，最重要的是将移民和人口置于特定区域的社会文化脉络下进行研究，试图对移民加以深入细致的考察。

　　自清代以来，随着区域开发及整个清水江干支流木材采运的兴盛，大批自发性移民陆续迁入这片山土。一部分人上山进入清水江流域的腹地，向当地群众佃山栽杉，成为佃户，并慢慢聚居构成村落，如锦屏九怀村寨；还有一部分人来到河边。来到小江河边并成功定居下来的移民与到山上挖山种杉并建寨而居的移民有着明显的不同。

　　在清代清水江流域的木材采运中，沿江而上的移民佃种山场、栽杉育林，为木材贸易提供了大量的杉木；停留在河边的移民群体则出售当地所需要的商品和服务，满足了当地人及下游购木客商的生活所需。这些来自外地的移民群体不仅参与到清水江流域的木材采运及货物贸易中，而且使当地社会的运行、人群的互动关系与分布格局都发生了显著变化。大规模的移民对清水江流域的社会生活影响深远。作为清水江下游的主要支流，小江地区的社会运行同样受到了木材采运与移民的影响。

　　本书立足于村落研究的传统，以贵州清水江支流小江地区的江西街移民村落为支点，试图兼顾江西街村落的特殊性与小江作为一个区域社会的现实存在，考察这一区域社会内的经济生活与市场贸易，进而探讨地方文化的形成。对移民的研究，具体追溯了区域社会自发性移民在河边经商的特点，与上山成为佃户有所区别。同时，对移民村落的考察，与区域开发背景和区域集市的建立相结合。小江区域集市的存在，为已有的关于明清时期江南等地的集市研究提供了完全不同的个案，即村落集市与区域集市双重身份的存在。本书从动态和联系双重视角阐述了集市的起源及其在权力争夺过程中的搬迁等。正是考察了移民的到来与入住、区域集市建立之前后，指出小江社会多元一体的文化，并且论述了地域文化演变的过程，在其中暗含了小江人的生存行为选择等关怀。

对移民而言，时间是一种资源，更是一种权力。先来后到不仅描述了事实之所在，而且暗含了人们占有资源的原则之一，而资源的占有抑或分配则影响了不同群体间的情感。对小江流域而言，河段作为空间存在同样是一种资源，亦代表了权力。江步的划分与河流的分段，不仅是村落关系的反映，而且代表了地方社会内部的自我调节体系的运行。

清代开辟"新疆"以及随之而来的疏浚清水江河道，使整个清水江干支流步入区域开发的历史进程中。这一进程的展开，充分带动了区域社会内部人和物的流动。移民即在此背景下入住。小江社会的移民，其身份是多样化的。相比于深山腹地，这些移民或者携带商业资本，或者自身具有某种手艺，由此在小江已有的社会关系中增添了新的元素。小江地区不同时间段迁来的移民在社会影响方面有明显不同。村落的形成历史过程也是小江地区社会型构的过程，是村落关系演变的过程。

本书以乡村集市的建立为切入点，提供了清代黔东南侗族山区集市起源的个案，而且由移民建立的集市，在某种程度上是区域市场的枢纽，是对市场体系的重要补充。相比于施坚雅的市场体系分层，该集市既是一个乡村市场，又通过米和酒两大物品构建了一个区域空间的市场。因需要购买生活所需的稻米等物品，移民在市场中不仅作为主要卖家，也兼具买家身份。不同时期迁徙来的移民群体在市场中的角色和所占据的份额是有所区别的。这一市场的存在，促使小江地区在清道光年间出现了专业化生产的村落。这些村落的专业化生产所带来的财富客观上加强了人们的修阴积德观念和行为，也促使社会内部出现分层，部分富裕家族出现在地方社会中。在此背景下，小江地区出现股份制形式，人们的股权意识也得到了巩固和提升，从而为小江社会中灵活的信贷体系的建立提供了条件和保障。

研究小江地区的市场从草创到成形，需对移民群体具体的行为和活动加以考察。"江西街"既是市场，也是周边地区人们对移民村落的指称。江西街作为聚落，其建立过程与小江其他村落的形成过程有明显区别。市场呈现了多元化的面貌，对社会的影响包括婚姻市场、信贷体系等方面，影响了群体关系与地方文化。

商人成为小江移民在迁入地重要的身份标识。自称祖籍江西、湖南等地商人的到来，对区域社会的运行、商贸活动的开展、地方社会结构等都产生了深刻影响。"三帮五勒"是清水江流域的主要木商，对明清时期整个清水江干支流的木材采运起到不可忽视的作用。木商的身份在清水江流域的地方性经验中是可以变动的，而且带动了小百货商的兴起，其辐射范围是巨大的。清水江流域的木商建立了社会组织，影响了区域社会结构。

小江地区的移民先后形成两大帮派——"江西帮"与"湖南帮"。江西帮是市场建立的主体力量，是影响区域社会的商帮。湖南帮则以手工业者为主。虽然都是移民群体，但两大帮派在区域社会中的地位和影响力是有差异的。兼具商人和"客家"身份的移民群体，在小江原有的地域共同体基础上建立起集市和村落，改变了小江社会内部的构成。除龙姓坐家以外，其他姓氏和祖籍地的移民开始进入，坐家与移民两大群体展开互动，由此影响了社会内部的村落关系。作为九寨之一的小款，小江六村的格局渐次形成，这一格局的奠定同时亦是村落关系的演变过程。姓氏、祖籍、职业等成为移民与坐家之间、坐家内部甚至村落之间关系的重要考量标志。

考察移民的社会组织，亦有重要发现。对清代移民会馆和已有"土著"社会组织的考察，发现其组建和运行并非简单出于血缘、地缘、业缘等方面的因素，而是明显包含了商业性因素，发展出了较为完善的股份制形式，将经济生活和社会生活紧密联系起来。

小江移民发展出了成熟的社会组织即移民会馆，同时小江的坐家有其社会组织即民间的"会"。作为移民组织的会馆，它在某种程度上承担了祠堂、庙宇的功能，运用拟制的血缘联系、结合地缘纽带等，成为人们处理亲属关系、处理与祖先关系等的文化手段，在被具体运用的过程中都是文化的符号，属于文化象征。小江移民所建立的会馆既加强了内部的小群意识，也促进了小群与大群的接触与联系，并进一步促进小群融入大群之中。这些不同时期的移民之到来，借助万寿宫这一共同体，进入区域社会生活中，并对社会结构和社会运行产生了微妙的影响。

"会"体现了人以群分的意识。不同形式的"会"往往因其功能的不同而凝聚不同范围的人群。相较于德奥"文化圈"与美国"文化区"，相较于祭祀圈、信仰圈与市场圈等概念，清水江流域多元的"会"作为具体的社会组织，呈现了强烈的特殊性。第一，从空间角度来看，"会"可以是村落内部的，也可以是跨村落的，其范围往往取决于组建"会"的目的。第二，从联系纽带来看，因其组织形式的不同，有的"会"严格以血缘关系为准，有的则只强调象征性的联系。第三，清代小江地区已经出现了以社会保障为目的的"会"。不同形式的"会"有效地联络不同的人群，成为一种整合当地人群的重要机制，对人与人之间的联系起着十特殊的作用。

不论是作为会馆的移民组织，还是以"会"之形式出现的坐家组织，其构成机制都有很特殊的一点，即股份制。小江地区的人将经济生活和社会生活包括信仰融合起来，通过股份的形式组织日常的经济生活。股份制成为深入理解黔东南苗侗地区的关键概念。

费孝通先生强调山区的民族研究很有意义。他列举了蒙古族以及在"民族识别"过程中遇到的壮族的情况，说明一个民族集团内部各部分也并不是完全相同的。他强调，没有一个民族内部各部分是完全相同的，相互可以存在一个基本的认同，但这个认同的实质也很复杂，各个民族实际上都是一个复杂体，有待进一步研究。这同时也是分分合合的历史过程，包括了"凝聚"与"分解"两类过程，可称作"分合机制"。① 小江的移民与坐家，二者之间也是分分合合，相互关系的变化是复杂的。移民由汉变侗，这一过程或许能为对山区的民族研究提供新的视角。

移民在初入小江地域社会时，是"客家"的身份，被称为"来人"。随着集市的建立、村落的形成，辅之以移民对地域社会公共事务的参与，村落关系开始有所变化，移民与坐家之间的接触更为频繁。在共同的流域空间内，在长时间的影响下，加上"煞"与"解煞"等文化观念的碰触，移民与坐家的文化氛围相互交叉。当民族识别这一行为从名称上为移民赋予新的身份时，不论移民还是坐家，对这一结果的接受过程异常温和。追根溯源，身份的转化过程实质上也是地域社会共同体与小江地域文化的演变过程。

在小江地区甚至是在整个清水江流域，江西街这一移民村落的形成有着独特的意义，对于我们了解乡村社会的建构也极为关键。移民在乡村社会中建立会馆、开设集市，其行为本身已经非常值得探讨，而其中的过程又无疑充满了复杂和精彩。笔者研究的个案，阐述了西南山区民族地区中移民群体是如何由汉、由"客家"转变为侗族的，民族识别提供了契机，多重因素促使了移民群体的身

---

① 潘乃谷：《费先生讲"武陵行"的研究思路》，《北京大学学报》（哲学社会科学版）2008 年第 5 期。

份转化。

　　总而言之，明清时期，中央王朝对西南边疆的开发日益推进，伴随皇木采办和开辟"新疆"，以及白银的输入和河道的疏浚，清水江流域以木材贸易为主的复合林业蓬勃发展。大量移民溯河而上，在清水江河边与腹地形成诸多定居村寨；一套完整的营林—采运体系及以土特产为主体的商贸活动成为当地苗侗民众的生计方式，进而形成林粮间作的技术体系和轮流当江的分配制度；复合林业生产推动下衍生的村寨或村寨联合体演变为赋役的基本单元；大大小小的会馆和庙宇成为血缘与地缘之外的社交空间与信仰中心；保留至今的清水江文书则书写了山林田土的权属流转，展示了明清时期流淌在清水江河道的多样态的"物"以及由此建构起来的"水利社会"。

附 录

一 江西街江氏家谱

盖谓水有源来树有根，故书吾济阳郡第之根本。免除后人尊卑颠倒之耻，增强识辨真伪之力，特立草谱字辈，千载传留，绵绵兴旺。谚云：十九字继循，二十转轮根，喜看代胜代，一班胜班人。字辈曰：发荣宜顺昌，启贤兴家邦，明德宗祖义，继泽万代芳。①

济阳郡祖老家实是江西抚州府金鸡县第八都孔坊里。家祭总源：江西佛主许仙真君、太洋洲得道肖晏二公。

今逢中元胜会之期，（处）备冥财（色）封

故祖考江公讳宜周大人

故祖姚江门陆氏锦妹妇人

孝男江 RS②、江 SS、江 QS，孙 FC、JC、FC

故严考江公讳 RS、SS、QS 大人，孝男江 FC、JC、FC

故慈姚江门周氏桂福妇人

吾等万寿宫数姓为不受异姓寨头恶棍之欺凌，示嘱后人务须奉公守法、团结一致，发扬祖宗忠厚老实良民作风。故我辈念其江西之根本，自愿组合，筹措资金创业，以备后人祭扫之用。协议规章定为：万寿宫会馆内人的百年仙逝后的一切财产，有房归房，无房

---

① 已将字辈中的某些繁体字转化为简体字。
② 记录江氏后人的生卒年月，出于具体考虑，关于人名用此种方法表述，即分别取名字的首字母组合而成。

242

归馆，在生应视同骨肉，互相帮助解决困难。违背诺言者，群起而责之，弃也！万寿宫创始于道光二十八年。现将各户姓名及股金开列附后：

戴国森一千八百文　　王喜来一千六百文　　江日顺一千六百文

江三顺一千六百文　　江七顺一千五百文　　张双贵一千六百文

张双奎一千六百文　　张双吉一千五百文　　曾天德一千五百文

曾天祥一千六百文　　熊启珍一千五百文

高岑的杨天轩、天敏两兄弟没垫股金、每年祭扫临时捐献。吾馆应一视同仁看待。

腾抄人 老毛 手笔

戴氏森玉生于癸酉年（1873 年）闰六月初九日申时瑞生，殁于民国二十七年戊寅岁后七月三十日丑时，葬于盘磨。江 JC 生于庚午年后十月初十日巳时受生，殁于己未年十二月初一日寅时，葬于盘磨。江 FC 生于戊申年八月十四日未时，葬于磨假。江 QF 生于壬（辰）年九月十四日丑时瑞生，殁于寅戌年九月初六日亥时，葬于盘磨。一九七〇年初九日安葬，享受春光七十九岁。妹江招弟生于丁酉年十一月十八日卯时生。妻刘氏 MX 原命生于丙申年九月初三日午时瑞生，殁于辛巳年七月初四日卯时尽，葬于盘磨。

江 ZR 壬申年十二月二十七日丑时生成人。[1]

龙氏三妹生于丁未年八月初九日亥时瑞生，逝于辛酉年三月初八日申时，葬于盘磨。十四日安葬。[2]

（吾先君公 ZH 名）[3] 江 ZF 生于乙（亥）年十二月二十九日丑时，殁于二〇〇〇年六月初六日辰时上午七点四十五分，六月十二

---

[1]　旁边用圆珠笔写了三行小字，内容是："因是时医术太欠，至使先伯父夭亡时仅八岁，后先祖父母又继生二伯父三伯父，均为是因素，相继夭亡。至祖父四十三岁时始生先父 XH 公，实吾门之大幸也。钧书于二〇〇四年九月十日。"

[2]　钧注："享年七十五岁"。

[3]　钧写。

日庚辰扶枢出宅安葬于莲花座形祖茔，汤享春光六十六岁。江 XJ
生于乙未年七月十七日卯时瑞生，立命午。

江大妹（XL）生于丙寅（五六）年十月二十二日子时建生立
命午。

龙 YT 生于民国乙亥（三五）年四月十五日辰时荣生，立命
甲。没于二〇〇二年壬午岁九月二十七日辰时，十月初七日扶枢安
葬于磨假祖茔，享受春光六十八岁。

江二妹（XL）生于乙亥年（五九年）十二月初十日戌时荣
生，立命午。

江三妹（XL）生于癸卯年元月十四日子时点生，夭殁于戊申
年五月初二日。

四女江 XG 生于乙己（六五）年五月二十七日丑时瑞生。

次男江 XK 生于戊申（六八）年十月十八日亥时荣生。

晚女江 XJ 生于甲寅（七三）年六月初四日丑时瑞生。

长孙女江 DY 生于甲子（八四）年后十月二十八日申时瑞生。

长媳龙 XT 生于己亥（五九）年四月初五日丑时瑞生。

次孙女江 DX 生于丙寅（八六）年九月十五日上午九点钟。

长孙江 JY 生于戊辰（八八）年十二月二十八日下午六点钟
（酉时）。

次媳吴 GM 生于 年 月 日

三孙女江 DS（SJ）生于丁丑（九七）年九月二十四日。

二 龙氏满瀛二公支族源流史略*

根据有关资料记载，龙氏以官为姓，堂号武陵。追溯龙族宗
支，根深枝茂，源远流长。无奈西汉以前，史料不全，正值东汉初
期（公元初年）创修龙氏族谱，遂以远祖龙先仕之子授零陵太守

---

* 本文为 2010 年小江龙氏参加湖南龙氏族谱续修时甘寨人士新写的谱序。

伯高公为一世祖，直隶省巨鹿县人。二世祖诏明公于东汉章帝建初时（约公元七十年），汉授浔阳丞，始迁陕西省西安府咸阳县，明公为入陕开基者。二十四世祖逻公于唐玄宗开元时（公元七百一十四年）任湖广道州学政，逻公为由陕入道开基之祖。二十八世祖庚公于宣宗大中时（约公元八百五十年），由道州赴江西吉安府吉水任县丞，遂居永新县，庚公系由道入赣定居之祖。三十八世祖宗旺公于宋徽宗年（约公元一千一百一十年），由江西泰和县赴湖南征平苗疆驻沅州（今芷江）而定居大龙，旺公系由赣入湘开基始祖，乃族史上称麻、朝、灵、廷、旺五公之晚房也。旺公之子三十九世祖龙鳞生四十世存璋、存江、存凤、存锦四公，族称宗旺公的四大房。

　　伯高公四十世祖、宗旺三世存锦公于（约公元一千一百七十年）由芷江大龙辗转贵州天柱凤城谋生，存锦公为本支房由湘入黔之肇基始祖。锦公生四十一世祖、旺公四世添庆、添福、添长三子。添长公率四十二世祖、旺公五世日照公迁居高酿（约公元一千二百年）。尔后，日照公率领全家老小由高酿迁居锦屏小江凸寨居住维持生计（约公元一千三百年）。由于凸寨山高地陡，生产不便，四十六世祖、旺公九世步说公（约公元一千四百年）由凸寨迁往小江瓮寨居住，是瓮寨开基始祖。说公生四十七世祖、旺公十世龙满、龙瀛二子。龙满生四十八世祖、旺公十一世升纶、升缙；龙瀛生升级、升缮二子。漫长岁月，云烟飘逸，繁衍生息。然而升纶、升缙及龙瀛的长子留居瓮寨。（约公元一千五百二十二年）明嘉靖年间，龙瀛率领次子升缮迁居新寨，龙瀛是新寨开基创业始祖。升缮生四十九世祖、旺公十二世春桐、春梧。春桐生五十世祖、旺公十三世秀芳，春梧生秀维。秀芳生五十一世祖、旺公十四世兴明、兴国、兴桥、兴晚、兴元五子。兴明、兴桥、兴晚留居新寨，兴元徙外。（约公元一千五百八十年）秀芳率次子兴国迁居甘寨又称湘坪。兴国是甘寨开基之祖。迄今五百余载，则家业济济，裔孙绵绵。满瀛二公大恩大德，山高水长，为缅怀先公恩泽、承先启后，三寨族人乃于民国初期（约公元一九一六年）建祠于瓮寨，以资祭祀先公，亦促启后人敬仰，铭记千秋。然一九五八年大跃进前后，小人肆虐，捣毁祠宇，岂不痛哉，盼来日，安得志仁人招募重修，再祭先公在天之灵。为缅怀先人大德，2010年庚寅岁，我族裔孙再次相约续修族谱。

三　小江甘寨墓碑文

没世不念

且自人生于寅，莫不赋异于天地，生身于父母，而其不负天地之根异不□□父母之生成。毕生振历万古馨香者惟德业。且惟我失亲爷龙公讳昌明字伏朗寿终七十有七，祖坟安葬。其生平之进德修业炳若日星昭昭，在人耳目者不胜悉数，且略举数端以志之。时从事诗书心存洞高门第匡拔君国力□未逮，而希圣希贤之志无或堕焉。次后贸易新村暂济窘人之急，悲怀津渡未足舟子之餐。爰恨一木难支，徒怀善念，因募同人续成公渡。再忆本村湘水历涉维艰，又约村内父老共就本渡公船，则新湘二村几送往迎来同一便益，行人免悬岸之嗟，临河无返驾之叹，是六补天地之所不足也。夫且夫古者官室未营家庙先立，则祖祠宗祊尤其大焉者。翁则首举以成之蓬蒿，满眼历墓生哀，则清明祭扫又其急焉者，翁则会众以同之。至于村内送终之费，各家之贫富不一，则约以老人之会以助其不给者焉。尔我集项之资，每岁之丰歉不齐，则抖以土地之会，以勤其窘急者焉。

若记其一生则四女居长四男居纫，未几而亲妈早逝，壮岁鳏居。是时内政外政之兼画阴教阳教而并修，其境遇又如此，共二弟不禄抚训弱孤，以至立家成室，心始少安。其恩义有如此。共三弟艰嗣，则继以男一女一，其交爱有如此者。以后男婚女嫁愿遂子平，则先命长男命匠鸠工营造仓屋土木告竣，随分三男为三家，是

又具先见之明，使后之人无间，然苦是也。诚不负天地之振异不辜
父母之生成。往古来今之德业不是过矣。因不揣固陋冒进鄙语以志
不念云。

生员刘必锐谨志

诗曰：

武陵仁寿去悠悠，营建佳城旁祖坵。

秀水环堂标吕行，明山拱穴壮箕裘。

何堪祭扫追遗爱，不忍登临感旧愁。

叩拜坟庭求共语，长江空自案前流。

道光十五年岁次一末桂月朔日

四　1942 年锦屏县借谷人情况表

单位：口，斗

借谷人姓名	住址	全家人口	借贷积谷数	担保人姓名
王礼智	小江第十保八甲	五	二	王生樑
王富广	小江第十保六甲	三	三	王生樑
王壁明	小江第十保六甲	三	三	王生樑
王远模	小江第十保六甲	五	五	王生樑
龙富保	十保七甲	七	六	王生樑
王求根	十保七甲	六	四	王大有
王德广	十保六甲	六	二	王生樑
□□□	十保六甲	六	二	王生樑
□□□	十保六甲	三	三	王生樑
王连彬	十保七甲	十	三	王大有
王连生	仝	九	三	仝
王求祥	仝	六	二	仝
王登元	仝	四	二	仝
王泽炳	仝	五	三	仝
王田堂	仝	五	四	仝
王远谋	十保六甲	五	四	王生樑

借谷人姓名	住址	全家人口	借贷积谷数	担保人姓名
王生堃	仝	七	四	仝
王生权	仝	五	三	仝
王润欢	仝	六	三	仝
王大炳	十保七甲	七	二	王大有
龙昭模	仝	六	四	王生樏
王连福	十保八甲	七	二	仝
王运财	仝	七	二	仝
王求生	仝	五	二	仝
王芳信	仝	五	二	仝
李才辉	仝	七	四	仝
王运岩	仝	四	二	仝
□□□	十保二甲	五	二	龙宜燃
□□□	十保二甲	四	二	龙宜燃
龙之化	十保三甲	六	仝	龙宜生
龙之相	十保四甲	五	仝	龙之祥
龙作腾	十保三甲	四	仝	龙之敏
龙之敏	仝	三	仝	龙作腾
龙宜九	仝	三	仝	龙之现
龙宜剑	十保四甲	七	三	龙之祥
龙之安	仝	二	二	龙宜承
龙根文	十保五甲	六	二	龙根富
龙根祥	仝	六	二	龙根文
龙根富	仝	四	二	龙根文
龙根林	仝	六	二	龙根富
龙必煊	仝	五	二	
龙之祥	十保三甲	四	三	龙宜承
龙作霖	仝	七	三	龙之祥
龙祖佑	仝	五	二	仝
龙作煊	十保以甲	三	二	龙之谓
龙作礼	仝	四	三	仝
龙之顺	仝	六	三	仝
□□□	十保二甲	六	二	龙宜燃
龙之谓	十保二甲	四	仝	龙之顺

借谷人姓名	住址	全家人口	借贷积谷数	担保人姓名
龙宜本	仝	七	仝	龙宜燃
龙之柏	十保一甲	四	仝	
龙亲开	十保二甲	四	仝	龙之谓
龙延谓	仝	三	仝	龙宜煌
龙宜煌	仝	四	仝	龙延谓
龙炳乾	十一保二甲	五	五	张文彬
仝先礼	仝	九	七	龙文相
张昌云	十一保一甲	四	四	张文彬
张文学	十一保二甲	四	四	曾吉文
龙便贤	十一保一甲	八	六	张文彬
袁承明	十一保二甲	四	四	江贤德
张文标	十一保二甲	六	四	张文彬
刘炳荣	仝	二	六	曾吉文
吴代明	仝	五	五	仝
刘蕃三	仝	二	二	江贤德
龙海彬	十一保三甲	七	三	龙怀根
杨维新	十一保一甲	四	四	张文彬
张文良	十一保二甲	三	三	曾吉文
□□□	十一保一甲	九	八	江贤德
袁承口	仝	十一	五	仝
吴元大	仝	六	八	张文彬
张文彬	十一保二甲	六	八	江贤德
江贤德	十一保一甲	四	六	张文彬
刘云清	十一保二甲	四	四	曾吉文
李春林	仝	三	四	江贤德
龙之焕	十一保五甲	三	三	龙云光
龙之才	十一保七甲	五	六	龙作柱
龙之茂	仝	五	五	仝
龙清林	仝	二	二	仝
龙长坤	仝	三	三	仝
龙立耀	仝	五	四	仝
龙玉株	仝	五	三	龙相彬
龙宜禄	十一保五甲	四	四	龙作卿

续表

借谷人姓名	住址	全家人口	借贷积谷数	担保人姓名
龙作卿	十一保七甲	四	五	龙作柱
龙玉才	十一保五甲	三	四	龙相彬
龙正桥	全	三	三	龙作顺
龙作江	全	四	四	龙作柱
龙作礼	十一保七甲	三	四	龙相彬
□□□	十一保五甲	四	四	龙正条
□□□	十一保七甲	三	三	龙均庆
龙文炳	十一保七甲	八	五	龙常根

五 清代九寨婚俗改革碑文

定俗垂后

盖闻嫁娶始于伏羲，然后有夫妇。有夫妇然后有父子，有父子然后有姑舅长幼之道也。娶妻如何？匪媒不得。惟有我彦、瑶二寨。姑抚有女，非有行媒，舅公估要；女不欣意，舅公要银数十余金，富者售尽家业以得为室，贫者绝灭香烟不得为家。兼同姓缔婚，无义无别，此等亦非礼也。康熙在位时用毛银，舅礼要银九两，申扣纹银贰两八钱以下。至嘉庆之间用色银，舅仪要银十二两，扣归纹银六两。同治之岁，苗匪作叛，父离子散。难以度日，鞠育有女，不用冰人，至舍饭一餐就成缔偶。迨光绪以来，得胃平之世，曾用宝银，女嫁男婚，不得六礼，舅仪勒要纹银数十余金，你贫我富，屡次上城具控，总是舅公估要姑女之事。府主俞爱民如子，靓见斯恶俗，要首次（事）上城当堂领示禁改，则可剔斯舅仪，方得仁里勒石长垂后，永定乡风，遗存千古。是为序。

钦加盐运使衔补用道转授黎平府正堂铿鲁额巴图鲁加三级纪录十次俞为。

出示严禁，永远遵地。示案据瑶伯寨总甲滚发保、滚天凤、滚必绿、范永昌等禀称，缘总甲等九寨地方，先辈甚朴。自清平后，各寨从古，凡遇养女出嫁之家，逐日张挪，齿积陪嫁首饰衣物等项，天下皆然。惟有总倘若郎家穷困。并无积蓄，势必告贷；告贷不成，势和售产；穷者益穷，富者益富，祖遗薄产尽归于人。此等之规剔出，今欲依古从俭，公议上户出银伍两，中户出银肆两。上户出银叁两，不过以作订亲之仪，并不以买卖相似，可省则省，概从节俭，两寨较比，嗣后家家有婚有嫁。至于天下嫁姻，本系大礼总以凭媒撮合，年岁相当，愿亲作亲方成佳偶。惟有总甲二寨之风，周礼不成，六仪未备，或大十岁、二十余岁不等。舅公估要女转娘头，若女不喜之心，不由媒说，随同后生私走，或去日久未回，舅你要女匹配，或数十金，或以拐案呈控，或将屋宇拆毁。此等地方恶俗，总甲等难以挽回，公同邀恩赏准出示严禁。嗣后愿亲作亲，免致舅公需索，依示遵行等情到府。据此，除批示据禀该总甲等各寨地方，凡嫁女者。必有舅公礼，需要银二十余金，并有女转娘头之俗。以致女家因此穷困及婚姻不和等情。查舅公礼系该寨遗风，然亦何得需此多金，自应酌定数目所标，分别下、中、上等户各色，定以三至五两之数例属，酌中办理。自听从民便，然亦需年岁相当，两相情愿方可办理。若不论年岁必须估娶，势必滋生事端，此等风俗，均应极力挽回。该甲等所禀，自系为地方起见，候即如禀出示晓谕可也，外合行示谕。为此示仰该寨人等知悉：自示之后。仰即尊照此次批示，凡有所谓舅公礼者，必须分别上、中、下三等。祇准自三两起至五两止，不得再行勒索多金；至于姑舅开亲，现虽在所不禁，然亦须年岁相当，两家愿意方准婚配，不得再行仍前估娶。此系为地方风俗起见，该民等务各遵照办理，以挽颓风而免滋事。倘有不奠定，仍前勒索估娶，或经查出，或被告发，定行提案严究不贷。其各禀遵毋违。特示。

右谕通知

牌长　滚玉宁　滚金珠　滚万一　滚正魁　滚秀全
　　　龚文举　滚锦添　滚昌文　滚开计　滚玉乔　滚永清

彦洞寨同事总甲　罗天德　王成福　罗观保　黄启得

牌长　　周焕文　周三继　龙启贵

彦洞周启泰撰　　师夫伍玉顺刊

光绪拾肆年十二月初五日

实贴瑶白晓谕

彦洞定俗碑序言

盖闻天伦之始，天妇为先；王道之源，婚姻最重。故称奠雁，诗咏《关雎》，此万年不易之常经，天下之正经也。等生逢盛世，幸际承平。旧相沿，世风日下。狂澜既倒，砥柱无人，婚嫁乖违，殊堪痛恨。或舅霸姑亲，究非出于情愿；或弟留史嫂，反自谓为现成过门。则宿不同房，隔三朝而即回娘屋。同性本不求婚，周礼则然。非远讼于公堂，即操戈于私室。产荡家倾，半由子女；风伤俗败。贻诮蛮夷。

首等幡然思改革，故鼎新连名具禀于黄堂。叠沛悬纶于天下，里捧天批而甚籍　后以流传。从今以后。新规恪守，永无雀争，旧例剔除，喜见鸾锵之度，计年龄而作配，欣占鸾凤和鸣，分财富以论财。无虑鸱毁室，用夏蛮夷盛其在斯乎。以牛马易马之羞，吾知免矣。是为序。

（序后正文与瑶白碑文同，从略）

252

参考文献

一 地方志、文集与民间文献

杜文铎等点校《黔南识略·黔南职方纪略》，贵州人民出版社，1992。

贵州省锦屏县志编纂委员会编《锦屏县志》，贵州人民出版社，1995。

（民国）《贵州通志》，铅印本，1948。

《江氏草谱》，手抄本，江西街村民藏本。

锦屏县林业志编纂委员会编《锦屏县林业志》，贵州人民出版社，2002。

光绪《黎平府志》，光绪十七年刻本。

李宗昉：《黔记》，商务印书馆，1936。

《龙氏族谱》，民间刻本，瓮寨、坪地、新寨和甘寨村民藏本。

罗绕典：《贵州省黔南职方纪略》，台北，成文出版社，1974。

《平秋镇志》（初稿），2010。

黔东南苗族侗族自治州地方志编撰委员会编《黔东南苗族侗族自治州志·地理志》，贵州人民出版社，1990。

黔东南苗族侗族自治州概况编写组编《黔东南苗族侗族自治州概况》，贵州人民出版社，2009。

《三江镇志》（初稿），2010。

《王氏族谱》，民间刻本，皇封村村民藏本。

王宗勋、杨秀廷点编《锦屏林业碑文选辑》，锦屏县地方志办公室，2005。

吴江编录《侗族部分地区碑文选辑》，黎平县志办公室，1989。

徐家干：《苗疆闻见录》，黔南丛书本。

姚炽昌选辑点校《锦屏碑文选辑》。

《瑶光村志》（初稿），2010。

《袁氏族谱》，民间刻本，江西街村民藏本。

《张氏家谱》，手抄本，江西街村民藏本。

周魁一等注释《二十五史河渠志注释》，中国书店出版社，1990。

二　专著

〔法〕爱弥尔·涂尔干、马塞尔·莫斯：《原始分类》，汲喆译，上海人民出版社，2005。

〔美〕白馥兰：《技术与性别——晚期帝制中国的权力经纬》，江湄等译，江苏人民出版社，2006。

〔美〕保罗·拉比诺：《摩洛哥田野作业反思》，高丙中、康敏译，商务印书馆，2008。

北京大学社会学人类学研究所编《东亚社会研究》，北京大学出版社，1993。

本书编写组编《明清人口婚姻家族史论：陈捷先教授、冯尔康教授古稀纪念论文集》，天津古籍出版社，2008。

卞绍斌：《马克思的"社会"概念》，山东人民出版社，2010。

〔加〕卜正民：《明代的社会与国家》，陈时龙译，黄山书社，2009。

〔美〕步德茂：《过失杀人、市场与道德经济》，张世明、刘亚从、陈兆肆译，社会科学文献出版社，2008。

曹树基：《中国移民史》第 5、6 卷，福建人民出版社，1997。

陈宝良：《中国的社与会》，浙江人民出版社，1996。

陈孔立：《清代台湾移民社会研究》，九州出版社，2003。

陈其南：《家族与社会：台湾与中国社会研究的基础理念》，台北，联经出版事业公司，1990。

陈秋坤：《清代台湾土著地权》，台北，中研院近代史研究所专刊，1994。

陈世松：《大迁徙：湖广填四川历史解读》，四川人民出版社，2005。

陈垣：《南宋初河北新道教考》，科学出版社，1958。

陈支平：《民间文书与台湾社会经济史》，岳麓书社，2004。

程美宝：《地域文化与国家认同：晚清以来"广东文化"观的形成》，三联书店，2006。

程美宝、蔡志祥：《华南研究：历史学与人类学的实践》，《华南研究资料中心通讯》2001 年。

池子华：《中国流民史：近代卷》，安徽人民出版社，2001。

道谟等：《贵州通志》，京华书局，1968。

〔德〕斐迪南·滕尼斯：《共同体与社会：纯粹社会学的基本概念》，林荣远译，商务印书馆，1999。

〔法〕费尔南·布罗代尔：《15 至 18 世纪的物质文明、经济和资本主义》，顾良、施康强译，三联书店，2002。

费孝通：《费孝通文集》第 6 卷，群言出版社，1999。

费孝通：《江村经济——中国农民的经济生活》，商务印书馆，2001。

费孝通：《乡土中国　生育制度》，北京大学出版社，1998。

费孝通：《行行重行行》，群言出版社，1997。

〔日〕夫马进：《中国善会善堂史研究》，伍跃等译，商务印书馆，2005。

傅安辉、余达忠：《九寨民俗》，贵州人民出版社，1997。

高丙中：《民间文化与公民社会：中国现代历程的文化研究》，北京大学出版社，2008。

葛剑雄、曹树基、吴松弟：《简明中国移民史》，福建人民出版社，1993。

贵州省编辑组编《侗族社会历史调查》，贵州人民出版社，1988。

〔美〕韩明士：《道与庶道：宋代以来的道教、民间信仰和神灵模式》，皮庆生译，江苏人民出版社，2007。

何炳棣：《明初以降人口及其相关问题：1368—1953》，葛剑雄译，三联书店，2000。

贺雪峰：《地权的逻辑：中国农村土地制度向何处去》，中国政法大学出版社，2010。

贺雪峰：《乡村社会关键词：进入 21 世纪的中国乡村素描》，山东人民出版社，2010。

华南研究会编《学步与超越——华南研究会研究集》，香港，文化创造出版社，2004。

黄淑娉：《广东族群与区域文化研究》，广东高等教育出版社，1999。

黄应贵：《人类学的评论》，台北，允晨文化实业股份有限公司，2002。

黄应贵、叶春荣主编《从周边看汉人的社会与文化：王崧兴先生纪念研究集》，台北，中研院民族学研究所，1997。

江立华、孙洪涛：《中国流民史（古代卷）》，安徽人民出版社，2001。

金观涛、刘青峰：《观念史研究：中国现代重要政治术语地形成》，法律出版社，2009。

柯志明：《番头家：清代台湾族群政治与熟番地权》，台北，中研院社会学研究所，2002。

科大卫：《皇帝和宗族——华南的国家与宗族》，卜永坚译，江苏人民出版社，2009。

〔美〕科尼利尔斯·奥斯古德：《旧中国的农村生活：对云南高峣的社区研究》，何国强译，国际炎黄文汇出版社，2007。

〔美〕孔飞力：《叫魂：1768 年中国妖术大恐慌》，陈兼等译，上海三联书店，1999。

〔法〕勒华·拉杜里：《蒙塔尤：1724—1324 年奥克西坦尼的一个山村》，商务印书馆，2007。

李安宅：《〈仪礼〉与〈礼记〉之社会学研究》，上海人民出版社，2005。

李德甫：《明代人口与经济发展》，中国社会科学出版社，2008。

李孝悌：《中国的城市生活》，新星出版社，2006。

梁漱溟：《乡村建设理论》，《梁漱溟全集》第 2 卷，山东人民出版社，1990。

廖君湘：《侗族传统社会过程与社会生活》，民族出版社，2005。

廖君湘：《南部侗族传统文化特点研究》，民族出版社，2007。

廖正宏：《人口迁移》，台北，三民书局，1985。

刘翠溶：《明清时期家族人口与社会经济变迁》，台北，中研院经济研究所，1992。

刘梦溪主编，汪荣祖编校《中国现代学术经典·萧公权卷》，河北教育出版社，1996。

吕思勉：《中国制度史》，上海三联书店，2009。

〔美〕罗伯特·达恩顿：《屠猫记：法国文化史钩沉》，吕健忠译，新星出版社，2006。

〔美〕罗伯特·C. 尤林：《理解文化：从人类学和社会理论视

角》，何国强译，北京大学出版社，2005。

麻国庆：《永远的家：传统惯性与社会结合》，北京大学出版社，2009。

马克思：《1844年经济学哲学手稿》，中央编译局编译，人民出版社，2000。

〔德〕马克斯·韦伯：《儒教与道教》，王容芬译，商务印书馆，1995。

〔德〕马克斯·韦伯：《新教伦理与资本主义精神》，于晓等译，三联书店，1987。

〔法〕马塞尔·莫斯、爱弥尔·涂尔干、亨利·于贝尔原著，〔法〕纳丹·施郎格编选《论技术、技艺与文明》，蒙养山人译，世界图书出版公司，2010。

〔美〕马歇尔·萨林斯：《历史之岛》，蓝达居等译，上海人民出版社，2003。

〔法〕孟德拉斯：《农民的终结》，李培林译，社会科学文献出版社，2005。

〔美〕孟泽思：《清代森林与土地管理》，赵珍译，中国人民大学出版社，2009。

牛建强：《明代人口流动与社会变迁》，河南大学出版社，1997。

〔美〕彭慕兰：《大分流：中国、欧洲与现代世界经济的形成》，史建云译，江苏人民出版社，2010。

〔美〕彭慕兰：《腹地的构建：华北内地的国家、社会和经济（1853—1937）》，马俊亚译，社会科学文献出版社，2005。

彭英明、徐杰舜：《从原始群到民族：人们共同体通论》，广西人民出版社，1991。

祁进玉：《群体身份与多元认同——基于三个土族社区的人类学对比研究》，社会科学文献出版社，2008。

千家驹：《中国农村经济研究集》，上海书店出版社，1990。

乔健：《底边阶级与边缘社会：传统与现代》，台北，立绪文化事业有限公司，2007。

乔健：《中国古代思想研究》，民族出版社，2008。

清华大学历史系、三联书店编辑部合编《清华历史讲堂初编》，三联书店，2008。

瞿同祖：《中国法律与中国社会》，中华书局，2003。

全汉升：《中国行会制度史》，百花文艺出版社，2007。

〔日〕森田明：《清代水利与区域社会》，雷国山译，山东画报出版社，2008。

沈文嘉：《清水江流域林业经济与社会变迁研究，1644—1911》，博士学位论文，北京林业大学，2006。

〔美〕施坚雅：《中国农村的市场和社会结构》，史建云等译，中国社会科学出版社，1998。

〔美〕施坚雅：《中华帝国晚期的城市》，叶光庭等译，中华书局，2000。

石开忠：《侗族款组织及其变迁研究》，民族出版社，2009。

〔美〕司徒琳：《世界时间与东亚时间中的明清变迁》下卷，赵世瑜、赵世玲译，三联书店，2009。

孙昌武：《中国佛教文化史》，中华书局，2010。

唐力行：《商人与中国近世社会》，商务印书馆，2006。

〔法〕涂尔干：《宗教生活的基本形式》，渠东等译，上海人民出版社，1999。

王笛：《街头文化：成都公共空间、下层民众与地方政治(1870—1930)》，李德英、谢继华、邓丽译，中国人民大学出版社，2006。

王笛：《跨出封闭的世界：长江上游区域社会研究（1644—1911)》，中华书局，2001。

王铭铭主编《中国人类学评论》第 18 辑，世界图书出版公司，2011。

王先明：《变动时代的乡绅：乡绅与乡村社会结构变迁（1901—1945）》，人民出版社，2009。

王宗勋主编《乡土锦屏》，贵州大学出版社，2008。

〔英〕维克多·特纳：《仪式过程：结构与反结构》，黄建波等译，中国人民大学出版社，2006。

〔美〕魏特夫：《东方专制主义》，徐式谷译，中国社会科学出版社，1989。

吴承明：《中国的现代化：市场与社会》，三联书店，2001。

吴大旬：《清朝治理侗族地区政策研究》，民族出版社，2008。

吴浩：《中国侗族村寨文化》民族出版社，2004。

吴秋林：《众神之域：贵州当代民族民间信仰文化调查与研究》，民族出版社，2007。

吴泽霖、陈国钧：《贵州苗夷社会研究》，民族出版社，2004。

〔加〕西佛曼、格里福编《走进历史田野——历史人类学的爱尔兰史个案研究》，贾士蘅译，台北，麦田出版公司，1999。

〔德〕西美尔：《货币哲学》，陈戎女等译，华夏出版社，2002。

冼光位：《侗族通览》，广西人民出版社，1995，贵州人民出版社，1997。

项阳：《山西乐户研究》，文物出版社，2001。

萧放：《岁时：传统中国民众的时间生活》，中华书局，2002。

萧楼：《夏村社会：中国"江南"农村的日常生活和社会结构（1976—2006）》，三联书店，2010。

杨昌儒：《贵州世居民族节日民俗研究》，民族出版社，2009。

杨庭硕、吕永锋：《人类的根基——生态人类学视野中的水土资源》，云南大学出版社，2004。

叶舒宪、彭兆荣、纳日碧力戈：《人类学关键词》，广西师范大学出版社，2006。

叶显恩：《清代区域社会经济研究》，中华书局，1992。

余英时：《文史传统与文化重建》，三联书店，2004。

余英时：《中国近世宗教伦理与商人精神》，安徽教育出版社，2001。

〔美〕詹姆斯·C. 斯科特：《农民的道义经济学：东南亚的反叛与生存》，程立显等译，译林出版社，2001。

张国雄：《明清时期的两湖移民》，陕西人民教育出版社，2009。

张瀚：《松窗梦语》，上海古籍出版社，2009。

张佩国：《财产关系与乡村法秩序》，学林出版社，2007。

张应强：《木材之流动——清代清水江下游地区的市场、权力与社会》，三联书店，2006。

张应强、王宗勋主编《清水江文书》第 1 辑，广西师范大学出版社，2007。

赵俪生：《中国土地制度史》，兰州大学历史系，1978—1979。

郑珍、王锳：《郑珍集·经学》，贵州人民出版社，1991。

〔日〕中根千枝：《未开的脸与文明的脸》，麻国庆译，山东画报出版社，2001。

Arjun Appaderai, *The Social Life of Things*, Cambridge University Press, 1997.

Bradd Shore, *Culture in Mind*, New York: Oxford University Press, 1996.

C. Geertz, *Thick Description: Toward an Interpretive Theory of Cultures*, New York: Basic Book, 1973.

C. Geertz, *After the Fact: Two Countries, Four Decades, One Anthropologist*, Harvard University Press, 1995.

C. Geertz , *Local Knowledge* , Basic Books, 2000.

E. E. Evans Prichard, *Social Anthropology and Other Essays* , New York: The Free Press, 1966.

E. R. Leach, *Political System of Highland Burma: A Study of Kachin Social Structure* , London: The Athlone Press, 1964.

Faure David and Helen F. Siu eds. , *Down to Earth: The Territorial Bond in South China* , Stanford, CA: Stanford University Press, 1995.

Jun. Jing, *The Temple of Memories: History, Power and Morality in a Chinese Village* , Stanford, California: Stanford University Press, 1996.

Siu-woo Cheung, Subject and Representation: Identity Politics In Southeast Guizhou, PhD. Dissertation, 1995.

Thomas Hylland Eriksen and Finn Sivert Nielsen, *A History of Ahthropology* , Pluto Press, 2001.

Valetta Malinowska, *A Diary in the Strict Sense of the Term* , New York: Harcourt, Brace & World, 1967.

Victor Nee and David Stark, *Rethinking the Economic Institutions of Socialism: China and Eastern Europe* , Stanford University Press, 1989.

Xin Liu, *New Reflections on Anthropological Studies of (Greater) China* , University of California, Berkeley, 2004.

三 论文

〔英〕安东尼·吉登斯、潘华凌：《欧洲社会模式的反思与展望》，《开放时代》2007 年第 6 期。

陈春声：《历史的内在脉络与区域社会经济史研究》，《史学月刊》2004 年第 8 期。

陈春声：《走向历史现场》，《读书》2006 年第 9 期。

陈春声、刘志伟：《贡赋、市场与物质生活——试论十八世纪美洲白银输入与中国社会变迁之关系》，《清华大学学报》（哲学社会科学版）2010 年第 5 期。

陈春声、刘志伟：《清代经济运作的两个特点——有关市场机制的论纲》，《中国经济史研究》1990 年第 3 期。

陈庆德：《市场体系的生存基础与文化产品的市场进入》，《西南民族大学学报》（人文社会科学版）2007 年第 5 期。

陈庆德、潘春梅：《经济人类学视野中的交换》，《民族研究》2010 年第 2 期。

陈庆德、潘春梅：《民族经济研究的理论溯源》，《民族研究》2009 年第 5 期。

邓敏文、吴浩：《侗款的历史变迁》，《民族论坛》1994 年第 2 期。

丁鼎、王明华：《中国古代移民述论》，《安徽师范大学学报》（哲学社会科学版）1997 年第 4 期。

〔美〕杜赞奇、罗红光：《在国家与地方社会之间》，《社会学研究》2001 年第 1 期。

费孝通：《对文化的历史性和社会性的思考》，《思想战线》2004 年第 2 期。

费孝通：《农村、小城镇、区域发展——我的社区研究历程的再回顾》，《北京大学学学报》（哲学社会科学版）1995 年第 2 期。

费孝通：《缺席的对话——人的研究在中国——个人的经历》，《读书》1990 年第 10 期。

费孝通：《中华民族的多元一体格局》，《北京大学学报》（哲学社会科学版）1989 年第 4 期。

傅安辉：《九寨侗族的传统社会规范述略》，《黔东南民族师专学报》（哲学社会科学版）1996 年第 1 期。

傅安辉：《论清水江木商文化遗产的现代价值》，《原生态民族文化学刊》2009 年第 2 期。

傅安辉：《寻找九寨"鬼族"》，《民间文化论坛》2000年第3期。

傅衣凌：《论乡族势力对于中国封建经济的干预》，《厦门大学学报》（哲学社会科学版）1961年第3期。

傅衣凌：《中国传统社会：多元的结构》，《中国社会经济史研究》1988年第3期。

甘阳：《传统、时间性与未来》，《读书》1986年第2期。

高丙中：《2009中国公民社会观察：社会领域的成形》，《博览群书》2010年第3期。

高崇、吴大旬：《试论清朝初期对侗族地区土司的管理》，《贵州民族学院学报》（哲学社会科学版）2006年第2期。

葛剑雄：《中国历代移民的类型和特点》，《历史地理》1993年第11辑。

龚佩华：《黔东南民族文化变迁与汉民族的融他性和被融性》，陈国强、林加煌编《中国人类学的发展》，上海三联书店，1996。

郭于华：《"道义经济"还是"理性小农"——重读农民学经典论题》，《读书》2002年第5期。

何国强：《论奥斯古德对昆明高峣社区的人类学研究》，《云南民族大学学报》（哲学社会科学版）2008年第6期。

黄志繁：《20世纪华南农村社会史研究述评》，《中国农史》2005年第1期。

简美玲：《苗语、苗泾浜、汉类：贵州苗人家谱里的混声与界限》，《历史人类学学刊》2006年第2期。

〔美〕卡罗林·布莱特尔：《资料堆中的田野工作——历史人类学的方法与资料来源》，徐鲁亚译，《广西民族研究》2001年第3期。

科大卫：《国家与礼仪：宋至清中叶珠江三角洲地方社会的国家认同》，《中山大学学报》（社会科学版）1999年第5期。

科大卫、刘志伟：《"标准化"还是"正统化"？——从民间信仰与礼仪看中国文化的大一统》，《历史人类学学刊》2008 年第4 期。

蓝勇：《清代西南移民会馆名实与职能研究》，《中国史研究》1996 年第4 期。

李良品：《历史时期贵州集市形成路径的类型学分析》，《长江师范学院学报》2009 年第6 期。

李星星：《论"民族走廊"及"二纵三横"的格局》，《中华文化论坛》2005 年第3 期。

廖耀南：《黎平锦屏从江长官司考略》，《贵州民族研究》1985 年第4 期。

廖迪生、张兆和、蔡志祥：《我们的历史：〈香港历史、文化与社会〉导论》，《田野与文献：华南研究资料中心通讯》第28 期，2002 年。

刘绍华：《中国西南诺苏（彝）地区的集市与现代性》，《思想战线》2010 年第1 期。

刘永华：《墟市、宗族与地方政治——以明代至民国时期闽西四保为中心》，《中国社会科学》2004 年第6 期。

刘昭瑞：《"老鬼"与南北朝时期老子的神化》，《历史研究》2005 年第2 期。

刘志伟：《"移民"——户籍制度下的神话》，《田野与文献：华南研究资料中心通讯》第25 期，2001 年。

刘志伟：《地域空间中的国家秩序——珠江三角洲"沙田－民田"格局的形成》，《清史研究》1999 年第2 期。

刘志伟：《附会、传说与历史真实——珠江三角洲族谱中的宗族历史的叙事结构及其意义》，《中国谱牒研究》，上海古籍出版社，1999。

刘志伟：《宗法、户籍与宗教——以大埔茶阳〈饶氏族谱〉为中心的讨论》，《中山大学学报》（社会科学版）2004 年第6 期。

刘宗萍：《近二十年来明清西南人口迁移史研究概述》，《重庆三峡学院学报》2004 年第 5 期。

刘宗萍：《近二十年来明清西南人口迁移史研究概述》，《重庆三峡学院学报》2004 年第 5 期。

鲁西奇、张伟然、蓝勇等：《区域研究的新走向笔谈》，http：//www. zisi. net/htm/ztzl/kjx/2005 - 06 - 13 - 29264. htm。

陆景川：《九寨侗族的宗教信仰》，《黔东南民族师范高等专科学校学报》2005 年第 1 期。

罗洪洋、张晓辉：《清代黔东南文斗侗苗林业契约研究》，《民族研究》2003 年第 3 期。

罗康隆：《侗族传统生计方式与生态安全的文化阐释》，《思想战线》2009 年第 2 期。

罗康隆：《明清两代贵州汉族移民特点的对比研究》，《贵州社会科学》1993 年第 3 期。

罗康隆：《浅论明朝对黔东南地区的开发》，《贵州民族学院学报》（哲学社会科学版）1990 年第 1 期。

罗康隆、杨成：《侗族传统家族制度与清代人工营林业发展的契合》，《广西民族研究》2009 年第 3 期。

麻国庆：《"会" 与中国传统村落社会》，《民俗研究》1998 年第 2 期。

麻国庆：《民族与中国人类学的研究》，《西北民族研究》2009 年第 4 期。

闵庆文、张丹：《侗族禁忌文化的生态学解读》，《地理研究》2008 年第 6 期。

潘乃谷：《费先生讲 "武陵行" 的研究思路》，《北京大学学报》（哲学社会科学版）2008 年第 5 期。

潘盛之：《论侗族传统文化与侗族人工林业的形成》，《贵州民族学院学报》（哲学社会科学版）2001 年第 1 期。

潘永荣、谭厚锋:《"六山六水"民族调查与侗族研究》,《贵州民族研究》2002 年第 3 期。

秦秀强:《北部侗族文化涵化的过程和机制》,《贵州民族研究》1994 年第 1 期。

秦秀强:《北侗巫文化及其从业人员的传承》,《民族论坛》1992 年第 2 期。

秦秀强:《侗族"玩山"习俗之功能及源流探微》,《民族论坛》1991 年第 1 期。

沈关宝:《社区研究的地位与领域》,《社会》2001 年第 3 期。

沈关宝:《中镇:社区研究的金字塔》,《社会》1996 年第 7 期。

施振民:《祭祀圈与社会组织——彰化平原聚落发展模式的探讨》,《中央研究院民族学研究集刊》1973 年第 36 期。

石若屏:《浅谈侗族的族源与迁徙》,《贵州民族研究》1984 年第 4 期。

史继忠:《贵州汉族移民考》,《贵州文史丛刊》1990 年第 1 期。

孙家钜:《许逊、净明道、万寿宫文化演变论纲》,《江西行政学院学报》2003 年第 1 期。

孙振玉:《台湾民族学的祭祀圈与信仰圈研究》,《中南民族大学学报》(人文社会科学版)2002 年第 5 期。

王建新:《回族社会中的移民宗教组织与家族——灵明堂固原分堂考察》,《北方民族大学学报》(哲学社会科学版)2011 年第 1 期。

王建新:《宗教文化类型——中国民族学·人类学理论新探》,《青海民族研究》2007 年第 4 期。

王建新:《宗教文化融合研究三题:以人类学的视角》,《中国宗教》2010 年第 3 期。

王庆成：《晚清华北的集市和集市圈》，《近代史研究》2004年第4期。

王绍光、潘毅等：《共和国六十年：回顾与展望》，《开放时代》2008年第1期。

吴三麟：《古代靖州侗"款"组织》，《贵州民族研究》1993年第1期。

吴治中：《〈侗款〉的"款"字探源——兼谈"都"字》，《贵州民族研究》1992年第2期。

向零：《洞款乡规及其演变——对侗族社会组织形式、功能及其演变的探讨》，《贵州民族研究》1989年第3期。

萧凤霞：《传统的循环再生——小榄菊花会的文化、历史与政治经济》，《历史人类学学刊》第1卷第1期，2003年4月。

萧凤霞、包弼德等：《区域·结构·秩序——历史学与人类学的对话》，《文史哲》2007年第5期。

〔美〕谢丽·奥特纳：《二十世纪下半叶的欧美人类学理论》，何国强译，《青海民族研究》2010年第2期。

谢万里：《试论明清人口迁移地特点》，《宁夏社会科学》1999年第6期。

徐杰舜、李富强：《乡土人类学研究回顾》，《湖北民族学院学报》（哲学社会科学版）2008年第1期。

徐晓光：《黔东南苗族村寨"田边地角"的土地纠纷及其解决途径》，《西南民族大学学报》（人文社会科学版）2007年第6期。

许斌：《复兴：20世纪80年代以来的中国村落社区研究》，《北京科技大学学报》（社会科学版）2009年第1期。

许檀：《明清时期农村集市的发展及其意义》，《中国经济史研究》1996年第2期。

杨念群：《"社会"是一个关键词："五四解释学"反思》，《开放时代》2009年第4期。

杨庭硕、杨成：《侗族文化与生物多样性保护》，《怀化学院学报》2008 年第 6 期。

杨文军：《明朝中后期贵州侗族基层组织执行习惯法的功能刍议——兼论该地区普遍存在的"乡公"制度》，《西北民族大学学报》（哲学社会科学版）2009 年第 1 期。

杨学军：《"北侗"文化研究之我见》，《黔东南民族师范高等专科学校学报》1995 年第 Z2 期。

杨有庚：《汉民族对开发清水江流域少数民族林区的影响与作用（下）》，《贵州民族研究》1993 年第 3 期。

杨有庚：《清代锦屏木材运销的发展与影响》，《贵州文史丛刊》1988 年第 3 期。

杨有庚：《清水江流域商业资本的发展、流向与社会效应》，《贵州民族研究》1989 年第 3 期。

余宏模：《清代雍正时期对贵州苗疆的开辟》，《贵州民族研究》1997 年第 3 期。

张民：《侗族史研究述评》，《贵州民族研究》1987 年第 3 期。

张佩国：《传统中国乡村社会的解释学——以地权分配为透视点》，《东方论坛》2001 年第 1 期。

张先清：《多明我会士黎玉范与中国礼仪之争》，《世界宗教研究》2008 年第 3 期。

张先清：《职场与宗教：清前期天主教的行业人际网络》，《宗教学研究》2008 年第 3 期。

张应强：《清代契约文书中的家族及村落社会生活——贵州省锦屏县文斗寨个案初探》，《广西民族学院学报》（哲学社会科学版）2005 年第 5 期。

张应强：《清代西南商业发展与乡村社会——以清水江下游三门塘寨的研究为中心》，《中国社会经济史研究》2004 年第 1 期。

张应强：《湘黔界邻地区飞山公信仰的形成与流播》，《思想战线》2010 年第 6 期。

张正东：《关于贵州族别研究中地几个问题》，《贵州民族学院学报》1981 年第 1 期。

张中笑：《侗族玩山与"玩山歌"》，《音乐探索》1992 年第 3 期。

赵旭东：《文化实践、图式与"关系"建构——以河北白洋淀地区两村落的个案分析为例》，《开放时代》2009 年第 3 期。

周大鸣：《告别乡土社会——广东农村改革开放 30 年的思考》，《中南民族大学学报》2010 年第 4 期。

周大鸣：《移民文化——一个假设?》，《江苏社会科学》2005 年第 5 期。

庄英章：《历史人类学与华南区域研究：若干理论范式的建构与思考》，《历史人类学学刊》2005 年第 4 期。

庄英章：《人类学与台湾区域发展史研究》，《广西民族学院学报》(哲学社会科学版) 1998 年第 2 期。

Helen F. Siu, " Recycling Tradition: Culture, History, and Political Economy in the Chrysanthemum Festivals of South China," *Comparative Studies in Society and History*, Vol. 32, Issue 4, 1990.

后　记

　　时光荏苒，从 2007 年第一次来到小江，一直到今天，中间反复去过多次，我的脑海中积累了一段段清晰的短片，在不经意间播放并引起回响。对于自己的田野，我有过欣喜，有过彷徨，也有过挣扎。尤其是近些年在广西、湖南、贵州等地一个人或一群人徜徉在田野点时，不自觉地对比，常常引起我的反思，偶尔也会引起自我怀疑。不得不承认，修改本书的过程异常痛苦，现在也没有达到令我满意的程度。但我仍然要真心感谢小江社会，感谢一路过来帮助过我的诸位。于是，我想，本书的出版仅仅是一个起点，鼓励我在学术的道路上更好地坚持下去。

图书在版编目（CIP）数据

移民、市场与社会：清代以来小江地域文化的演变／
朱晴晴著. -- 北京：社会科学文献出版社，2019.8
　（清水江研究丛书）
　ISBN 978 - 7 - 5201 - 5097 - 2

　Ⅰ.①移…　Ⅱ.①朱…　Ⅲ.①侗族 - 村落文化 - 研究
- 贵州　Ⅳ.①K287.2

　中国版本图书馆 CIP 数据核字（2019）第 129251 号

清水江研究丛书

移民、市场与社会：清代以来小江地域文化的演变

著　　者／朱晴晴

出 版 人／谢寿光
责任编辑／邵璐璐
文稿编辑／杨鑫磊

出　　版／社会科学文献出版社·历史学分社（010）59367256
　　　　　地址：北京市北三环中路甲 29 号院华龙大厦　邮编：100029
　　　　　网址：www.ssap.com.cn
发　　行／市场营销中心（010）59367081　59367083
印　　装／三河市龙林印务有限公司

规　　格／开　本：787mm × 1092mm　1/16
　　　　　印　张：17.75　字　数：238 千字
版　　次／2019 年 8 月第 1 版　2019 年 8 月第 1 次印刷
书　　号／ISBN 978 - 7 - 5201 - 5097 - 2
定　　价／98.00 元